HABT'S A SCHNEID
Das Karl Stieler Hausbuch

Habt's a Schneid

Das Karl Stieler Hausbuch
Herausgegeben von Günter Goepfert

Hugendubel München

Der Buchtitel „Habt's a Schneid!?" wurde nach dem gleichlautenden, im Jahre 1877 erschienenen Stielerbändchen gewählt; die Überschriften der Gedichte-Auswahl entsprechen vorwiegend jenen aus der im Jahre 1878 publizierten Verssammlung „Um Sunnawend".

Alle Rechte, einschließlich derjenigen des auszugsweisen
Abdruckes und der fotomechanischen Wiedergabe, vorbehalten
Verlag Heinrich Hugendubel - München
Gedruckt bei Druckerei Ernst Vögel, Stamsried
Schutzumschlag: Monika Plenk
ISBN 3-88034-011-0
Printed in Germany 1975

INHALT

LEBENS- UND SCHAFFENSBILD
von Günter Goepfert — 7

OBERBAYERISCHE GEDICHTE

Schnaderhüpfeln — 99
Unter viel Leut gibt's allerhand — 104
Habt's a Schneid!? — 113
Von der Heiratssach — 119
Beim Gricht — 128
Aus die boarischen Wirtshäusln — 134
Die Politikaner — 140
Von de kloana Leut — 145
Auf der scharfen Seiten — 149

KULTURBILDER AUS BAYERN

Über den Volkscharakter im bayrischen Hochland — 157
Die oberbayrische Mundart — 186
Sitte und Brauch im bayrischen Hochland — 213
Franz Defregger und seine Bilder — 244

NATUR- UND LEBENSBILDER AUS DEN ALPEN

Die Bittgänge im bayrischen Hochland — 277
Das Fingerhackeln — 286
Der Schuhplattltanz — 292
Vom Haberfeldtreiben — 296
In einem bayrischen Stellwagen — 300
Die Musik in den bayrischen Bergen — 306
Hahnfalz im bayrischen Hochland — 316

HOCHDEUTSCHE GEDICHTE

An Sophie Kaulbach — 325
Zwölf Handbilletts — 325
Ein Hausgeist — 334
Ein Winteridyll — 343

Werke von Karl Stieler — 364
Literatur und Quellen — 365
Bildernachweis — 366
Danksagungen — 367

Das Lebensbild

Karl Stielers Schnaderhüpfl haben einen noch „schneidigeren Gang" als die Franz von Kobells. „Stieler spricht zum Kopf, Kobell mehr zum Gemüt", so urteilte Karl Theodor von Heigel.

In der Tat werden, wenn von der oberbayrischen Mundartdichtung die Rede ist, Kobell und Stieler in einem Atemzug genannt und häufig auch miteinander verglichen. Das hat seinen guten Grund. Sie waren die erfolgreichsten und zugleich die produktivsten einheimischen Dialektdichter des vergangenen Jahrhunderts. Wie man Kobell mit Recht nachrühmt, daß er der Bahnbrecher war, der die lange verkannte Mundart populär und beliebt gemacht hat, so sieht man in Karl Stieler seinen unmittelbaren Nachfolger. Er selbst gesteht ja auch in einem Kobell gewidmeten Gedicht:

> „I moan, es schadt an Gsellen net
> In gar koan Gschäft, wenn oaner
> Mit Ehren von sein Moaster redt:
> Und so wie der kanns koaner!"

Als Stieler diese Verse Mitte der siebziger Jahre des vorigen Jahrhunderts seinem Bändchen „Weils mi freut!" sozusagen als Vorspann mit auf den Weg gab, stand er im zweiunddreißigsten Lebensjahr, Altmeister Kobell, zwar immer noch rüstig und voller Schaffenskraft, war schon mehr als sieben Jahrzehnte alt. Kein Wunder also, daß der Jüngere zu dem beliebten und berühmten Künstlergelehrten wie zu einem väterlichen Freund aufsah und es ihm eine Ehre erschien, als sein Nachfolger zu gelten und in seine Fußstapfen treten zu dürfen.

Was Stieler jedoch vermutlich zu diesem Zeitpunkt selber gar nicht bewußt geworden war: er hatte bereits seinen eigenen unverkennbaren Stil gefunden. Aber noch etwas hatte sich herauskristallisiert. Während den leidenschaftlichen Gamsjäger Kobell sein dichterisches Waidwerk mit Vorliebe in die Hochalpen führte, pirschte Stieler lieber in den Tälern rund um den Tegernsee und Schliersee sowie im Voralpenland. Vielleicht war es ein Zufall: was Kobell versäumt hatte, holte Stieler somit literarisch nach. Mehr und mehr hatte er sich überdies von seinem Vorbild gelöst und war zum Hochlanddichter geworden.

Um Karl Stielers Leben und Wirken gerecht zu werden, bedarf es einer Rückschau. Sein Talent kam nicht von ungefähr. Zwar war er kein Wunderkind, wie es sein Vater Josef Stieler gewesen war, der schon mit sieben Jahren den Entschluß, Maler zu werden, gefaßt hatte und dem es bereits mit zwölf Jahren gelang, seine Familie tatkräftig zu unterstützen.

Blickt man in die Reihe der väterlichen Ahnen zurück, so wird mancherlei offenbar. Der Name Stieler, so sehr er auch im Laufe von einundhalb Jahrhunderten süddeutschen Klang bekommen hat, stammt aus dem Erzgebirge. Ein Vorfahre aus der Dürerzeit schrieb sich Stuler, einer seiner Söhne Stueler. So wandelte sich der Name im Wechsel der Generationen von Stuler über Stiehler zu der uns heute geläufigen Schreibweise.

Unter diesem Namen erscheint in der Familiengeschichte schon ein Christian Friedrich Stieler, der von 1705 bis 1758 lebte und im Alter von 37 Jahren herzoglich Gothaischer Hofgraveur in Altenburg wurde. Wie sein Vater hatte er denselben künstlerischen wie handwerklichen Beruf eines Stein- und Wappenschneiders und Petschierstechers.

Es spricht für das Traditionsbewußtsein und das hohe Können, daß ein Stieler um die Mitte des 18. Jahrhunderts polnisch-sächsischer Hofgraveur war und dessen Bruder Christian Friedrich Stieler nach einem Aufenthalt in der Schweiz an den Hof nach Mainz kam, wo er als Hofmedailleur und Münzmeister tätig war und es zu Ansehen und Wohlstand brachte. Das anfängliche Glück machten aber die Kriege zunichte, und im Jahr 1789 starb er in bitterer Armut. Sein am 1. November 1781 in Mainz geborener jüngster Sohn wurde der berühmte bayrische Hofmaler Josef Stieler, der im Jahre 1820 dem Ruf nach München folgte und hier eine neue Heimat fand. Drei Jahre nach dem Tod seiner ersten Frau, einer Deutschrussin, die während einer Münchner Typhusepidemie gestorben war, heiratete er im Jahre 1833 Josefine von Miller. Die Fünfundzwanzigjährige verband sich einem Zweiundfünfzigjährigen. Jene war eine vielseitig gebildete kluge junge Dame, ein Wesen voll musischer Harmonie und für den Maler Josef Stieler eine würdige, auf alle seine künstlerischen Neigungen eingehende liebenswerte Lebensgefährtin. Gleichermaßen harmonisch und glücklich war auch ihre Ehe. Aus dieser Verbindung ging am 15. Dezember 1842 der Dichter Karl Stieler hervor.

Es besteht kaum ein Zweifel, daß des Vaters Optimismus sowie seine gewinnende, weltoffene Art und nicht zuletzt sein Sinn für Natur und Bergwelt auf seinen Sohn Karl übergingen. Denkt man ferner an das Erbteil seiner Mutter, die ihrem Erstgeborenen Feinsinnigkeit, Güte und dichterisches Talent in die Wiege legte, dann waren die Segel für eine glückliche Fahrt ins Leben wohlgesetzt.

Wie ernst die junge Frau ihre Pflicht dem Witwer gegenüber nahm, beweist eine Tagebucheintragung der greisen Josefine, in der sie sich rückblickend an den Beginn ihrer Ehe erinnert: „Ich habe mich nicht darüber getäuscht, welch schwere und ernste Pflichten ich übernahm, indem ich mich entschloß, an die Stelle einer geliebten Verstorbenen zu treten, um fünf Kindern die verlorene Mutter nach bestem Wissen und Gewissen zu ersetzen. Keine andere Absicht, das weiß Gott, hat mich dabei geleitet als die, redlich mein Dasein im Dienst der Menschenpflichten zu verwerten und Gutes zu wirken, wozu gerade hier mir reichlich Gelegenheit geboten schien."

War die Stielersche Stadtwohnung in der Münchner Barer Straße 6½ einerseits so etwas wie ein Nest, in dessen behaglicher Wärme sich die Kinder wohlfühlen und entfalten konnten, so ging es beim Hofmaler bestimmt alles andere als kleinbürgerlich zu. Da wehte das Fluidum der weiten Welt durch die Räume, wenn im Winter große Feste mit oft weit über hundert Gästen gefeiert wurden oder hochgestellte Persönlichkeiten zum Porträtieren ins Atelier kamen, wenn die Damen, deren Bildnisse heute die Schönheitsgalerie im Schloß Nymphenburg zieren, über die Treppe huschten, oder sich gar König Ludwig I., der jeweils ungeduldig auf die Fertigstellung der von ihm in Auftrag gegebenen Bilder wartete, angemeldet hatte.

Etwa fünf Jahre war Karl alt, als sein Vater auf allerhöchsten Wunsch die angebliche spanische Tänzerin Lola Montez, die in den Jahren von 1846 bis 1848 in dem kleinen Palais in der unmittelbaren Nachbarschaft Stielers wohnte, zu malen hatte. Eingedenk ihres zweifelhaften Rufes und der häufigen Tumulte, die es wegen des Frauenzimmers gab, war wohl der Maler nicht mit ganzem Herzen bei der Sache und der gereizte alternde Monarch war keineswegs mit dem Bild zufrieden.

Wenn man der Gräfin Josephine zu Leiningen-Westerburg glauben darf, hat Ludwig I. gesagt: „Stieler, Ihr Pinsel wird alt!" Der Maler soll daraufhin das Porträt wieder mitgenommen und ohne einen Strich verbessert zu haben nach vierzehn Tagen erneut damit erschienen sein. Die zitierte Gräfin berichtete wörtlich: „Der König, dem es inzwischen leid geworden war, seinen alten Hofmaler gekränkt zu haben, lobte gutmütig: ‚Jetzt ist es schön, Stieler!' Dieser aber sagte trocken: ‚Für einen alten Pinsel ist es wenigstens schön genug.' Ludwig lachte von Herzen und schlug dem Künstler mit den Worten auf die Schulter: ‚Das hat er mir gut gegeben!'"

Mag diese Episode Wahrheit oder Legende sein, eines ist sicher: sie lebt vom Hauch einer persönlichen geistigen Freiheit, an der es keinen Zweifel gibt und die für das Haus Stieler typisch war.

Der Hofmaler starb 77jährig im April des Jahres 1858, als sein Sohn Karl kaum 16 Jahre alt war. Man kann es nachfühlen, wie es den empfindsamen Jüngling getroffen haben muß, als er vom Münchner Gymnasium weg nach Tegernsee ins Stielerhaus gerufen wurde und er den geliebten Vater nicht mehr lebend antraf. Das Bild seiner trauernden Mutter hat sich Karl tief in die Seele gebrannt.

Dieser wunderbaren, warmherzigen Frau, die fortan nur mehr für ihre drei aufgeweckten Söhne lebte und auch den fünf Kindern aus der ersten Ehe ihres Mannes eine vorbildliche Mutter war, fiel, wie ihre Tagebucheintragungen verraten, keine leichte erzieherische Rolle zu. Aber sie meisterte diese Aufgabe mit Takt und Geschick. Karl verehrte sie deshalb ganz besonders. Seine Briefe sind ein beredtes Zeugnis seiner nie versiegenden Liebe zu ihr. Noch als reifer vierzigjähriger Mann gestand er ihr: „Dir gegenüber bleibe ich ja mein Leben lang ein Kind, das ist die schönste Errungenschaft Deiner Erziehung, wie es ja auch zum schönsten Glück meines Lebens gehört."

Kosenamen sind seit altersher Ausdruck der Innigkeit. Stieler wählte in seinen Briefen an die Mutter nicht selten die Anrede: „Liebes Mamerl" und unterschrieb als ihr „treues, dankbares Kopferl" oder „Blauaugerl", was sicherlich aus dem Sprachschatz der Mutter stammte und das herzliche, unbeschwerte Verhältnis zeigt, das die Familie nach dem Tod des Vaters zusammenhielt. Wir erfahren aus Stielers Briefen ferner, daß sie eine milde, liebe Stimme hatte und daß sie es dennoch oder vielleicht gerade deshalb verstand, ihren Kindern immer gegenwärtig zu sein.

Bisweilen unterschrieb Stieler als „Heini" oder „Heinzl". Damit hatte es eine eigene Bewandtnis. Er wünschte so geistvoll witzig und sarkastisch schreiben zu können wie Heinrich Heine. Und manchmal, vor allem in seiner stürmischen Jünglingszeit, beeinflußte dieses Vorbild nicht gerade zum Wohlgefallen der Mutter die Ideen ihres Sohnes Karl.

Das Jahr 1848 mit dem endgültigen Sturz der Lola Montez und der Abdankung von König Ludwig I. hatte für Bayern eine neue Epoche eingeleitet. König Max II. war weniger despotisch und bauwütig als sein Vater; ihm lagen vor allem die Künste und Wissenschaften am Herzen. Mit der Berufung der bedeutenden Gelehrten wie Carrière, Jolly, Sybel, Liebig, Bischoff, Bluntschli, Riehl und der Dichter Bodenstedt, Dingelstedt, Geibel, Heyse und Schack forderte er zwar die herbe Kritik der einheimischen Wissenschaftler und Künstler heraus, die den „Nordlichtern" mit unverhohlenem Groll begegneten. Aber die Polarität zwischen den Einheimischen und Zugereisten erwies sich im Laufe der Zeit für Bayern dennoch als befruchtend und fördernd. Stieler wuchs in diese aufgeschlossene Epoche mit Leib und Seel hinein, er wurde zu einem Kind dieser Zeit.

In den Jahren 1853 bis 1861 besuchte er das von dem Benediktinerpater Gregor Höfer geleitete Ludwigsgymnasium. Wenn man in diesem Zusammenhang an das Gedicht „Erinnerungen" aus den Neuen Hochlandsliedern denkt, wonach dem Schüler Horazens Verse mit dem Haselstecken eingebläut wurden, so kann man sich kaum des Eindrucks erwehren, daß Stieler nicht von ungefähr davon „zu singen" anfing:

> Euer denk ich oft, ihr „Alten",
> Die ihr seid der Jungen Pein;
> Wie ihr mich in Not gehalten,
> Wenn zu End ging mein Latein!
> Des Präfektus Zorngedröhne
> Hör ich noch traum-auf, traum-ab,
> Wie er uns Horazens Schöne
> Dartat mit dem Haselstab ...

In den höheren Schulen waren zwar körperliche Züchtigungen längst nicht mehr üblich, aber wer nahm es im heiligen Zorn des Lehramts damals schon so genau! Diesen rauhen Methoden zum Trotz gingen aber außer Karl Stieler nicht wenige bedeutende Männer wie die Historiker Siegmund Riezler und Karl Theodor von Heigel sowie der Archivar und Stadtchronist Ernst von Destouches aus der gleichen Schulklasse hervor.

Es war eine liebe Tradition, daß man auch nach des Vaters Tod die Sommerferien gemeinsam mit der Mutter und den Geschwistern im Tegernseer Haus verbrachte. Dieses Haus „Auf der Point", das später in den Besitz des Dichters überging und für ihn zum Inbegriff seiner Liebe zur Familie und zur Heimat geworden ist, hat seine eigene Geschichte, die es wohl verdient, wenigstens in kurzen Zügen erzählt zu werden. Mit ihren Anfängen wird die Biedermeierzeit, aber auch der Geist Ludwigs I. wieder lebendig. Der König von Bayern war es nämlich, der im Jahre 1829 anläßlich eines Spaziergangs am Tegernsee in der ihm eigenen knappen Rede zu seinem Hofmaler gesagt haben soll: „Also, Stieler, er baut sich hier ein Sommerhaus!"

Aus der Kostenaufstellung, die außer vielen Briefen und nicht weniger aufschlußreichen anderen Dokumenten erhalten geblieben ist, geht auf den Kreuzer genau hervor, was Vater Stieler für diesen Sommersitz verauslagt hat. Man erfährt, daß beispielsweise der Ankauf einer Quelle 35 und die Wasserleitung zum Haus 34 Gulden gekostet hat. Demgegenüber sind die Maurer- und Zimmermeisterrechnungen mit zusammen 2100 Gulden ein recht stattlicher Betrag und fallen in der „Total-Summe" von 3762 Gulden und 23 Kreuzern am meisten ins Gewicht.

Wie die alten Bäume und der Tegernsee so gehört auch eine Anekdote zu diesem Haus, die ein lebendiges Bild jener Zeiten beschwört, als der König häufiger Gast im Stielerhaus war, um dem Meister beim Malen zuzuschauen.

Da lag eines Tages, als wieder einmal Ludwig I. erwartet wurde, ein recht schäbiger Hut im Flur, und die Gattin des Meisters beeilte sich, dem Diener Xaver die Anweisung zu geben, den abgetragenen Filz schleunig zu entfernen. Wie erstaunt war sie aber, als ihr der Angeredete zuflüsterte: „Das ist ja seiner! Majestät ist drin beim Herrn!"

Es ist aber nicht nur der Geist Ludwigs I., der sich mit dem Tegernseer Domizil verbinden sollte. Da sind die Namen anderer bekannter Männer, die hier die Gastlichkeit genossen und denen die Nähe des feinsinnigen Künstlers eine Offenbarung bedeutete. Der alte Wilhelm von Kobell, der sich als Schlachtenmaler, aber vielleicht mehr noch als stimmungsvoller Landschafter — man braucht nur an seine Gemälde „Auf der Gaißalm" und „Blick auf den Tegernsee" zu denken — viele Freunde gewonnen hatte, kam oft ins Stielerhaus. Die Brüder Heß und Boisserée, Peter Cornelius und der Hamburger Landschaftsmaler Christian E. B. Morgenstern waren hier willkommen, wie alle, die eine heitere, gelöste Atmosphäre schätzten. Ein Gästebuch gab es zunächst nicht, aber man wußte sich zu helfen, und die lieben Besucher verewigten sich auf einem der grünen Fensterläden.

Jahrzehnte später, als nach dem frühen Hinscheiden des Dichters das vom Bildhauer und Akademieprofessor Thomas Dennerlein geschaffene Stielerdenkmal im Sommer 1887 am Leeberg feierlich enthüllt wurde, kamen wieder Persönlichkeiten aus fern und nah hier zusammen. So hat das Gästebuch Ferdinand von Miller, einen Bruder des berühmten Museumsgründers, Max Haushofer, den bekannten Nationalökonomen, den Stuttgarter Verleger Adolf Bonz und nicht zuletzt Fritz von Ostini, den Dichter und Schriftleiter der „Jugend", namentlich festgehalten. Unter allen diesen Prominenten hat aber auch ein einfacher Bauer aus dem Tegernseer Tal sein ungelenkes „Hanzandal" gesetzt, was Hans Anderl heißen sollte. Diese rührende Unterschrift drückt aus, daß im Stielerhaus seit jeher nicht der Titel, sondern der Mensch im Mittelpunkt stand.

Diese zutiefst menschliche Atmosphäre zu schaffen, war bereits das große Verdienst des Vaters gewesen. Er zählte gleichermaßen zu den liebenswürdigsten wie auch von Ludwig I. meistbeschäftigten Künstlern seiner Zeit. Ihm verdanken wir außer der bekannten Schönheitsgalerie auch ein nach wechselvollem Schicksal verschollenes Porträt Beethovens und nicht zuletzt das wohl eindrucksvollste Altersbild Goethes, das er im Auftrag des Königs im Jahre 1828, drei Jahre vor des Dichters Tod, geschaffen hat.

Bezeichnenderweise bemerkte Goethe einmal, als er auf die Güte und Menschlichkeit des Hofmalers anspielte: „Der Himmel hat Ihnen ein glückliches Talent verliehen; nebst der treuen Darstellung der Menschen verleihen Sie ihnen auch Schönheit und Liebenswürdigkeiten, die gewiß oft mehr in Ihnen als in den Originalen zu finden sind."

Wie schon angedeutet, stand Goethe auch mit Josef Stieler in Briefwechsel. Außer mehreren persönlichen Handschreiben hütete das Stielerhaus noch weitere Schätze ähnlicher Art, die zu einer Rückschau einladen und die sich jetzt zum großen Teil unter der Signatur Stieleriana in der Handschriftenabteilung der Bayerischen Staatsbibliothek in München befinden.

Alexander von Humboldt hatte aus Dresden geschrieben, die Malerbrüder Heinrich und Peter Heß meldeten sich aus der Ewigen Stadt. Schelling und Klenze sowie der große Bildhauer Canova richteten Briefe an Josef Stieler. Und es existiert auch ein sehr herzliches Schreiben von Felix Mendelssohn-Bartholdy aus Berlin, das, beinahe ein Liebesbrief, an Josefine von Miller gerichtet war, die Josef Stielers zweite Frau und Mutter Karl Stielers geworden ist. Von Hans Christian Andersen wird ein kleiner Zettel verwahrt, den er im Juli 1860 für die inzwischen verwitwete Gattin des Hofmalers geschrieben hat und dessen Worte nachdenklich und wehmütig stimmen: „Das Leben ist das schönste Märchen."

Aber zurück zu den Sommerferien im Tegernseer Tal, die für den heranwachsenden Karl Stieler den Himmel auf Erden bedeuteten. Vieles weist darauf hin, daß er ein unbändiger und unternehmungslustiger junger Mann gewesen ist. Keine körperliche Anstrengung war ihm zu groß, kein Weg zu weit. Er war der erste, der auf dem zugefrorenen See Schlittschuh lief, er liebte die schnellen Schlittenfahrten nach Kreuth, und es machte ihm sichtliches Vergnügen, in einer naßkalten Aprilnacht aufzubrechen, um das Balzen des Auerhahns nicht zu versäumen.

Den Bauern, Jägern und Holzfällern im Tegernseer Tal war der Stielerkarl deshalb seit langem vertraut. Er bekannte sich zu ihnen und ihrer Welt. Wie hätte das eindrucksvoller geschehen können, als durch seine tatkräftige Mithilfe in Feld und Wald. Irgendwo mußte er ja hin mit der fröhlichen Kraft seiner jungen Jahre. Mochte von der schweren Arbeit und den langen Märschen sein Körper müde werden, sein Geist war es noch lange nicht. Und so kam es einmal in einer Wirtschaft inmitten von Bauernburschen und Holzfällern, mit denen er das Mahl geteilt hatte, zu einem derart lustigen und verwegenen Schnaderhüpflsingen, daß die Obrigkeit Anstoß nahm. Stieler schildert diese Episode in seinem Aufsatz „Musik in den Bergen", der in diesem Werk wiedergegeben ist.

Diesem unbändigen Drang, die Jugend auszukosten und sich auszutoben, stand aber gleichzeitig eine ausgeprägte Innerlichkeit gegenüber. Schon als Knabe hatte er sich, wie ein Altersgenosse berichtete, durch eine gewisse Feinheit der Empfindung und des sprachlichen Ausdrucks von anderen unterschieden. Mit neunzehn Jahren wurde es ihm dann zum Bedürfnis, seine Gedanken und Empfindungen zu präzisieren und niederzuschreiben. Die Tagebucheintragung vom 9. April 1862, die auch sein inniges Verhältnis zum Vater widerspiegelt, erlaubt einen tiefen Einblick in Karl Stielers Gefühlswelt:

„Heute ist der Sterbetag meines guten treuen Vaters. Vier Jahre sind seit jener Stunde vergangen, die den edelsten der Menschen von der Erde nahm, und denen, die blieben, die Erde zu einer Stätte ihres Jammers schuf. Die Erde schloß sich über seiner irdischen Hülle und ward wieder grün und schön, und die Wunde im Herzen jener Menschen schloß sich, und ihr Herz ward wieder fröhlich. Nur ein frommes Gedenken vereint uns noch manchmal mit dem teuren Bilde unserer Toten, dann werden sie vergessen, und das Leben geht wieder seinen Gang. Auch mir gingen jene Schmerzensstunden vorüber, jene einzelnen bittersten Augenblicke in einem Menschenleben — aber doch lebt jener Tag und jenes Ereignis fort in und mit mir. Nicht, daß ich immer seiner mich erinnerte, denn wer könnte das wohl selbst bei der größten Liebe, wer könnte es in jener Jugend, da das Herz noch so weich ist, daß alles wohl tief hineindringt, aber schnell wieder heilt! Doch dieser Tag lebt fort in meinem *Wesen*, weil er mein Wesen aufs Tiefste verändert hat, weil er das meiste von dem hervorgerufen, was ich als Jüngling ausgebildet und wohl als Mann durchs Leben hin bewahren werde. Jenes Ereignis fiel bei mir in eine Zeit, wo naturgemäß eine Umwandlung erfolgt; ich war sechzehn Jahre und es ist natürlich, daß die Folgen desselben tiefen Einfluß auf mich üben mußten. Jene ernste Richtung, die ich seitdem verfolge, nahm dort ihren ersten Anfang. Ich wandte mich ab von jenen kindischen Dingen, die ich früher geliebt, und mein Sinn, der erst nur nach außen strebte, kehrte sich nun auf einmal meinem inneren Leben zu. Mit jenem strebsamen Drang, den ich schon als wilder Knabe hatte, konnt' ich die Leerheit, die ich hier fand, kaum ertragen und baute denn auf dem aufgelockerten, fast durchwühlten Grunde meines Herzens jene Keime an, die sich in der Folge mächtig entwickelten. Stolz und keck von Natur ward ich nun tief gebeugt, und ein Gefühl der Ergebung und Unterwerfung entsprang daraus. Nie hatte ich meine Pflicht versäumt, aber ich hatte sie selten aus jenem ernsten treuen Pflichtgefühl getan, das nun meiner Seele das Erste und Höchste ward. An die Stelle einer lärmenden, oft ausgelassenen Fröhlichkeit trat eine stille Betrachtung, und so war ich als Jüngling das Gegenteil von allem dem, was ich als Knabe gewesen war.

Das edle Bild jenes Abgeschiedenen stand vor meinen Augen und war mein Beispiel in allem, was ich tat. Meine gebeugte Mutter zu trösten und zu erfreuen, war mein höchster Zweck und Lohn zugleich, meinen Brüdern aber wollte ich ein gutes Muster sein, denn ich wußte, was der Einfluß einer guten oder schlimmen Umgebung ist. Wie verschieden waren jetzt meine Wege und mein Wesen von dem, was ich früher verfolgte. Wohl muß eine unsichtbare Hand mich schützend geleitet haben, daß ich keiner Verwirrung zum Opfer ward auf einem Pfade, der mich in ein ganz neues Leben geführt hat. Wie weit ich den Pflichten, die hier mir begegneten, genug getan, mögen andere prüfen, den guten Willen der Vollendung meines Weges hab' ich allezeit gehabt, und er belebt sich nun mit aller Kraft heut' an jenem Tage, wo er einst aus den Schmerzen meiner Seele geboren ward."

Es gibt Menschen, die von Kindheit an ein Berufsziel vor Augen haben, dem sie treu bleiben. Bei Karl Stieler verhielt es sich anders, und dennoch kann man nicht sagen, daß er sein Ziel aus dem Blickfeld verloren hatte, nur bediente er sich anderer Mittel.

Daß er als junger Mensch seinem berühmten Vater nacheifern und Maler werden wollte, liegt nahe. Dieser Wunsch kam jedoch nicht nur aufgrund der augenscheinlichen Erfolge seines Vorbilds von außen.

Der junge Stieler spürte ein Herzensbedürfnis, Formen und Farben sprechen zu lassen. Aber zu deutlich erkannte er, wie das nachfolgende unveröffentlichte Gedicht vom Dezember 1860 aussagt, seine Grenzen:

„Aus Künstlerblut bin ich hervorgegangen;
Am Feld des Ruhms stand meines Vaters Fuß,
Doch nie werd ich zu jener Höh gelangen,
Denn meinem Geiste fehlt der Genius."

Jedoch sein Freund, der Landschaftsmaler Fritz Bamberger, ließ keine Einwände gelten und ermutigte Stieler. So machte er auf Malerart Ausflüge, um Studien von Land und Leuten heimzubringen. Bei seinem feinen Sinn für echte Kunst erkannte er aber bald, daß außer der Liebe zu ihr auch Talent nötig ist. Dies war, betrachtet man die Skizzen des Zwanzigjährigen, sicherlich in überdurchschnittlichem Maße vorhanden. Offenbar hat es ihm aber in dieser so sehr von der Entwicklung beeinflußten Zeit an Selbstvertrauen und an Ausdauer gefehlt.

Man glaubt es Stieler gern, wenn man erfährt, daß er einen schweren Kampf mit sich führte, bis er sich durchrang, Jurist zu werden. Seine Entscheidung basierte allein auf Vernunftsgründen. Bezeichnenderweise vertraute er am 10. Mai 1864 seinem Tagebuch an: „Wohl dem, der seinen Beruf sicher ergreift und aus Neigung. Ihm ist sein Tagewerk ein Segen, aber mir ist's eine Quelle des Kummers und der Not."

Wieder war es seine Mutter, die sein Selbstvertrauen zu stärken und in der behutsamen Art der geborenen Erzieherin seine Schritte und Entscheidungen mitzubestimmen vermochte. Eine Briefstelle ist beispielhaft für ihr Einfühlungsvermögen: „Man fühlt oft gar nicht, daß man vorwärts kommt und fragt entmutigt, ob es denn auch der rechte Weg sei. Meistens ist man aber schon dem Ziel näher als man glaubt. Vor allem, mein lieber Sohn, liegt eine wunderbare Kraft im Bewußtsein treuer, redlicher Pflichterfüllung. Ich habe es selbst erfahren. In den schwersten Tagen meines Lebens war sie der Stab, an dem mein gebrochener Lebensmut sich wieder aufrichtete."

Im November 1861 hatte Stieler die Münchner Hochschule bezogen und sich ein Jahr später für das Studium der Rechte entschieden. Daß es für ihn dennoch der richtige Weg war, hat er später, als ihm sein Beruf wirtschaftliche Sicherheit und gesellschaftliches Ansehen gab, eingesehen. Während andere Autoren häufig von ökonomischen Erwägungen beeinflußt werden, stand Stielers Wirken und Werden zu keiner Zeit unter finanziellem oder zeitlichem Zwang; allein seine Neigungen bestimmten, welchem Themenkreis er sich zuwenden wollte. Ohne hemmende Einflüsse konnte er, wie Ernst Ziel in der Zeitschrift „Über Land und Meer" urteilte, der „dichterische Porträtmaler und lyrische Psychologe des Bauernvolkes" werden.

Gesellige Zirkel und Künstlervereinigungen prägten auch in der zweiten Hälfte des 19. Jahrhunderts das geistige Leben in München. Nicht alle hatten wie die während der Biedermeierzeit entstandenen Vereine „Altengland" und die in den fünfziger Jahren gegründete „Gesellschaft der Zwanglosen" ein langes Leben. Der schöngeistige Verein „Athene", dem neben anderen der bereits erwähnte Karl Theodor von Heigel und der Kunsthistoriker Alfred Woltermann angehörten, gab auf der kulturellen Bühne Münchens nur ein kurzes Gastspiel. Auch der mit den gleichen Zielen gegründete Verein „Argo", dem sich außer Stieler so namhafte Männer wie die Komponisten Krempelsetzer, Rheinberger und Zenger zugesellten, scheint keine größere Bedeutung erlangt zu haben. Stielers hochdeutsche Gedichte wurden dort kaum beachtet, während seine Mundartverse, die übrigens ab 1862 in den „Fliegenden Blättern" erschienen, sofort Zustimmung fanden. Etwa zur gleichen Zeit wurde Stieler durch Paul Heyse in die Dichtervereinigung „Das Krokodil" eingeführt. In dieser illustren Runde der vorwiegend von König Max II. berufenen Poeten schätzte man ebenfalls Stielers Dialektpoesie. Es ist verständlich, daß die geistig aufgeschlossene Atmosphäre, wie sie im Kreise der Männer von Paul Heyse, Emanuel Geibel, Hermann Lingg, Felix Dahn, Hans von Hopfen und nicht zuletzt Julius Grosse herrschte, auf den jungen Münchner Poeten befruchtend gewirkt und ihn zugleich auch mit neuen politischen Ideen konfrontiert hat.

Im Gegensatz zu den Dichtern des „jungen Deutschlands", die eigene Wege gingen und sich von der Form lossagten, hatten sich die August von Platen verbundenen Autoren des „Krokodils" die Reinhaltung des dichterischen Stils, das heißt, den Wohlklang und die sprachliche Schönheit der Verse zum Ziel gesetzt. Wenn man in diesem Zusammenhang an Stielers letzte hochdeutsche Dichtungen denkt, spürt man, wie das Anliegen seiner Freunde auch das seine war und wie sehr er sich diesem Kreise verbunden gefühlt haben mochte.

Zeigte sich Stieler dank der vielseitigen Anerkennung im Sattel seines Pegasus schon bald recht sicher, so saß er doch nie auf dem hohen Roß, wie das die Art mancher Erfolgsautoren zu sein pflegt.

Die meisten Biographen sind sich darüber einig, daß Stieler eine offene, ehrliche Natur war. Heuchelei und Unterwürfigkeit kannte er nicht. Freundschaften waren ihm heilig.

Er selbst gestand, daß er die Kunst zu lernen nie müde geworden sei. Von allen Professoren der Münchner Universität, deren Ruf weit über die weißblauen Grenzpfähle hinausdrang, wie dem Staatsrechtler Bluntschli, dem Historiker Giesebrecht und dem Ästhetiker Carrière fühlte er sich zu dem Kunsthistoriker Wilhelm Riehl besonders hingezogen. Aus dem Bestreben, von dieser bekannten Persönlichkeit möglichst viel zu lernen, wurde schließlich eine lebenslange, beide Teile beglückende und befruchtende Freundschaft.

Keiner hat sich wohl die Erkenntnis: „Die bäuerlichen Zustände studieren heißt Geschichte studieren, die Sitte des Bauern ist ein lebendiges Archiv, eine historische Quellensammlung von unschätzbarem

Wert", so sehr zu eigen gemacht wie Karl Stieler. Unverkennbar hat Riehls Geist in vielen Stielerschen Prosaschriften seinen Niederschlag gefunden. Und nicht von ungefähr formulierte er später einmal in seinen Kulturbildern: „Es kommt darauf an, den Volksgedanken, der uns entgegenspringt, gleichsam à jour zu fassen wie der Goldschmied den Edelstein, daß er möglichst frei und unversehrt sich darstellt." Stieler erkannte, daß es auf den Wortlaut ankommt und nach dieser Erkenntnis richtete er sich.

Das Fernweh, ein Vorrecht der Jugend, trieb auch Stieler in die Welt. Zwanzig Jahre war er alt, als er sich im August 1863 von Lindau aus auf Schusters Rappen nach Zürich, Luzern und Interlaken ins Berner Oberland aufmachte. Wird es auch nirgends erwähnt, so ist doch mit Sicherheit anzunehmen, daß für Stieler diese Reise auch dichterische Früchte zeitigte. Schon knappe zwei Jahre später erschien sein erstes Gedichtbändchen „Bergbleameln". Neben anderen sichtlich von Kobell inspirierten Themen drängte es ihn, das Leid über eine unglückliche Liebe zu gestehen.

Anlaß dazu gab ihm ein Mädchen, das am 1. Mai des Jahres 1866 die Frau eines andern geworden war. Sicherlich war sie mit ein Grund, daß er sich zwei Monate später anläßlich des Kriegsausbruchs freiwillig meldete. Als Leutnant auf Kriegsdauer wurde er dem 5. Feldbataillon des 8. Infanterieregiments zugeteilt, das in Passau stationiert war. Es spricht für Stielers antiautoritäre Einstellung, daß er in kürzester Zeit das Vertrauen seiner sechsundachtzig Untergebenen gewann. Kameradschaftlich nahm er sich ihrer Nöte an. Wiederholt schrieb er Briefe, wenn sich die Wäldler mit Feder und Tinte allzu schwer taten, und anläßlich eines strapaziösen Gewaltmarsches scheute er sich auch nicht, einem kleinen Tambour den Tornister und zwei anderen Erschöpften ihre Gewehre abzunehmen, um dann schwerbepackt an der Spitze des Zuges fröhlich pfeifend ein gutes Beispiel zu geben.

Wie alle im liberalen Lager stand auch Stieler damals mit seiner Ansicht, von Preußen das künftige Heil zu erwarten, im Kreuzfeuer der Meinungen; denn die Stimmung des Mißtrauens, die mitunter auch feindliche Züge gegen die Norddeutschen annahm, war weit verbreitet. Mit dem ererbten Sinn für das Althergebrachte stemmten sich vor allem die bäuerlichen Altbayern gegen jene Woge neuer geschichtlicher Entwicklung, die von der Expansionskraft Preußens nicht nur vom Militärischen, sondern auch vom Bereich seiner bürgerlich-industriellen Lebensform ausging.

Stieler hingegen sah lange schon die kommende Sternstunde Preußens als politische Entwicklung, die wohl verzögert, aber nicht aufgehalten werden konnte, deutlich voraus, und es entsprach seiner Mentalität, daß er in dem von Preußen beherrschten Einheitsstaat voll Optimismus auf die Vorteile für Bayern baute. Die Gedanken, die König Ludwig II. brieflich am 26. November 1867 an Hohenlohe äußerte und die wörtlich lauteten: „Ich bin wegen der Unabhängigkeit meiner Krone und wegen der Selbständigkeit des Landes sehr besorgt", waren Stieler fremd. Er gehörte, wie Döllinger ein halbes Jahr zuvor in einem Brief zum Ausdruck gebracht hatte, zu der Zahl derer, die zusammenwirkten, „um Deutschland unter preußische Hoheit zu bringen und die bayerische Dynastie zu mediatisieren."

Es war zu erwarten, daß Stieler das Soldatenleben nicht kritiklos hinnahm, obwohl andererseits viele Erlebnisse und Begegnungen einen durchaus positiven Eindruck auf ihn machten. Diesbezüglich aufschlußreich ist nachfolgender Brief:

Passau, den 13. Juli 1866, Freitag

Meine liebe Mutter!

Denke Dir einen riesigen Saal mit zwei Erkern und sieben Fenstern, auf dem Tisch stehen Koffer und Reiseeffekten, an den Wänden hängen Säbel, Waffenröcke und Feldflaschen. Dieser Saal ist das Quartier für sechs Lieutenants. In der Mitte am runden Tisch sitzt einer und schreibt. Dieser ist der „Lieutenant *Stieler*", Dein Sohn. Die Eindrücke, welche der erste Tag meines Soldatenlebens mir bot, lassen bereits eine ganz prägnante Schilderung zu, die Reise war nicht unangenehm. Wie ein Roman von *Hackländer* mutete es mich an, wenn ich auf die sechs stattlichen Offiziere blickte, die da im weichen Wagen schäkerten und lachten. Die Feldflasche kreiste, und wir fraternisierten bald. Als wir in Landshut und Straubing ausstiegen, grüßte uns alles ehrerbietig. Wir sind die Männer der Zeit, und die Zeit ist jetzt — Krieg; daß derselbe nicht nur vom Heer, sondern auch vom ganzen Lande geführt wird, ließ sich an dem bewegten Anstrich der Bahnhöfe, dieser Friedenstempel, erkennen. Gefangene, Verwundete, Feldsoldaten, Einrückende, alles wimmelt durcheinander. Sachsen und Östreicher fuhren mit unserm Zug, und ein Musikkorps spielte martialische Weisen. Dann, wenn dieses endete, ward wieder von uns gesungen und gelacht. Jeder hat vielleicht eine Mutter oder einen Schatz daheim, die mit nassen Augen seinen Weg verfolgen, und ich glaube oft, ein leises Weinen zu vernehmen, wenn die derben Witze noch die krachenden Schienen übertönten.

Abends quartierten wir uns also im „Mohren" ein, natürlich auf eigene Kosten. Die Stadt, die wir vom Fenster überschauen, läßt mich an Salzburg denken, weil sie dieselben zwei Charakterzeichen trägt: Das ist die Festung und der Bischofssitz. Die Bauart der Häuser, die Breite und das Leben der Straßen, das Terrän und das Soldatentreiben macht seine Ähnlichkeit vollständig. Von unserm Regiment sind etwa tausend Mann und drei Offiziere hier, wir waren deshalb so sehr willkommen, daß man an einen Rüffel gar nicht dachte. Heute morgen stellten wir uns dem freundlichen Oberstleutnant vor, die drei Kameraden aber empfingen uns schon gestern und schleppten uns von einer Kneipe in die andere. Wir sind überhaupt hier das herrschende Element, aber nur scheinbar, denn in der Tat ist „das europäische Sklavenleben" unser Los. Der einzelne kann sich nicht absondern, und da die meisten lieber saufen, als schreiben, so war es gestern absolut unmöglich, dies letztere meinerseits zu tun.

Als ich todmüde um zwölf Uhr zu Bette fiel, sang vor meinem Fenster eine Nachtigall. Es war die erste sympathische Stimme, die ich vernahm an diesem Tage, und ich hätte sie gern erlöst und zum Menschengebilde gemacht, wie das im Märchen, aber nicht in Passau möglich ist. Von meinen Kameraden schreibe ich Dir nicht und sage damit zugleich, was sie mir sind. Nur R..., das zierliche, schmiegsame Bürschlein, gefällt mir. Er hält sich wacker, aber ich merke, wie's ihm zu Herzen geht. Mein reiferes Alter kommt mir sehr zu statten, mit achtzehn Jahren wäre ich diesen Verhältnissen erlegen.

K. B., dem ich den Brief gab, wird uns heute verpflichten, und dann werde ich der vierten Kompagnie des fünften Bataillons zugeteilt. Die Umstände sind so drängend, daß die wenigen Stunden meine vollständige Versoldatung ertrotzt haben. Der *Mensch* in mir hat sich ergeben, kapituliert, und jeder Zoll ist (muß sein) ein Lieutenant. „Portepee", „Ordonnanz", „Kompagnie", „gehorsamst" sind jetzt die Schlagwörter und auch die Schlagschatten über meinem Leben. Gleichwohl ist meine Stimmung nicht gedrückt, sondern frisch und elastisch.

Schreibe Du und die andern u. s. w.

Im Leben und Sterben

Dein getreuer *Karl*

Als Stieler einmal Lichtbilder schickte, die ihn in Leutnantsuniform zeigten, gestand die Mutter: „Die Photographien mit dem martialischen Blick, der fast drohend ist wie ein Zündnadelgewehr, haben mich beim ersten Anblick erschreckt." Taktvoll macht sie ihn auch später einmal auf den rauhen Umgangston aufmerksam, der sich während seiner Dienstzeit eingeschlichen hatte: „Der Grundzug Deiner Individualität ist ein ästhetischer, dem Gemeinen abholdes Gefühl, ein tief inneres Gemütsleben, ein kritischer, scharfer Verstand. Ich habe oft die Beobachtung gemacht, nicht nur an Dir, daß gemütvolle Menschen in den Fehler der Schroffheit verfallen, der doch eigentlich ihrer Gemütstiefe heterogen ist."

Zu einem Fronteinsatz kam es nicht; der Friedensschluß vom 22. August 1866 bereitete allen kriegerischen Plänen ein rasches Ende. Die nun folgende

Tätigkeit im Bezirksgericht Traunstein war sicherlich für Stieler ein recht angenehmes Intermezzo.

Nach der 1867 bestandenen Abgangsprüfung winkten zwei Sommer Rechtspraktikantenzeit im geliebten Tegernsee. Es muß damals an den Gerichten recht beschaulich zugegangen sein; denn neben seiner Vorbereitung zum Staatsexamen blieb Stieler immer noch genug Zeit, sich Land und Leuten sowie der Schriftstellerei und dem Reimeschmieden zu widmen. Wenn man diesbezüglich an das Mundartgedicht „Am Vergleich" denkt, wo nach altem Brauch die streitenden Parteien im Hausgang oder im Garten des Landgerichts solange gemeinsam warten mußten, bis sie sich versöhnt hatten, dann kann sich jeder vorstellen, daß auch der junge Rechtspraktikant von derart probaten, die Arbeit reduzierenden Methoden profitiert hat. Auf ähnliche Weise wurde ihm mancher Stoff, der ihn inspirierte und zur Gestaltung reizte, frei Haus in die Amtsstube geliefert. Den Versen „Die guten Zeiten", „As ewi' Leben", „Derschlagen", „As Wildern", „A Gschenk" und vielen weiteren liegen eigene Beobachtungen und Erlebnisse zugrunde.

In diese Zeit fiel auch seine erste größere Reise, die ihn zur Weltausstellung nach Frankreich führte. Von den guten Manieren und der Redegewandtheit der Pariser Bürger war er stark beeindruckt, wie auch vom Pulsschlag dieser Weltstadt an der Seine. Wörtlich schrieb er darüber: „Ein eminent praktischer Sinn, aber in den kulantesten Formen, ein energischer Geschäftsverkehr, aber mit einer musterhaften Ordnung sind vielleicht die Eigenschaften, die am ersten nach außen treten..." Ferner entging ihm eine Erscheinung nicht, die geradezu aktuell anmutet: „Der riesige Absatz der Abendblätter in den Straßen liegt nicht in dem Wunsch nach Bildung, sondern nach Unterhaltung."

Vielfach gab Stieler Stimmungen wieder. Romantische Landschaften und bizarre Wolkengebilde vermochten stark stimulierende Wirkung auf ihn auszuüben. Wohl auch aus diesem Grunde war er als Reiseschriftsteller so erfolgreich.

Seine zweite größere Fahrt stand unter dem Motto: „Durch Österreich nach Norden". Auf der Schiffsreise von Linz über Wien nach Budapest erlebt er die Donau, deren „Wogen dahinströmen wie ein Epos." Der Stephansdom ist „gewaltig, einheitsmächtig und um ihn weht ein Geist, der sich nicht beschreiben läßt." Kritisch stellt er hingegen fest: „Jedes Haus am Ring und auf dem Boulevard ist ein Palast, aber Stil hat keines." Der Park von Schönbrunn stimmte ihn wieder heiter. Er war eben ein typischer Augenmensch, der sich vom Schönen betören ließ.

In Pest, das ja damals zur österreichischen Monarchie gehörte, sah er eine nachgewachsene, sich im Flor der Jugend befindliche Schwester des Stadtteils Ofen, den er für „eine Rumpelkammer mit historischem Schmutz" hielt. Durch Böhmen jagte er. Parteiisch und vom vaterländischen Geist durchglüht, erzürnte er sich in Prag über die „brutale Verachtung des deutschen Wesens".

Die nächste Station war Dresden. Dieser Stadt galt sein ungeschmälertes Wohlwollen. Sie hatte die richtige Proportion. Die Bevölkerung fand er freundlicher als im Norden und fleißiger als im Süden.

Berlin erlebte er mit zwiespältigen Gefühlen. Das Jahr 1866 mit der bayerischen Niederlage stand noch zu deutlich hinter all seinen Betrachtungen. Statt dem erwarteten Genie zu begegnen, glaubte er nur Disziplin zu finden. Er vermißte die Begeisterung im Charakter der Stadt, in der er „die Stadt der Arbeit" sah. „Politische, wissenschaftliche und industrielle Arbeit wird hier vollzogen", bemerkte er, um einzuräumen, daß man dies aber nicht gleich am ersten Tag wahrnehmen könne, sondern daß dies erst allmählich ins Bewußtsein dringe.

Der Hamburger Hafen war Stielers nächstes Ziel. Begreiflich, daß er die verwirrende Vielfalt auch mit Maleraugen zu sehen geneigt war. So meinte er, daß man hier einen „realistischen Pinsel führen müsse und bunte Farben." Die Hamburger selber, für deren hohe Schule der Rücksichtslosigkeit er den amerikanischen, nur nach Geld orientierten Einfluß verantwortlich machte, schnitten in seinen Schilderungen weniger gut ab.

Den Anblick des Meeres auf der Fahrt nach Helgoland nannte er unbeschreiblich. Doch man spürt es deutlich, daß die bewegte See und die rollenden Wogen sowie auch der Dünenstrand nicht Stielers dichterisches Element waren, in dem er sich frei bewegen und entfalten konnte. Von diesem nördlichsten Punkt der Reise hatte er es dann auch sakrisch eilig, um wieder schnell heimzukommen.

Drei Tage nach dem Helgoländer Zwischenspiel saß er in einem oberbayerischen Stellwagen und fuhr tief ins Gebirge hinein, und es klingt wie Genugtuung, wenn er schrieb, daß von den fünfzehn Bauern, die mit ihm reisten, nicht einer den Namen Helgoland kannte. Es schwingt ferner mit, daß sich Stieler nur im südlichen Bayern, im Hochland, zu Hause fühlte.

Die Eltern von Karl Stieler
nach Porträts von Josef Stieler

Stieler als Leutnant im Jahre 1866

Karl Stieler und seine Braut Mary Bischof
im Jahre 1869

Das Stielerhaus in Tegernsee mit Mary Stieler
und ihren beiden Töchtern Elsbeth und Dorothea

Das Fernweh, das ihn immer wieder hinaustrieb, zeitigte aber auch viel Gutes. Um so deutlicher erkannte er die bayerische Mentalität und die Bedeutung von Brauchtum und Volkskunst. Zwei Aufsätze, nämlich „Die Bittgänge im bayerischen Hochland" und „Das Fingerhackeln" sind nach der Rückkehr entstanden und also ganz offensichtlich dem Gegensatz zwischen Nord und Süd zu verdanken.

Im Jahre 1869 war es dann soweit, daß Stieler an der Heidelberger Universität zum Doktor jur. promoviert wurde. Gleichzeitig tauchte ein neues berufliches Problem auf. Sollte er sich als Rechtsanwalt irgendwo niederlassen oder sollte er die Hochschullaufbahn wählen? Ein Zufall entschied. Archivdirektor Franz von Löher, der durch einen Artikel auf den Reiseschriftsteller Karl Stieler aufmerksam geworden war, gewann ihn für den Eintritt ins Bayerische Reichsarchiv in München. Bei diesem Vorgesetzten handelte es sich übrigens um jenen, den König Ludwig II. monatelang in den griechischen und kanarischen Archipel geschickt hatte, um eine Insel zu erkunden, auf der sich der Monarch, ähnlich Kaiserin Elisabeths Niederlassung auf Korfu, hätte ansiedeln können. Aber es waren nichts weiter als unbestimmte königliche Pläne gewesen. Die daraufhin zustande gekommene Legende sagte aus, der Archivdirektor hätte den Auftrag gehabt, dem König ein Land zu suchen, das sich gegen Bayern vertauschen lasse. Löher sah sich deshalb später schweren Vorwürfen ausgesetzt.

Wie aus Stielers Personalakte hervorgeht, besserte sich sein dienstlicher Eifer erst mit den Jahren. Zunächst finden sich allzu häufig kurzfristige Krankmeldungen und schriftliche Bitten, ihn wegen privater

Verpflichtungen zu beurlauben. Insbesondere ein Entschuldigungszettel spiegelt auf beredte Weise die Neigungen des Absenders. Anläßlich der Beerdigung Justus von Liebigs am 20. April 1873 hatte sich Stieler anscheinend so erkältet, daß er am folgenden Tag das Haus hüten mußte. Freimütig schrieb er an seinen Vorgesetzten, daß ihm die Krankheit nicht im Hinblick auf das Büro ungelegen käme, sondern schon eher, weil er einer Einladung nicht Folge leisten könne. Und ohne Skrupel gestand er, daß er „lieber bei Leberpastete als bei Aktenstaub" sitzen würde.

Hierher paßt auch eine Anekdote, die Eduard Stemplinger für seinen „Immerwährenden Bayerischen Kalender" aufgezeichnet hat: „Als der Dichter Karl Stieler noch Archivpraktikant war, hatte er immer seine Zither in seinem Büroschreibtisch; wenn er allein war, spielte er, klopfte es, ließ er sie schleunigst verschwinden."

Eine schon lange geplante Reise führte Stieler im Vorfrühling 1870 über die Alpen nach Süden. Das Osterfest feierte er in der Ewigen Stadt. Vergleiche drängten sich ihm auf. Was war doch für ein Kontrast zwischen den prunkvollen Zeremonien rund um den Petersdom und den so anheimelnd schlichten Osterfeiern in den bayerischen Bergen!

Das Fluidum des römischen Ostermorgens überwältigte seine Sinne. Wenn er dann die leise bewegte warme Luft beschrieb, die über die Siebenhügelstadt hinströmte, und wenn er jenes Blau rühmte, das von der Sehnsucht nach dem Süden untrennbar ist, war er wieder der vollendete Reiseschriftsteller mit der flinken Feder, den die Verleger und die Leser gleichermaßen schätzten.

Wohl an jene römischen Eindrücke des Jahres 1870 erinnert ein sechs Jahre später herausgegebener und von namhaften Malern illustrierter Prachtband, für den Stieler den ersten Hauptteil „Von den Alpen bis zum Arno" verfaßt hatte. Für ein nicht minder imposantes, von Wachenhusen und Hackländer editiertes Werk „Rheinfahrt" steuerte Stieler ebenfalls eine Arbeit bei, in der er dem Rhein von der Quelle bis Mainz das literarische Geleit gab.

Als lyrische Ernte brachte er hingegen von seiner Romfahrt nur zwei hochdeutsche Gedichte mit, die er später in die Sammlung „Neue Hochlandslieder" aufgenommen hat. Es handelt sich um die Verse „Auf wälschen Wegen" und „In der Campagna". Im Grunde sind sie nichts anderes als düstere Bilder der Sehnsucht nach daheim:

    O wie heiß die Lüfte blaun,
    O wie sehn ich mich von dannen —
    Dürft' ich nur noch einmal schaun
    Blaue Augen, grüne Tannen.

Als der Krieg gegen Frankreich begann, war Stieler längst wieder zu Hause. Unvergessen blieb für ihn der bedeutungsvolle 18. Juli 1870, als sich Bayern entschloß, den Preußen im Kampf zur Seite zu stehen. Und nach dem Sieg der deutschen Waffen tat sich ihm das Herz zu einem einzigen Jubel auf: „O Vaterland, wie schön bist du, wie blühend liegst du zu unseren Füßen, so reich an Schmerzen und so reich an Ruhm."

Eine von den schmerzlichen Seiten kam in dem Bändchen „Um Sunnawend" unter dem Titel „An Anfrag" zu Wort. Dieses Mundartgedicht, das auch in die bayerischen Volksschullesebücher aufgenommen wurde, hat Generationen von Schülerinnen und Schülern tief beeindruckt; denn der gewaltige lautlose Schmerz des Vaters, dem der Krieg alle drei Söhne genommen hat, vermag eben doch eine eindringlichere Sprache zu sprechen als ein noch so pathetischer Siegesjubel.

Zu dem greisen Kaiser Wilhelm I. fühlte sich Stieler besonders hingezogen und großen Anteil nahm der Dichter vor allem am Geschick des bayerischen Königshauses. Während Franz von Kobell das Hinscheiden von König Max II. mit den Worten:

„Verblüht sind die Rosen, verblichen ihr Rot,
Dahin ist die Jugend, mein König ist tot",
beklagte, hatte der wesentlich jüngere Stieler doch einen weit größeren Abstand zu diesem Ereignis. Bei ihm trauerten vor allem die Berge um den großherzigen Monarchen.

Begeistert für alles Hoheitsvolle und Majestätische rühmte Stieler in seinem Aufsatz „Zum siebenhundertjährigen Jubiläum der Wittelsbacher" im Jahre 1880 den „genialen" und „jugendstarken" Fürsten Ludwig II., der aus Bayern einen vollendeten Staat gemacht und zu seiner vollen nationalen Bedeutung erhoben hatte. Bei diesem enthusiastischen Bekenntnis darf man natürlich nicht übersehen, daß sich Stieler vom Glanz des Königstums blenden ließ. Völlig unkritisch stand er der Persönlichkeit des Monarchen und der inzwischen fortgeschrittenen politischen Entwicklung gegenüber.

Während viele Bayern, wie beispielsweise auch Kobell, erst allmählich von der allgemeinen Begeisterung angesteckt, in den Sog der Idee Bismarcks gerieten, war Stieler schon von früh an „ein deutscher Mann". Sein Herz schlug für den Entscheidungskampf und für das gemeinsame Vaterland aller

Deutschen. Als leidenschaftlicher Verfechter dieser Idee war es ihm ein Bedürfnis, dafür einen sichtbaren Beitrag zu leisten. Es entstand eine ganze Reihe von Artikeln, die allerdings erst nach seinem Tod von Professor Dr. Ratzel unter dem Titel „Durch Krieg zum Frieden" herausgegeben wurden.

Stieler hat die kriegerischen Ereignisse nicht allein vom Schreibtisch aus verfolgt. Er war zwar nicht selber bei der kämpfenden Truppe, begleitete aber wenige Wochen nach Kriegsbeginn im Auftrag des Hilfsvereins eine Lebensmittelsendung über die Vogesen. Im Kampf um Straßburg, in den überfüllten Lazaretten, den verlassenen Dörfern, den trostlosen Gefangenenzügen und der von Granaten aufgerissenen Erde sowie im Gespräch mit Offizieren und Mannschaften prägte sich ihm das Wesen des Krieges tief ein. So wurde er kraft dieser Erlebnisse zum Kriegsberichterstatter. Dabei schätzte man das Taktgefühl, mit dem er schreckliche Geschehnisse, ohne sie jedoch zu bagatellisieren oder zu übertreiben, mitzuteilen verstand. Ging es aber um die Beschreibung eines berühmten Bauwerks oder einer weltbekannten Parkanlage, so gewann unversehens wieder der Reiseschriftsteller die Oberhand. Dann konnte es wohl auch passieren, daß er sich selbst ins Gehege geriet; er wandte die 1868 auf den Garten von Schönbrunn gemünzte Beschreibung drei Jahre später beinahe wortgetreu auf den Park von Versailles an.

Der Autor war jedoch weit mehr als einer der vielen Kriegsberichterstatter. Wenn er im Zusammenhang mit der Schlacht von Sedan „eine prachtvolle Landschaft zu unseren Füßen, umrahmt von fernen Wäldern, glänzend im milden, blauen Herbstlicht" beschrieb und dann die „vulkanischen Gewalten" schilderte, mit der mehr als tausend Geschütze ihr „mörderisches Spiel" begannen, um die Festung zu bezwingen, dann war wieder ganz der Wortmaler am Werk. Manchmal freilich, wenn er beispielsweise von den Freudenfeuern erzählte, die anläßlich der Siegesbotschaft auf allen Höhen des Gebirges entzündet wurden, und er dabei den Kaiser Barbarossa im Untersberg Freudentränen in den weißen Bart fließen ließ, mag diese allzu sentimentale Art bei den Lesern von heute ein Schmunzeln auslösen. Man muß aber diesen Überschwang aus jener Zeit heraus, als ein Gefühlsdokument der Reichsgründung, verstehen, die derartige romantische Auswüchse förderte und zudem Stielers seelischer Verfassung entsprach.

War für den Dichter der langgehegte Wunsch nach einem großen und geeinigten Vaterland zu Ostern des Jahres 1871 in Erfüllung gegangen, so wurde Wochen später sein Lebenstraum Wirklichkeit. Sein „liebes, herziges Kind" oder sein „sweet child" — so nannte er seine Geliebte in unzähligen Briefen — wurde am 17. Mai 1871 seine Frau.

Wie er die aus Nürnberg stammende Kaufmannstochter Mary Bischof kennen und lieben gelernt hatte, schildert er in seinem „Winteridyll". In Wirklichkeit war es aber bei weitem nicht so einfach und selbstverständlich, wie Stieler dies siebzehn Jahre später poetisch verklärt reflektierte.

Die von den Stielernachkommen zur Verfügung gestellten Briefe an Mary Bischof bringen bisher unbekannte biographische Erkenntnisse und ermöglichen, ein gültiges Bild der Seelenlandschaft zu gewinnen, in die Karl Stieler die Begegnung geführt hat.

Als sich die beiden Menschen im Vorsommer des Jahres 1867 zum ersten Mal sahen, war Mary 19 Jahre alt, Stieler ein Mann von 25 Jahren. Von ihren fürsorglichen Eltern wohlbehütet und von noch kindlichem Liebreiz beseelt, lagen ihrem schwärmerischen und zutiefst jungfräulichen Wesen Liebe und Leidenschaft, wie Karl sie für den „Frieden seiner Seele" gebraucht hätte, fern. Dennoch war es eine echte, tiefe Zuneigung, die sie für den „finsteren stürmischen Mann", wie er sich selbst einmal nannte, empfand. Insgesamt 48 noch erhaltene Briefe und Brieffragmente mit etwa 250 Seiten markieren den oft von Verzweiflung und Resignation überschatteten Weg, der nicht nur einmal in eine Sackgasse und zum bitteren Verzicht zu führen schien. Dichterisch hat diese Epoche in zahlreichen hochdeutschen Versen, die ein Spiegelbild von Stielers innerer Unruhe und Zerrissenheit sind, ihren beredten Widerhall gefunden.

Noch im Mai 1868, als er das Staatsexamen machte, kamen ihm Zweifel an sich selbst. „Mary, wo ist Dein Heil?", schrieb er in einem Brief, der 15 Seiten lang ist. „Diese Frage beschäftigt mich mehr als die rätselhaften Fragen im Staatsexamen und die Antwort lautet: Nicht bei mir. Es fehlt mir nun einmal der Glaube, daß ich Dein Erlöser bin, der Dich ins Himmelreich einführt und jeder echte Messias glaubt an seine Mission! Ich habe Unendliches für Dich erlitten. Ich könnte den Opfertod für Dich erleiden, wenn ich sicher wüßte, daß Dein Herzensglück damit erreicht wird, aber wenn Du mich wirklich liebst, dann gibt es für Dich kein Glück allein, dann liegt das Deine nur in dem, was auch mein Glück ist ... Ja, die ganze Wildheit meines Wesens wacht bisweilen in mir auf und in diesen Stunden graut mir für Dein Heil."

Mit der Verlobung im Vorfrühling 1869 fand Stieler wieder ganz zu sich selbst zurück. Von diesem Augenblick an war Mary für ihn sein Weib und sein Kind zugleich. Die in diesem Band erstmals auszugsweise zitierten, beziehungsweise nachstehend veröffentlichten Briefe Karl Stielers, die er an seine bei ihren Eltern in Augsburg lebende Braut schrieb, sind in ihrer teilweise klassisch anmutenden Ausdruckskraft ein Zeugnis seiner übergroßen Zärtlichkeit, die ihre Wurzeln gleichermaßen im seelischen wie im sinnlichen Bereich hatte. Sein erster Brautbrief, den er am 20. März 1869 von München aus an sie sandte, lautete:

„Mein süßes herziges Lieb, meine ‚glückselige Braut'! Ist es denn möglich, Kind, daß es noch ein so liebes, so herrliches Gemüt gibt, wie das Deine? Ist es denn möglich, daß wir dran glauben dürfen, daß wir nun unabänderlich und ewig, ewig uns besitzen dürfen? Schau, Kind, das Glück ist im Leben meistens nur Traum und so selten eine Wahrheit und weil wir das alle erfahren haben, darum glauben die Menschen instinktiv, wenn ihnen ein recht großes, ein recht tiefes Glück begegnet, sie träumten. Auch die stärkste Fassungskraft ist nicht stark genug, um das Glück zu fassen, um es gleich als ein Stück der Wirklichkeit zu betrachten. Auch mir ist's zu Mut, als träumte ich — als ginge ich durchs Paradies! Wie ein Friedensgesang der Engel so klingen mir Deine Worte nach, die Worte Deiner Liebe, und zur Blüte wird jede Stunde, die der Gedanke an Dich besonnt. In einem der ersten Lieder, die ich auf Dich gedichtet, heißt es:

> Blick mich nicht an — wie Du so blickst,
> Die Liebe einst, die mich verließ,
> Aus Deinen sel'gen Kinderaugen
> Schaut mein verlornes Paradies.

Aber jetzt schaut das Paradies, das ich gefunden, aus Deinen Augen. O blick mich an! Wie oft denke ich an diese Augen, mit ihrem rührenden seelenvollen Licht, an ‚die schöne Wiese' wie Rottmann sagte, auf der alle Blumen und alle Farbentöne vereint sind. Wie oft denk ich an jenen ersten Abend, wo ich als Doktor eintrat, so schön hab ich Deine Augen kaum je gesehen. Das war eine stille, heilige Stunde übergossen vom Lampenlicht, getragen vom Abendfrieden, belebt von dem Erfolge von der Erzählung meiner Arbeit. Deine Mutter war so freundlich und gut, das Zimmer so traut und heimlich und Du so — glücklich über meine Wiederkehr. Es war noch ein anderes Licht in diesen Räumen, das nicht die Augen, das nur die Seelen fühlen konnten; es war mehr ein Leuchten als ein Licht. Es lag über allem und jedem, es lag über Deinem Angesichte! Es war das wunderbare Etwas, das das ganze zu einer Einheit verband, welches das Kleinste, was da lag und stand, umwebte. Und wenn Du dann das gesenkte Köpfchen mit dem süßen geringelten Haar erhobest, wenn Du mir dann so still und wonnig in die Augen sahst, da überfloß es mich und mein Herz ward weit vor Seligkeit. Da sprach Dein uneingestandenes Glück mich an und da fühlt ich es, daß Dein Glück das meine ist. Da fühlt ich es: Ich liebe Dich, weil ich Dich lieben muß und das allein ist die rechte Liebe. Ich durfte Dir damals die Arme nicht auftun, aber mein Herz hab ich Dir aufgetan und in meinem Herzen sollst Du nun sein und bleiben für ewige Zeiten. Oh dieser Abend ist eine Perle in meinem Leben und mein Leben geb ich hin um diese Perle. In den Stunden der Verlobung selbst, der ersten Umarmung, da pochte soviel Beklommenheit, daß erst andere Stunden vergehen mußten, ehe wir diese ganz, ganz erfassen und uns eigen machen können. Man begreift das Größte nicht in einer Sekunde. Manchmal, wenn ich an Deine viele Liebe denke, dann ist es mir, als müßte ich hell aufweinen, so namenlos, so unergründlich gut und lieb bist Du. Wie das Sonnenlicht, so glänzte Deine Liebe mir entgegen, als ich mit freudigbangen Händen die ersten Zeilen meiner Braut erschloß. Ich harrte auf dieselben, wie der Baum auf den Frühling, wie das Kind auf den Weihnachtsabend harrt, und als ich ihre Liebe aufgefangen, da lebte ich wieder, wie die Bäume schauern beim ersten Frühlingshauch! Ich fühlte, tausend schlummernde Knospen liegen in mir, sei Du der Lenz, der sie entfaltet. Hab Dank für diese Zeilen, ‚glückselige Braut‘, mein Kind, mein Lieb!"

Am Abend des 9. April 1869, nach einem beglückenden Wiedersehen mit Mary, drängte es ihn, ihr zu bekennen:

„Selige Braut! Ich schließe mit diesen Zeilen an Dich einen Tag, der für mich unvergeßlich bleiben wird für alle Zeiten. Die Stunden sind ein Gefäß, und uns selber bleibt es überlassen, womit wir sie füllen. Diesmal wurden sie gefüllt mit jenem wunderbaren Etwas, das mehr von der Ewigkeit als von der Zeit, mehr vom Himmel als von der Erde an sich trägt. An den Quellen des Lebens haben wir heute geschöpft und wie ein Ahnen der Unsterblichkeit hat es mein Herz erfaßt, das Ahnen Deiner Liebe. Ich kannte sie doch genau, ich wußte, wie tief sie war; aber das ist das Wundeschöne der Liebe, daß sie so unerschöpflich, so unergründlich ist, daß man niemals bis ans letzte Ende kommt. Denn schau, ich habe sie diesmal noch genauer kennen lernen (und Du mich auch!), wir sind in noch größere Tiefen eingedrungen, als jene waren, die wir bereits ergründet hatten. In diesen Stunden habe ich getrunken an Deinen Lippen, hab ich geruht an Deinem Herzen, wie es nur wenigen Menschen, wie es nur wenigen Mädchen gegönnt ist. In diesen stillen Stunden ward meine Kammer fürwahr zum Brautgemach, in dem Du Dein Herze vor mir entschleiert, in dem Du Dein tiefstes, Dein innerstes Wesen mir hingegeben. Der edelste Mensch kann nur das fassen, was er auch darf, denn das Unerlaubte ist eben für ihn das Unbegreifliche; soweit wir es aber fassen konnten, soweit haben wir uns hingegeben in dieser Stunde. Sie mußte Dich belohnen für die bange Zaghaftigkeit der ersten Umarmung; sie mußte Dich entschädigen für die Angst, die Du um mich gelitten in den ersten Augenblicken unseres Bundes.

Ich war in Deiner Schuld geblieben an jenem Tage, ich habe Dir die eigentliche Minnegabe damals nicht gereicht. Diesmal hast Du sie erhalten und Du bist reich hinweggegangen aus der Kammer Deines Bräutigams.

Liebes Kind, die großen Züge unseres Lebens vollziehen sich nicht auf einen Schlag, man wird nicht auf einmal eines Mannes Weib. Die erste Staffel war es nur, als ich Dein klopfendes Herz am Tag der Brautfahrt an das meine zog. Es war eine zweite Staffel, als ich Dich wiedersah und mein Haupt niederlegen durfte an Deiner Brust. Mit geschlossenen Augen lag ich dort, an dieser treuen Brust und sah hinab in ihre Tiefen und sah, wie die Liebe nicht größer, aber reifer und bewußter geworden war unterdessen. Das war ein Höhepunkt des Lebens und der Liebe, auf dem wir jetzt angekommen sind und den wir zuerst noch nicht besaßen. Und war Deine Brust darum minder rein, weil ihre süßen Hügel denjenigen bargen und aufgenommen, der darinnen lebt und webt? War es Dir nicht selbst eine stille Befriedigung, die Du empfunden und die ich aussprechen darf, daß Du wieder mit mehr mir angehörst, daß Du voller und inniger dem Dich hingeben kannst und darfst, dem Du ganz und alleinig gehören willst. O Kind, ich habe Dich tief erkannt; erkannt mit den Augen der Liebe, ich habe in Deiner Brust gelesen, daß jene Stunde schon über Dich ergangen, wo Du Dich innerlich losgelöst von den Deinen und Dich ganz mit Leib und Seele mir zugeschworen und ergeben hast. Innerlich hast Du schon Hochzeit gehalten, das heißt, Du hast Vater und Mutter verlassen im Sinne der Bibel und folgtest dem Manne nach, den Du lieb hast. Du bist nicht mehr daheim, Du bist vermählt mit mir. Nicht alle Mädchen empfinden das so wie Du, viele überkommt es erst, wenn die wirkliche Hochzeit gehalten ist. Denen aber, die das ganz erkannt, steht ihr einstiger Gatte während des Brautstandes ganz anders gegenüber, er steht ihnen viel näher, er darf die Zusammengehörigkeit desto mehr betonen und fühlen lassen, je mehr sie von einer Braut selber empfunden wird.

Jeder Geliebte muß während der Verlobungszeit die Braut zu seinem Weibe entwickeln und er muß dies um so inbrünstiger tun, je tiefer das Bewußtsein ihrer Zukunft in einer Mädchenseele erwacht ist. Nicht die Eltern, nur der Mann darf und muß ein Mädchen zur künftigen Gattin erziehen und vorbereiten und ihre Mädchenliebe langsam und leise in Frauenliebe verwandeln. Glückselig das Weib, das diese Lehren aus reifer und reiner Hand empfängt, in ihnen liegt die Krone des Lebens! Es ist ein wundersamer reiner zauberhaft schöner Weg, auf dem der Meister hier eine Seele führt; möge Gott meine Kraft erleuchten, daß ich an Dir zum Meister werde! Viele Stufen des Liebeslebens werden wir noch durchschreiten und nur die letzte Stufe wird es sein, wenn einst der Morgen der Hochzeit anbricht. O glaub es, daß Du ganz verstanden bist, daß ich nicht nur die Wonne sehe, die Verzückung, die Dich durchflutet in meinen Armen, sondern auch dies unsagbare Etwas, das jedes Brautglück begleitet, das Geibel in seinem Mädchenliede so wunderbar ausdrückt:

„Schluchzend an seinem Hals
Konnt ich nicht sprechen;
Mir ist als wollte was
In mir zerbrechen.
Das höchste Glück so nah!
Macht, daß ich bebe,
O Liebster wüßtest Du,
Was ich dir gebe."

Ich aber weiß es, was Du mir stückweis und langsam gibst mit jedem Tage, an dem Du Dich mir mehr und mehr ergibst; dieweil ich Dich mehr und mehr zu meinem Weibe mache. Ich habe keine Worte dafür (denn auch das zarteste Wort wäre hier noch verletzend), aber ich habe dafür das Verständnis und Du bist tiefer und voller mein, weil ich auch *das* begreife. Ich begreife es mit dem Gemüte, aus dem ich Dich schaue, aus dem ich Dich liebe. Die Kraft meines Gemütes allein soll der Segen meines Weibes werden!"

Er war aber nicht nur ihr Geliebter, er war auch ihr Lehrer, der ihr Literatur und Kunst näherbrachte und der sie an seinen Ideen, Plänen, Erfolgen und, wie in nachfolgendem Brief, an seinen Reiseerlebnissen teilhaben ließ. Aus Rom schrieb er am 15. April 1870:

„Mein herziges Kind! Ich sitze hier im Garten der Villa Malta, wo ich jemanden erwarten muß und benütze die freie Zeit, um ein paar Zeilen für Dich zu schreiben. Flieder und Rosen blühen zu meinen Füßen und sagen mir, daß ich im fernen deutschen Land ein schönes blondes Kind habe, eine Rose, wie sie in keinem Garten blüht. Drunten in der Morgensonne liegt das ewige Rom. Rom ist vielleicht der größte Name, den unsere Sprache besitzt, denn alles, was Menschen und Völker erleben können, ist hier erlebt worden. Hier stand Hannibal vor den Toren, hier zog Cäsar mit seinem Heer ein und Tausende riefen: Io triumphe, io triumphe! Cicero hat hier gesprochen und Horaz hier gedichtet und das alles zieht an der Seele des schweigsamen Fremdlings vorbei, der hinunter schaut auf die Ewige Stadt an einem regungslosen sonnigen Frühlingsmorgen. Wieviel ward hier gedacht, wieviel gelitten und geliebt! Ich denke an die reizenden Lieder, die daheim in meinem Schranke stehen; hier sind sie geschrieben worden.

Wenn Horatius zu seiner Geliebten kam und an das Fenster pochte ‚Lydia dormis', dann ging er durch diese Straßen und wenn Du bei mir wärst, dann würde ich Dein Haupt an meine Schulter nehmen und Deine kleine schlafende Seele aufwecken zur Größe des Lebens! Lydia dormis? (Geliebte, schläfst Du?)"

Erst am Karsamstagabend fand Stieler wieder Zeit, den Brief weiterzuführen und zu vollenden:

„Meine äußeren Verhältnisse haben sich vortrefflich gestaltet; ich bewohne um mäßigen Preis (nach hiesigen Begriffen) einen reizenden Salon ganz in der Nähe der Piazza di Spagna und des Corso; eine Masse von Deutschen, die ich kenne, habe ich schon getroffen, darunter Künstler, Gelehrte, Studienfreunde. Als ich auf der dogana im Orte zufällig umsah, fand ich zu meiner großen Freude Alfred Meissner, der jetzt in Bregenz lebt. Zu Mittag speise ich nicht vor $^1/_2 8$ Uhr abends, auch spreche ich grundsätzlich nur italienisch, falls ich nicht mit Franzosen oder Engländern zusammen bin. Die letzteren lehren mich erst ganz verstehen, was high life bedeutet; das ist eine Pracht, wenn man so im Ausland leben und lernen kann, wie diese es tun. Zwischen dem tollen Wirrwarr der Sprachen höre ich oft den Ruf: Mary, stay here etc. und freue mich, als ob ich einen Gruß von daheim vernähme. Du fehlst mir unendlich oft, bei manchem Schönen, das Dir begreiflich wäre, möcht ich Dich [hier] haben und besonders tut es mir weh, daß Du ferne bist, wenn ich die reizenden blonden Backfische sehe, die in keiner englischen Familie fehlen.

Am Karfreitag war ich in der Peterskirche, der größten auf Erden. 20 000 Menschen wogten auf dem Platze, der sie umgibt. Die Equipagen der Kardinäle, die Truppen des Papstes, ein Publikum aus allen Weltteilen war hier zu sehen, es war einer der großartigsten Anblicke, die man sich denken kann. Ich fühle mich schon so heimisch hier, als ob ich ein Jahr hier lebte, die geistige Verwandtschaft und Sympathie bringt uns den Dingen unendlich rasch nahe; man ist bei denen daheim, die man begreift.

Heute nachmittag war ich auf dem Forum und in den Stadtteilen des alten Rom, dort sind die Steine beredt, dort ist der Boden heilig. Hohe Tempelsäulen ragen hier empor, Triumphbögen aus der Kaiserzeit und dann das Colosseum, eine Arena, die 87 000 Menschen faßt.

So kommt alles zusammen, was auf Erden Macht über mich hat, die Schönheit der Natur, die Kraft der Antike, für die ich ja stets eine Art von Leidenschaft empfand und der Anblick jenes high life, in dem ich mein höchstes Ideal erblicke. Der Glanzpunkt von Rom ist Monte Pincio, einer der sieben Hügel, mit Zypressen und Pinien bewaldet, ein Garten, den die Natur gebaut hat. Hier standen in der Kaiserzeit die herrlichsten Villen; hier hielt Messalina die wilden Orgen ihrer Liebe. Man überblickt ganz Rom von diesem Hügel, ich habe ihn in der Frühe beim ersten Sonnenlicht gesehen und abends, als der Vollmond über der Peterskuppel stand. Wie ein riesiger Sarkophag, in dem die Heiligtümer der Weltgeschichte bestattet sind, lag die Ewige Stadt vor mir — Rom ist ein Grab! Und von diesen wunderbaren Trümmern flog mein Herz fort durch die weite stille

Sternennacht — nach dem deutschen Lande. Und meine Gedanken fanden die einfache Stätte, wo Du bist, die Sehnsucht nach Deinen treuen Augen, nach Deinem schlichten Gemüte waren mein Abendsegen. In diesem Geiste grüße ich Dich aus weiter, weiter Ferne..."

Den Brauteltern begegnete er taktvoll, aber auch sehr souverän. Seine wohlformulierte Bitte, die er am 22. August 1869 in Tegernsee verfaßte, konnte man ihm sicherlich nicht abschlagen:

Lieber Papa!
Liebe Mama!
Die glücklichen Tage, die mir durch Marys Ankunft in Aussicht standen, sind in der schönsten Weise verwirklicht. Für mich liegt dies Glück auch in dem reizenden Benehmen, das meine kleine Braut zu Hause und in Gesellschaft entwickelt. Es war mir offen gestanden nicht über allem Zweifel, ob Mary sich leicht und schnelle in das Gefüge unseres häuslichen Lebens finden wird, denn jedes Haus ist ja ein kleiner Staat, der seine eigenen Ideen und Gesetze, seine eigenen Traditionen hat. Mit der ganzen Frische eines jugendlich warmen Wesens (mit dem Gemüte!) versteht Mary diese Sphäre, ohne ein Pünktchen ihrer Eigenart, die so anziehend ist, preiszugeben. Bescheiden in ihrem Auftreten, offen in ihren Eindrücken, gewinnt sie den Anschein jener Sicherheit, die eigentlich nur glücklichen Menschen möglich ist. Das Harmonische ihres Wesens ist mir nie so voll und schön entgegengetreten, als jetzt, auf der Basis unseres ländlichen Hauslebens.

Dieselbe Unbefangenheit wie hier zeigt Mary auch in Gesellschaft, obgleich die Elemente derselben ihr völlig neu sind. Es ist der Professorenkreis der Münchner Universität, welchen sich der Anatom Heule aus Göttingen, Hitzig aus Heidelberg, Mohl und andere bedeutende Männer anschließen.

Mary hat meinen dringenden Rat, doch ja ihrer Natürlichkeit keinen Abbruch zu tun, gewissenhaft verwirklicht und ist so munter und unbefangen mit den gelehrten Herren, daß diese die allergrößte Freude haben. Ich erwähne das, weil ihr bisweilen mir die Neigung, meine einstige kleine Frau zu korrigieren, zuschreibt. Daß ich nicht blind geworden bin durch die innige Liebe, die ich gegen Mary hege, ist mir sehr erwünscht; vom Korrigieren aber denke ich so, daß der seiner Frau den größten Dienst tut, der ihr unter vier Augen oder im engsten Familienkreis keine Bemerkung vorenthält. Draußen aber, vor den Leuten, ist die volle Anerkennung und Rücksicht mir nicht nur stets Pflicht, sondern auch tatsächlich als Richtschnur erschienen. Das Glück, eine so frische, muntere und doch dabei so innige Natur zu besitzen, fühle ich zu tief, als daß ich mit den steifen Fingern der Theorie Züge aus diesem Wesen auslöschen möchte.

Nur die günstigste Entfaltung, die konformste Betätigung dieses Wesens zu überwachen kann die schöne Aufgabe eines Mannes sein.

Auf den Spaziergängen bin ich nur wenig mit Mary zusammen. Es geschieht dies mit Absicht, damit sie auch den anderen nahekommt und es ist mir eine eigentümliche Freude, zu sehen, wie die liebenswürdige offene Entfaltung ihres Wesens ihr alle Herzen gewinnt...

Ich möchte nicht Euer Schwiegersohn werden, wenn

ich nicht etwas bei Euch gelten würde; was aber der Bittende gilt, das soll auch die Bitte gelten.

Vor 14 Tagen also (und dienstags werden es erst 8) werdet Ihr gewiß keinen Versuch machen, Euer liebes Kind, das ja auch das unsrige ist, zurückzufordern.

Mit diesem inständigen Wunsche, dem sich die Meinen anschließen, und nicht ohne „große Eile"
bin ich
Euer
treuer Stieler

Noch bedeutungsvoller ist ein Schreiben, das Stieler am 13. Juli 1870 verfaßte und das für den Brautvater bestimmt war:

Lieber Papa,
aus Marys Brief entnehme ich, daß die konfessionelle Frage wieder angeregt wurde, und zwar in einer Weise, die nicht zur Beruhigung beiträgt.

Wenn ich auf der einen Seite begreife, daß diese Angelegenheit Dich in hohem Grade beschäftigt, so darf ich auf der anderen Seite erwarten, daß Deine väterliche Liebe sich jene Zurückhaltung auferlegen wird, die für die Seelenruhe Deiner Tochter unentbehrlich ist. In der Sache selbst kann ich gebieten; in *dieser* Beziehung kann ich nichts als bitten, und den Standpunkt der Bitte will ich heute allein vertreten.

Ich weiß, daß Dein Taktgefühl sich jeder heißblütigen Erörterung enthalten wird, daß Du mit keinem Wort Mary in Versuchung führst, ob die Pflicht des Weibes oder die Pflicht des Kindes höher sei.

Mein innigster Wunsch ist, daß beide sich nimmer feindlich begegnen möchten.

Es steht mir ferne in einer so wichtigen Angelegenheit einseitig vorzugehen oder eueren Interessen das Wort abzuschneiden; ich wünsche sogar, daß wir darüber reden, aber sprich zu mir — und nicht zu Deinem Kinde und Du wirst sehen, daß ich Dir in keinem Punkt die Antwort schuldig bleibe.

Schon jetzt aber muß ich darauf hinweisen, daß diese Stimme lediglich beratend ist, und so dankbar ich jeden Gesichtspunkt anerkenne auf den mich eure elterliche Erfahrung aufmerksam macht, so energisch müßte ich jedes Wort zurückweisen, das nur befiehlt oder zürnt. Indessen bin ich überzeugt, daß Deine Einsicht wie Deine Güte mir den schweren Schritt ersparen wird, statt der vertrauensvollen Freundschaft des Sohnes nur mehr die Rechte des Gatten zu wahren.

Indem ich Dir die Ruhe meiner tiefgeliebten Braut nochmal ans Herz lege, bin ich mit herzlichen Grüßen an Euch alle

Dein treuergebener
Stieler

Stieler gehörte der katholischen, Mary der evangelischen Konfession an. Diesbezüglich hatte er auch von Seiten seiner Mutter Schwierigkeiten in Kauf zu nehmen. Schließlich einigte man sich dahingehend, daß alle aus der Ehe hervorgehenden männlichen Nachkommen katholisch, alle Mädchen evangelisch getauft werden sollten. Für Stieler, der über den Konfessionen stand und der es auch gelassen hinnahm, wegen seines Eintretens für den Freigeist Döllinger exkommuniziert zu werden, hatte die Glaubensfrage nur solange Bedeutung, wie sie das Gemüt seiner Braut belastete.

Während er als Knabe ein geradezu mystisches Verhältnis zur katholischen Kirche hatte, entfernte er sich später immer mehr von ihr, je leidenschaftlicher er sich zum Liberalismus bekannte. Diese Entwicklung erfolgte zwangsläufig, wenn man an die zum Jahresende 1865 erlassene päpstliche Enzyklika „Quanta cura", jenes vom Papst verworfene Verzeichnis von Irrlehren denkt, wonach der Satz 80 lautet: „Der römische Stuhl soll sich mit dem Fortschritt, dem Liberalismus und der modernen Zivilisation nicht versöhnen und vergleichen."

Der ehelichen Verbindung entsprossen drei Mädchen, die, der Vereinbarung entsprechend, evangelisch getauft wurden. Sie kamen in den Jahren zwischen 1873 und 1879 zur Welt und erhielten die Namen Elsa, Dora und Irmingard.

Die Erstgeborene und die Letztgeborene heirateten, Dora, die von einer schweren, langwierigen Augenkrankheit befallen wurde, blieb allein. Wie zum Trost hatte sie das dichterische Talent ihres Vaters geerbt; die Gedichtbändchen „Nussen" und „Erdhauch" stammen aus ihrer Feder. Im Jahre 1910 übernahm sie das Stielerhaus, dessen Tradition sie ungemein liebevoll und pietätvoll fortsetzte. Wenige Tage vor Weihnachten 1957 starb sie hochbetagt. Auch sie ruht, wie übrigens ihre Mutter Mary und deren zweiter Ehemann, im Stielergrab auf dem Tegernseer Friedhof.

Im Stielerhaus auf der Point, am Fuße des Leebergs, pflegt man nach wie vor alte Erinnerungen. Noch heute werden von den Nachkommen Begebenheiten überliefert und so lebendig erzählt, als ob diese kaum ein paar Jahre zurückliegen würden. Dabei geschieht es wie zufällig, daß sich manche aufschlußreichen Wesenszüge von Karl und Mary Stieler offenbaren.

Es war während einer Reise, als das jungvermählte Paar gemeinsam einen Zoobesuch unternahm. Nicht lange dauerte es, und Stieler hatte mit einem Tierwärter ein fesselndes Gespräch begonnen. Und so kam es, daß sich Mary unbemerkt einem Tigerkäfig nähern, ihre Hand durch die Eisenstäbe strecken und der nächstbesten großen Raubkatze seelenvergnügt die samtweiche Nase kraulen konnte. Erst ein Entsetzensruf Karls riß sie aus ihrem Paradies.

So hatte es seinen guten Grund, wenn Stieler seine Frau Mary in seiner brieflichen Anrede „sweet child" nannte. In vielen Situationen reagierte und redete sie — letzteres in der ihr vertrauten Nürnberger Mundart — wie ein Kind. Kindlich konnte sie sich freuen und belustigen. Auf backfischhafte Weise war sie neugierig, wenn es, wie beispielsweise einmal bei einer Überschwemmung in Tegernsee, aufregende Ereignisse gab.

Ein späteres Bild zeigt Mary mit verklärten mütterlichen Augen, aus denen eine alles umfassende Güte dem Beschauer wärmend ins Herz blickt. Und so lebt sie außer in Stielers dichterischer Verherrlichung auch im alltäglichen Andenken ihrer Nachkommen als ein Engel fort, der über Zeit und Raum hinwegschreitet.

Stielers rhetorische Begabung, gepaart mit seinem Sinn für Gerechtigkeit, Fortschritt, Freiheit und dem unbeugsamen Willen, Armen und Benachteiligten zu helfen, machte ihn zu einer Persönlichkeit, auf die man bauen konnte. So hatte er zum Beispiel einmal die Verteidigung einer jungen Kindsmörderin übernommen. Neben einer Reihe offenbar mildernder Umstände war es aber vor allem seinem überzeugenden Plädoyer zu verdanken, daß der Prozeß mit einem aufsehenerregenden Freispruch endete. Im Stielerhaus wird bis auf den heutigen Tag das Bild jenes von Unglück und Not gebeugten Mädchens verwahrt, für das Stieler zum Retter wurde.

Eine andere Erzählung aus späterer Zeit vergegenwärtigt die enthusiastische und zugleich tief verwundbare Seite seines Wesens. Es war vermutlich eines seiner letzten Weihnachtsfeste, als er für seine jüngste Tochter Irmingard eine Puppe nach Hause brachte, die er in Erwartung der großen Freude, die er mit dem Geschenk auszulösen hoffte, schon Tage vor dem Heiligen Abend in die Arme des Kindes legen wollte. Nur mit Mühe gelang es Mary, ihn von seinem spontanen Vorhaben abzubringen. Die große Überraschung des Weihnachtsabends war aber für die Kleine nicht die Puppe, sondern ein winziges wertloses Pappmache-Äffchen, das Mary kurz zuvor beim Einkauf von der Kramerin geschenkt bekommen hatte. Stieler, dessen liebevoll ausgewählte Puppe kaum beachtet wurde, war grenzenlos, ja bis zu Tränen enttäuscht, und es bedurfte wiederum Marys mütterlicher Weisheit, um ihn davon zu überzeugen, daß eine Freude doch so gut sei wie die andere.

Versucht man kritisch zwischen den Zeilen ihrer Lebensgeschichte zu lesen, so mögen einem Bedenken kommen, ob die bescheidene und ganz im Häuslichen verhaftete Bürgerstochter, die sie ihr Leben lang blieb, eine in geistiger und gesellschaftlicher Hinsicht ebenbürtige Lebensgefährtin für den Dichter sein konnte. Sicherlich aber war sie der ruhende Pol und eine wunderbare, sanfte Frau, für die es das höchste eigene Glück bedeutete, ihrem Mann alles zu sein und ihm jeden Wunsch von den Augen abzulesen. Und Stieler verstand es, ihr seinen Dank auf vielfältige Weise auszusprechen. Alle Freunde und Verehrer des Dichters hatten es deshalb als einen großen Verlust empfunden und tief bedauert, daß die Briefe an seine Frau unveröffentlicht blieben.

Die bei Stielers Tod noch junge Witwe verband sich in zweiter Ehe mit ihrem Schwager Bernhard Seuffert, einem Oberst, mit dem sie wiederum in glücklicher und ruhiger Gemeinschaft lebte. So wird es verständlich, daß ihr eine Herausgabe der Briefe nicht schicklich erschien.

Auch Marys Lebensfrist war karg bemessen. Kaum zweiundfünfzigjährig starb sie im Jahre 1900, während ihr zweiter Mann sie zehn Jahre überlebte.

Nicht ohne tieferen Grund hat Stieler dem Maler Franz Defregger in einem Aufsatz, der später in den Band „Kulturbilder aus Bayern" aufgenommen wurde, ein Denkmal gesetzt. Man spürt es aus jeder Zeile, wie beglückend und befruchtend diese Freundschaft für beide Teile gewesen ist. Und bestimmt war die gemeinsame Liebe zur Bergwelt nicht das einzige Gebiet, auf dem sich ihre Interessen vereinten.

Zu einer Reihe von Defreggerbildern, die bei Hanfstaengl in Buchform erschienen sind, schrieb Stieler die Mundartverse. Für ihn gab es keinerlei Schwierigkeiten, sich in die Thematik der Bilder hineinzuleben. Es war, als lösten sich die Figuren gleichsam aus dem Rahmen; sie nahmen wirkliche Gestalt an und agierten auf ihre Weise. So entstand jene Einheit von Bild und Text, wie sie überzeugender wohl kaum sein kann.

Nach einem Gemälde, das den Tiroler Freiheitskampf vom Jahr 1809 zum Vorwurf hat, schrieb Stieler das Gedicht „Der Speckbacher":

Der Tisch voller Karten,
die Wand voller Gwehr;
Und der Speckbacher musterts —
der Feind kimmt daher!

Da fahrt er vom Tisch auf:
„Werds gar nimmer Ruah?
Wen bringens denn jetza:
Dös is ja — — mei Bua!"

Und er schaugt eahm ins Gsicht,
und auf d'letzt fahrt er raus:
„Was hab i denn angschafft?
Die Kinder bleibn z'Haus!"

„Schaug, Vater —
drei Wocha lang hab i's dermacht,
Na is's nimmer ganga;
bin furt bei der Nacht.

Dös is die letzt Bix,
die no da war im Haus;
Wo du bist, ghör i hin —
Geh — jag mi nit aus!"

Und mäuserlstaad
san die Leut in der Stubn;
Der Speckbacher aber,
der siecht nur sein Buabn —

Na hat er si aufgricht:
„Geh her, gib mir d'Hand!
Laßts trommeln zum Ausmarsch! —
Mir ziehgn mitanand!"

Der Einwand, daß man die Menschen Defreggers südwärts von Schwaz zu suchen habe und nicht — nach Stielers Mundart zu urteilen — nördlich, ist sicherlich berechtigt, aber trotz gewisser Sprachunterschiede gehören auch sie zum altbayerischen Volksstamm und denken und handeln wohl kaum anders als die Oberbayern.

Wie leicht es ihm gefallen sein muß, in Stimmung zu kommen, hat Stieler auch bewiesen, als er sich von den Bildern seines Freundes Hugo Kauffmann zu den beiden Bändchen „In der Sommerfrische" und „Hochzeit im Gebirg" inspirieren ließ.

Der schon erwähnte und auch in diese Ausgabe aufgenommene Defregger-Aufsatz Stielers stammt übrigens aus einer ganzen Reihe von Arbeiten, die zunächst nicht für eine Buchveröffentlichung gedacht, sondern für den mündlichen Vortrag konzipiert waren.

Stieler war längst bekannt, als er auf Einladung literarischer Vereinigungen in verschiedenen Städten Deutschlands und Österreichs auf Vortragsabenden sprach. Keiner verstand seine Zuhörer mehr zu fesseln, zu begeistern und mitzureißen. Aber nicht allein der Ruhm, der ihm vorausging, und die Themen gewannen ihm die Gunst des Publikums. Er vermochte auch seine Persönlichkeit und die Kraft seiner Überzeugung in den Dienst der guten Sache zu stellen. Seine stattliche, männliche Erscheinung, seine gütigen blauen Augen und sein blonder Künstlerbart, der ihn älter und gereifter erscheinen ließ, als er dies seinen Lebensjahren nach war, taten das ihre, um das Publikum für sich zu gewinnen. So wurde er zum wohl liebenswürdigsten Herold der oberbayerischen Art und des heimischen Brauchtums.

Seit jeher war Stieler der innige Kontakt mit seinen Lesern, gleichgültig, ob es sich um die Abonnenten der Fliegenden Blätter oder um die Bezieher der Allgemeinen oder der Kölnischen Zeitung handelte, ein besonderes Anliegen. Anläßlich seiner Vorträge spürte er es nun noch deutlicher, daß er, von Sympathie und Verständnis getragen, seiner bayerischen Heimat, aber auch sich selber neue Freunde gewinnen konnte. Das durchsonnte seine Pläne und eröffnete seinem Schaffen neue Horizonte.

Mit Recht vermerkt Karl Haushofer, daß es Karl Stielers Verdienst gewesen sei, wenn zwischen Ober- und Niederdeutschland neue geistige Verbindungen geschaffen und Vorurteile abgebaut wurden.

Etwa von der Mitte der siebziger Jahre an widmete sich Stieler mehr als zuvor den bayerischen Themen. Häufig datierte er seine Arbeiten. Dieses bei Schriftstellern sonst nicht übliche Tun läßt sich mit seinem Beruf als Archivar erklären. Neben der Möglichkeit, sich zeitlich zu orientieren, hat diese Datierung für den Stielerforscher aber auch noch etwas Gutes. Man kann den mit den Jahren fortschreitenden Prozeß des Reifens eindeutig verfolgen. Dabei wird erkennbar, wie sehr seine Sprache klarer, sein Ausdruck präziser wurde, während das allzu Schwärmerische und Weihevolle nach und nach in den Hintergrund rückte.

Was er in seiner Mundartpoesie schon bald erreichte, nämlich eine urwüchsige Schlagfertigkeit und treffsichere Pointen, gelang ihm bei vielen Aufsätzen nicht auf Anhieb. Vielleicht kehrte er gerade deshalb immer wieder gerne zu den alten Themen zurück, und in der Tat übertrafen die neuen Fassungen fast immer die alten.

Befaßt man sich mit Stielers Gedichten, wird folgendes deutlich: Bei der Mundartpoesie ist es, als ob er sich der Zither oder der Gitarre bedienen würde, so keck und lustig fallen die Verse oft aus. Man braucht nur an den lebfrischen Buam, der immer bei der Schneid ist, und an seine übermütigen Gstanzln zu denken.

Bekanntlich wurde seine im Jahre 1865 erschienene erste Gedichtsammlung „Bergbleameln" wenig beachtet, ja, sie hatte bei manchen Kritikern sogar Ablehnung hervorgerufen. Als Stieler zwölf Jahre später sein neues Versbändchen „Weil's mi' freut" vorlegte, hatte sich die Situation grundlegend zu seinen Gunsten geändert. Begeistert wurde es aufgenommen und ebenso in den Literaturbeilagen der Blätter besprochen. Die Vossische Zeitung urteilte beispielsweise in einer Rezension wie folgt: „... Er versteht sich auf das gewählte Instrument wie nur ein Meister. Wahre Liebe zum Volke, ein tiefer Blick auch für die leisen unscheinbaren Lebensäußerungen seiner Menschen, ein liebenswürdiger Humor befähigen Stieler in eminenter Weise zur richtigen Auffassung und Schilderung ihres innersten Wesens und äußeren Gehabens. Er hat sein Leben lang intim mit diesem Landvolk verkehrt, es beobachtet und studiert, in seiner Empfindungs-, Denk- und Ausdrucksweise belauscht, wie nur Fritz Reuter seine Mecklenburger..."

Möglicherweise gibt es für Stielers überraschend großen Erfolg als Mundartdichter eine weitere Erklärung. Er wählte eine leicht lesbare Schreibweise seines Dialekts, also eine Version, die auch noch außerhalb des altbayerischen Sprachraums verstanden wurde. Die Kritik, daß dadurch viel vom ursprünglichen Reiz der Sprache verlorengehe, ist berechtigt, und sicherlich hat das auch Stieler erkannt. Aber als Missionar für Bayern war ihm vor allem daran gelegen, auch im übrigen Deutschland verstanden zu werden und Freunde zu gewinnen. Der Erfolg gab ihm recht. An dieser Stelle muß vielleicht noch darauf hingewiesen werden, daß Stieler in der Schreibweise der Mundart, wie das bei den meisten Mundartdichtern der Fall war und wohl auch noch der Fall ist, nicht konsequent verfuhr. Der Augenblick bestimmte die Form der Niederschrift.

Es ist für jeden Dichter beglückend, in Literatenkreisen Freundschaften zu schließen und anerkannt zu werden. Stieler war den Autoren Georg Ebers und Felix Dahn freundschaftlich verbunden, und ganz besonders fühlte er sich zu Paul Heyse hingezogen, der Jahrzehnte später mit dem Nobelpreis ausgezeichnet wurde. Dieser ihm geistig verwandte Poet war „der große Weise im Herzensreich" und von seinen Gedanken sagte er, daß sie scharf wie Stahl im goldenen Griff sind. Heyse nahm vor allem an Stielers Mundartdichtung lebhaften Anteil. In einem Brief vom 29. Juni 1876 an den Dichter urteilte er über „Weil's mi freut!" sehr wohlwollend: „Wie vortrefflich diese Sachen sind, wie jedes Wort am rechten Fleck sitzt, nirgend ein falscher Ton, ein Flickwort, ein Reim-Notbehelf, daran studiere ich förmlich. Haben Sie schönsten Dank und — mehr, mehr! Papa

Kobell wird nicht wenig stolz sein auf solchen Erben und Rechtsnachfolger."

Ob der Norddeutsche Paul Heyse zuständig war, ein gültiges Urteil über bayerische Verse abzugeben, mag man bezweifeln. Bei manchem Gedicht vertieft sich der Eindruck, daß der zeitliche Abstand vom eigenen Werk nützlich und die feilende und glättende Hand des Autors nötig gewesen wäre. In diesem Zusammenhang darf freilich nicht übersehen werden, daß die damals noch in den Kinderschuhen steckende Mundartpoesie weit weniger kritisch beurteilt wurde, als das heute der Fall ist.

Stieler genoß den Aufschwung, den die beginnende Gründerzeit für Kultur und Kunst mit sich brachte, in hohem Maße. Seine Begabung, sein Fleiß und seine Gewandtheit taten das ihre: Der Name Stieler war aus der bayerischen Literatur nicht mehr wegzudenken, und nicht unbegründet verglich man seine Bedeutung mit der eines Johann Peter Hebel im alemannischen und Klaus Groth im niederdeutschen Raum.

Im Jahre 1877 kam „Habt's a Schneid!?" und wieder nach Jahresfrist „Um Sunnawend" heraus. Diese Gedichtsammlung war schon vier Wochen nach Erscheinen vergriffen, ein Erfolg, der selbst dem Altmeister nicht beschieden war.

Kurze Zeit später lagen die drei so zugkräftigen Versbüchlein in einem stattlichen Band gesammelt und ebenso reich wie die Erstausgaben von Hugo Engl illustriert, unter dem Titel „Drei Boschen" vor.

War Stieler noch in seinen „Bergbleameln" im Kielwasser von Kobell geschwommen, so zweifelte später wohl niemand mehr an seiner Selbständigkeit und einer seinem Wesen entsprechenden Entwicklung. Darüber hinaus waren zwei Tatsachen von Bedeutung. Der Dichter gehörte der jungen Generation an und er war ein stark politisch ausgerichteter Mann. Diese beiden Komponenten brachten neue Elemente in Stielers Mundartdichtung. Während Kobell noch ganz in der Biedermeierzeit verwurzelt blieb und ihm beispielsweise das Gerumpel der Dampfwagen und das Gerassel der Maschinen ein Greuel war, bediente sich Stieler mit größter Selbstverständlichkeit und aus voller Überzeugung aller modernen technischen Einrichtungen. „Die Kraft der Gegenwart liegt im Bewußtsein der Vergangenheit", erkannte er. Unbeirrt half er dank seines ausgeprägten liberalen Denkens und Handelns mit, die Weichen für die neue Epoche und das Zeitalter der Technik zu stellen. Seit einem Jahrzehnt gab es nämlich für Stieler neben seiner Familie, seinem Beruf und der Freude am literarischen Schaffen noch etwas anderes, das aus seinem Leben und Wirken nicht mehr wegzudenken war: eine wohlfundierte politische Meinung. Und hiermit betrat er nun auch mit seinen Mundartversen ein Revier, das er souverän beherrschte und das ihm keiner streitig machte. Klar lag sein Weg vor ihm, und wenn er jetzt ein Ziel ansteuerte, dann erreichte er es auch ohne Umwege. An Beispielen fehlt es nicht, mag man dabei an die Gedichte „Der dumme Kandati", „Der Wirt" oder an jene weiteren Titel denken, die das Thema Wahl zum Vorwurf haben und in denen Stieler kein Hehl daraus machte, welcher Partei seine Stimme gehörte.

Politisch stand er deshalb zur Mehrzahl seiner Landsleute, vor allem aber zum überwiegenden Teil der älteren Generation, in krassem Widerspruch. Josefine Stieler, die wachen und kritischen Geistes den Umbruch verfolgte, bedrückte die Begeisterung ihrer Söhne, mit der jene für ihre liberale reichsdeutsche Haltung eintraten. Schmerzlich mußte sie deshalb die wachsende geistige Kluft empfinden, die ihre Einsamkeit noch vertiefte. Sie sah nur, daß die neue Zeit das Fundament jener Welt untergrub, welche die ihre war und daß sie jene Werte in Frage stellte, zu denen Josefine sich leidenschaftlich bekannte und ohne die ihr ein Leben undenkbar erschien. Mit aller peinigenden Deutlichkeit drangen die Goetheworte: „Der Alte verliert eines der größten Menschenrechte; er wird nicht mehr von seinesgleichen beurteilt", ins Bewußtsein.

Im Jahre 1866 hatte sie auf den Sieg Österreichs gehofft und konnte deshalb die unheimlichen Schatten, die sich von diesem Jahr an von Preußen her über Bayern senkten, nicht übersehen. Als gute Deutsche verehrte sie den greisen Kaiser, aber ihr Mißtrauen gegenüber Bismarck, den sie für ruhmsüchtig hielt, blieb seit der bayerischen Niederlage unüberwindbar. Zutiefst enttäuscht war sie von dem kleindeutschen Reich des Jahres 1871, das Österreich ausschloß. Wo sie Gerechtigkeit erwartete, fühlte sie sich mit der Macht konfrontiert. Trotz aller augenscheinlichen wirtschaftlichen Vorteile war ihr dieses Bismarcksche Reich zu preußisch. In ihr Tagebuch schrieb sie:

„Ja, Deutschland soll es sein,
ja, Deutschland soll es heißen.
Ist doch des Pudels Kern
nur ein vergrößert Preußen."

1874 befürchtete sie von Bismarck heraufbeschworene kriegerische Verwicklungen und Revolten. Ein Jahr später klagte sie und meinte damit wohl ihre Söhne: „Sie sagen, ich hätte keinen Sinn für Deutschlands Größe, für das neue deutsche Reich. Deutsch bin ich aus vollem ganzen Herzen, aber vergessen kann ich nicht die Schandtaten der Jahre 1864 bis 1866, welche Grundstein und Pfeiler des neuen Reiches sind."

Zu einer nachhaltigen Verstimmung zwischen ihr und den Jungen kam es deshalb aber nicht. Das familiäre Band war zu fest, die Mutter- und Sohnesliebe zu innig, als daß sie nicht Belastungen ausgehalten hätte.

Wie rege und aktiv sie bis ins hohe Alter war, beweisen die zahlreichen verfaßten Lebensbilder berühmter Dichter, Musiker und Wissenschaftler. Und sicherlich war dies ein Revier, in dem sich Mutter und Sohn gerne zu gemeinsamen geistigen Spaziergängen trafen. Dann mochte Mutter Stieler für eine Weile vergessen, daß ihr mit den Jahren die Gicht und ein Herzleiden sowie die zunehmende Schwäche ihrer Augen immer mehr zu schaffen machten. Ohnehin hatte sie jetzt mehr Zeit, als ihr lieb war, über sich und den Tod nachzudenken:

Die Handschriftenabteilung der Bayerischen Staatsbibliothek verwahrt ein von der Sechsundsiebzigjährigen mit Bleistift konzipiertes, ihren Kindern gewidmetes Gedicht. Entstanden ist es am Abend des 9. Oktober 1884 offenbar bevor sie das Tegernseer Haus verließ, um in die vereinsamte Stadtwohnung, die auch der letzte ihrer Söhne, Eugen, vor Jahresfrist verlassen hatte, zurückzukehren:

"Ein letzter Liebesgruß den teuren Meinen,
Falls ich nicht wiederkehr, wie mirs will scheinen.
Ein Segenswunsch, den ich zum Himmel sende,
Daß alles er zu Eurem Besten wende.
Denkt meiner oft noch in dem kleinen Haus,
Wo ich ging 50 Jahre ein und aus.
Das ich betrat dereinst als junge Braut,
Das heute mich als müde Greisin schaut.
Dazwischen liegt ein vielbewegtes Leben,
Daß Bilder geistergleich mich jetzt umschweben.
Wohl mit der Zeit sind Glück und Weh entschwunden,
Und keiner lebt, der einst für mich empfunden."

Noch über fünf Jahre sollte sie leben und leiden. Die Todesanzeige sagt aus, daß sie am 28. Februar 1890 um 4½ Uhr im Alter von 81 Jahren, versehen mit den heiligen Sterbesakramenten, nach langer schwerer Krankheit verschieden ist. So hatte sie Karl, ihren Erstgeborenen, um ein halbes Jahrzehnt überlebt. Ihr Sohn Guido war zu diesem Zeitpunkt bereits praktischer Arzt, Eugen unterzeichnete als Maler.

Doch noch einmal zurück in Stielers politisch engagierte Zeit. Wiederholt trat er als Redner der liberalen Partei bei Reichs- und Landtagswahlen auf. Er verstand zu begeistern und mitzureißen, und noch ganz unter dem Eindruck seines Erfolges schrieb er am 4. Mai 1869 aus Tegernsee an seine Braut:

„Es war ein wunderbarer Tag, der Himmel so zwielicht, die Luft so lau, die Wiesen weich und duftig. Um diese Zeit sind die Bauern ganz anders als wenn Fremde da sind, sie waren alle in ihrer Tracht, in ihrer echten, schneidigen Laune. Wir gingen dahin, die Anhöhe empor, auf jene Wiesen über der Mühle.

Sachte begann ich zu sprechen und ihre Gedanken emporzuheben zum gemeinsamen Gedenken, zu dem Worte Deutschland. Der Himmel war dämmrig, aber bald kamen die einzelnen Sterne, und so stiegen aus ihren dämmernden Ideen die Lichter auf. Klarer und mächtiger ward meine Rede, immer wärmer und getreuer ward das Herz der Hörer. Die Vertrauensmänner der einzelnen Gemeinden waren um mich versammelt und ihr Vertrauensmann war ich. Sie baten mich, ihnen die Lage auseinanderzusetzen und für sie das Wort zu führen beim Wahlkampf. In dieser Stunde, Mary, habe ich erkannt, was die Macht des Wortes bedeutet, was es für einen Mann wert ist, das Vertrauen der Männer zu besitzen. O Kind, derselbe Mund, der oft zu Deinem Herzen die Worte der Minne sprach, der sprach hier laut die Worte der Freiheit und Aufklärung. Und als wir auseinandergingen, da legten sie kreuzweis von allen Seiten die Hände in meine Hand. Die Berge ringsum, die Sterne droben, Mary, das war ein deutsches Rütli!"

Nur zu gut wußte er, was hinter den Kulissen vor sich ging. Dabei verlor er aber in keinem Augenblick die Ursachen, nämlich die Vorgeschichte, aus dem geistigen Blickfeld. Er verstand, warum die Bauern so und nicht anders reagieren mußten und warum sie ihre Untugenden in Tugenden ummünzen wollten. So schrieb er 1869 in einer Abhandlung „Das bäuerliche Element in den bayerischen Landtagswahlen":
„Den Bauern hat der Feudalismus erzogen, nicht bloß den Einzelnen, sondern den ganzen Stand. In solcher Schule wird man schüchtern, devot, unselbständig nach oben, nach unten aber und gegen seinesgleichen gewalttätig, hart und hochfahrend ... Nichts drängt so sehr zum Unrecht als Rechtlosigkeit."

Auch mit der Rolle der Geistlichkeit setzte sich Stieler sowohl in Mundartversen als auch in hochdeutscher Prosa auseinander, und mit geradezu hellseherisch anmutendem Blick und Argumenten, die aktuell erscheinen, vertrat er das Interesse breiter Volksschichten und prangerte die Selbstsucht und das rücksichtslose Gewinnstreben an. In seinem 1875 veröffentlichten Aufsatz „Waldverwüstung und Waldschutz in Bayern" führte er stichhaltigen Beweis, daß die in Privatbesitz befindlichen Wälder in wahnsinniger Weise ausgeschlachtet und verwüstet würden. „Daran, daß die Privatbesitzer den Wald nicht über Nacht in kaltes Silber verwandeln können, haben auch die Nichtbesitzer ein Interesse; der Waldbestand selbst ist ihr Sondergut, aber auf die segensreichen Folgen dieses Bestandes haben alle ein Recht." In weiteren Ausführungen wandte er sich gegen „die Tollwut der Spekulation" und forderte den Staat auf, „solche Vergeudung öffentlicher Werte in ihre Schranken zurückzuweisen."

Stieler entwarf also auch ein soziologisches Bild jener Jahre, das uns die drängenden Probleme in aller Deutlichkeit aufzeigt und uns beweist, wie weit die Zeit davon entfernt war, als „die gute, alte" apostrophiert zu werden.

Karl Alexander von Müller schätzte Stielers Prosa in hohem Maße, wie nachfolgendes Urteil verdeutlicht: „Diese Aufsätze und Vorträge eines Dichters sind ebenso klar und zuverlässig gezeichnet wie herzlich empfunden, ebenso reich an originellen Beobachtungen und Schlüssen wie an malerischer Anschaulichkeit, immer ein treuer und tiefer Spiegel alles dessen, was sie aufnehmen."

Auf zwei von einander streng getrennten Ebenen bewegte sich der Versdichter Stieler. Ganz im Gegensatz zu den burschenhaft kecken Mundartstücken, die überzeugend in die Welt der Bergbauern, Holzfäller und Jäger passen, stimmte er in seiner hochdeutschen Lyrik andere Töne an. In ihrer weichen, oft wehmutsvollen Stimmung erinnern viele von ihnen an den Klang von Streichinstrumenten, die in getragener Weise in Moll musizieren und sich, gemessen an den Mundartgedichten, recht handsam und bedacht zeigen. Der Humor kommt aber auch hier nicht zu kurz. Und wenn Aloys Dreyer bemerkte, daß gerade im Winteridyll jener herzerquickende Humor waltet, der unter Tränen lächelt, so kann man das wohl kaum liebenswürdiger ausdrücken. Wenn dieser Autor hingegen die Auffassung vertrat, daß Stielers Mundartdichtung mit Unrecht über seine hochdeutsche Lyrik gestellt wird, die, wie er sich ausdrückte, „künstlerisch entschieden höher steht", so war das nicht nur seine Meinung. Dieses Urteil entsprach den Strömungen nach der Jahrhundertwende, als Dreyer das Lebens- und Schaffensbild schrieb.

Nicht jede Generation bringt der Mundartdichtung die gleiche Wertschätzung entgegen. Wie jede künstlerische Äußerung ist auch die Dialektpoesie dem steten Wandel der Zeiten und dem jeweils herrschenden Geschmack unterworfen. Denn nicht jeder erkennt, daß die echte Mundartdichtung so zeitlos gültig wie ein Vogellied und Ausdruck urwüchsigen Lebens ist.

Im Hinblick darauf muß hier erwähnt werden, wie Josef Nadler in seiner 1938 erschienenen „Literaturgeschichte des deutschen Volkes urteilte. Während er die „Bergbleamln" empfindsam, sittenspieglerisch und schwankhaft nannte, bemerkte er, daß erst die reife Gruppe der Gedichte zuverlässig erlebt, von jeder literarischen Mache frei sei und der Oberbaier weder ins Schöne noch ins Häßliche verfälscht werde. Weiter vertrat Nadler die Meinung, daß Stielers Verse von überlegenem Sprachbesitz zeugten und vom Rührenden bis zum Tragischen der ganzen Tonleiter mächtig seien. Abschließend erklärte der Literarhistoriker, der übrigens Stielers hochdeutsche Verse mit keinem Wort erwähnte: „Der Stil des Auftrumpfens und Stichelns verrät sich schon in der mehr inschriftlichen als lyrischen Formgebung."

Es mag manchen verwundern, daß die Mehrzahl von Stielers hochdeutschen Versen zeitlich nach den Mundartgedichten entstanden ist. Bei vielen anderen bayerischen Autoren war es umgekehrt. Stielers literarische Entwicklung war eben unverkennbar von seinem Vorbild beeinflußt. Das macht es auch verständlich, warum sich Stieler nicht ungern in der Gunst sonnte, die man der Dialektdichtung in zunehmendem Maße schenkte. Kein Zweifel besteht auch, daß der Impuls von der leichtlebigen, von der schneidigen, burschenhaft kraftstrotzenden Seite kam.

Stieler hat zwar auch in Mundart nachdenklich stimmende oder schwermütige Verse geschrieben, aber mit den Jahren zeichnete sich doch mehr als vordem eine Wandlung zum Elegischen und Hochdeutschen ab.

Man kann darüber, ob man ein gefühlvolles Gedicht besser im Dialekt oder überzeugender in der Schriftsprache verfaßt, geteilter Meinung sein. Stieler entschied sich für Hochdeutsch. Demzufolge erschienen drei Gedichtbändchen, und zwar im Jahre 1879 „Hochlandslieder", zwei Jahre darauf „Neue Hochlandslieder" und im Jahre 1883 „Wanderzeit". Vor allem die meisten Verse der beiden letztgenannten Sammlungen sind nach den Dialektgedichten entstanden.

Während Aloys Dreyer in seiner Stieler-Biographie über die hochdeutsche Lyrik urteilte: „Hier waltet nicht mehr der oft unerbittliche Realismus seiner Dialektpoesie, hier singt er das freie Waldlied der Romantik", stellte Karl von Heigel in seinem Stielerschen Schaffensbild fest: „Die Muse ist blond, blauäugig, sinnig, edlen Gemüts, in der Liebe ausdauernd und nicht schüchtern, aber eine ‚sakrische G'sellin' ist sie nicht." Und treffend ergänzte er: „Zwischen den ‚Bergbleamln' und diesen Blüten hat keine Befruchtung stattgefunden."

In der Tat kann man sich des Eindrucks nicht erwehren, daß Stieler die blaue Blume der Romantik zu sehr pflegte, ja sie manchmal gar zu wild wuchern ließ. Wenn er, wie in den „Hochlandsliedern", tausend Jahre in der Geschichte zurückgriff, um den Ereignissen am Chiemsee oder Tegernsee nachzuspüren, so war das für ihn Grund genug, seiner Phantasie Schwingen zu verleihen. Dann geschah es gar leicht, daß die Bereiche von Fabel und Wirklichkeit eins wurden. Der Dichter führt uns in eine schemenhaft nebelige Welt. Es sind jedoch nicht die lichten Schleier, wie sie von würzigen Bergwiesen aufsteigen, sondern es ist schon eher der dichte Nebel, der sich auf vergangene, nicht wirklich selbst erlebte Zeiten legt.

Stielers poetisches Anliegen war die reine Freude am Dichten und Singen. Deshalb stand er keiner seiner Gestalten, handelte es sich um seine Lieblingsgestalt Irmingard, die erste Äbtissin von Frauenwörth im Chiemsee, oder um den Mönch Werinher vom Kloster Tegernsee, kritisch gegenüber. Man darf dabei nicht außer Acht lassen: Die Romantik feierte in jenen Jahrzehnten, wie die hohen Auflagen der „Hochlandslieder" beweisen, ihre fröhliche Urständ. Aus diesem Zyklus als Beispiel das Erkerlied:

> Auf hoher Burg, im Erkerturm,
> Da sitz' ich bei der Kunkel,
> Bis mich die Dämmerung umspinnt,
> Und lug hinaus ins Dunkel:
>
> Ob nicht der Liebste kommt des Wegs,
> Der all' mein Herz gewonnen;
> Aus weißen Linnen hab' ich schon
> Das Brauthemd mir gesponnen.
>
> Er aber weilt in weiter Fremd'
> Und zieht bergauf, bergunter — — —
> Er aber trägt ein eisern Hemd,
> Ein eisern Herz darunter!

In einem waren sich alle Rezensenten einig: Über Stielers „Neue Hochlandslieder" und die „Wanderzeit" führte sein dichterischer Weg nach oben. Ebenfalls aus innerer Überzeugung bekannte sich Max Haushofer, der mystische Erzählungen und Verse schrieb, zu Stielers hochdeutscher Lyrik: „Überall finden wir darin die grundtiefe Liebe zum Heimatboden", urteilte er. „Die leidenschaftlichen Laute des Menschenherzens mischen sich hier mit dem rauschenden Atem der Natur; aber die Menschen sind immer wieder bergfrische Weltkinder; die Natur ist immer wieder die Heimat des Dichters."

Unverbrüchlich glaubte er an das Gute im Menschen. Er strahlte förmlich vor Optimismus, mitunter war er auch voll „Andacht". Zum Gefühl des Glücks wollte er aber auch nach dem uralten Gesetz, daß man das Licht nur dort zu schätzen weiß, wo es Schatten und Dunkelheit gibt, das Weh und den Schmerz nicht missen.

Zu einer dunklen und leidvollen Zeit wurde der Winter 1877/78. Eine schwere Krankheit, die zu den schlimmsten Befürchtungen Anlaß gab, hatte Stieler monatelang ans Bett gefesselt. Im Hinblick darauf hat die „Fürred", die er dem Bändchen „Um Sunnawend" vorausschickte, hohen autobiographischen Wert; aufs Stimmungsvollste spiegelt sie die Dankbarkeit für die Rettung und Genesung, die vom Auferstehen der Natur mitbestimmt und vom Pulsschlag des wiedererwachten Lebens begleitet war. Überdies hat sie aus noch einem Grund Bedeutung; sie zählt zu den seltenen Proben der Mundartprosa des Dichters:

„Dösmal hats mi ghabt den Winter lang, dös werd wohl unser Herrgott wissen! Da bin ich dringlegn sterbenskrank und hab umanandagschlegelt vor lauter Hitz, und gmoant han i's wohl oft: Jetzt gehts dahin!

Und wohl viel hundertmal han i da außidenkt an meine Berg — wenns wieder Summer werd und i kimm nimmer eini!! Oft han i auffiglangt auf mein Kopf, ob er nit ganz ausananderfallt vor lautern Wehdam, und hab mir fürgsagt für mi selm: Jetzt hast wohl aa dös letzte Gsangl gmacht! No mei, han i mir nacha denkt, unser Herrgott werds scho recht macha!

Und recht gmacht hat ers! Acht Wocha lang hat si die Sach verzogn, na bin i wieder auf die besser Seiten kemma, und zletzt ham s' mi aufglegt auf a Wagerl und ham mi außigführt in meine Berg. Jetzt tuats es, — han i mir denkt!

Da bin i halt drobnghockt auf dem Wagei — aber wies mir gwest is einwendig im Gmüt! dös kunnt i koan Menschen nit verzähln und wenn i von Jakobi bis auf Bartlmä nix wie verzähln taat. Die Berg ham mi angschaugt mit ihre greana Köpf, und an jeden Baam hätt i d'Hand hinstrecka mögn; juchezen hätt i mögn und hab do koa Wörtl nit außibracht! Wie schön is 's Leben! Am Weg aber, vor die alten Häuser, san d'Leut heraußt gstanden und habn gsagt: Jesses, der Stielerkarl — grüß Gott, grüß Gott! — mir ham ja gmoant, du bist scho gstorbn!

Dös is a so um a Zeitl gwest, wos schon hingeht auf Sunnawend, und es is wohl aar a Sunnawend gwest für mi selm für all mei Lebtag lang!

So bin i halt wieder schön staad in mein Häusl ghockt, in mein alten kloan Häusl untern Wallberg (heuer sans grad fufzg Jahr, daß mei Vader baut hat) und hab mei Pfeifel ankent und außigschaugt in d'Welt. Und da is 's Leben vor meina glegn wie a Zithern mit lauter schöne neue Soaten — wer kunnts oan verdenka, wenn ma a bißl hinglangt und zupft! Auf amal, i woaß selber nit wie, hab i halt wieder Gsangl gmacht! D'Vögein in die Baam ham gsunga, d'Bleaml aufn Feld ham blüht, d'Sunna hat gscheint, und wie die Bleamln, so san die Gsangeln dahergwachsen! Die fragn ja aa nit lang: derf i oder derf i nit und zu was is's guat? — sie wachsen halt. Vergunnts es ihna!"

In welchem Maße Stielers Schaffen von literarischen Impulsen beeinflußt wurde, beweisen die eindeutig von Kobells „Wildanger" inspirierten, 1874 veröffentlichten „Weidmannserinnerungen", die 1895 in einer Neuausgabe unter dem Titel „Auf der Birsch" erschienen sind. Wiederholt verweist der Autor in Fußnoten auf das im Jahre 1859 veröffentlichte, nahezu 500 Seiten umfassende Werk des Altmeisters, das den Ruf genoß, eine echte „Jägerbibel" zu sein. Der hingegen nur 75 Seiten umfassende Stielerband, der üppig mit Illustrationen von Franz von Pausinger und zehn weiteren Künstlern ausgestattet und auch durch eine großzügige Titelei auf den gewünschten Umfang gebracht wurde, sollte wohl mehr die Aufgabe eines repräsentativen Jagdbilderbuches erfüllen. Für den Dichter bot das Thema Gelegenheit, alte Erinnerungen aufzufrischen, ein Kapitel den Hirschen zu widmen, die durch den Sagenwald ziehen und bei den Betrachtungen über Gamsjagd und Hahnenbalz das eine oder andere Schnaderhüpfl einzuflechten:

> Und was braucht denn a Jager?
> A Jager braucht nix
> wia a schwarzaugets Dirndl,
> an Hund und a Bix.

> Is net wahr, er braucht mehra:
> An Rehbock, an Hirsch
> Und an Spielhahn wohl aa,
> und a Gams zu der Birsch.

Und a Gams auf der Wand
und der Punkt in der Scheiben
Und a Dirndl auf der Alm
is mei Toa und mei Treiben.

Auch in seinen im Jahre 1881 erschienenen „Neuen Hochlandsliedern" verriet Stieler selbst, von welcher Seite er die Anregungen empfangen hatte. Man braucht nur seine auf den letzten Seiten gemachten Anmerkungen zu lesen, um zu erkennen, daß hier dem Poeten der Archivar über die Schulter geschaut hat. Stieler vermerkte gewissenhaft die Quellen, aus denen er schöpfte, und versah sie außerdem mit Erläuterungen. Im Zusammenhang mit der Fischwaid zitierte er den bayerischen Sprachforscher Andreas Schmeller, der „Das baierische Wörterbuch" verfaßt hat. Diesem Gelehrten war Stieler besonders zugetan. In dem Aufsatz „Die oberbayerische Mundart" rühmte er Leben und Werk des armen Korbmacherssohns, der aus der Oberpfalz stammte, und wörtlich führte er aus: „Kein anderer Sprachzweig der zivilisierten Welt hat eine so systematische, so mustergültige, so erschöpfende Darstellung in grammatischer und lexikaler Beziehung gefunden, wie sie die bayerische Mundart durch ihn gewann!" In dem genannten, wiederum zum mündlichen Vortrag bestimmten Aufsatz erwähnte er verdientermaßen neben Kobell auch dessen Vorläufer, den Barockprediger Anton von Bucher und den Augustinerpater Marzellinus Sturm und erinnerte nicht zuletzt an Josef Anselm Pangkofer, der eine wenig glückliche Natur war und ganz im Schatten seines Zeitgenossen Kobell gestanden hat.

Wie gut Stieler literarisch orientiert war, beweisen ferner zahlreiche Anmerkungen, in denen er nicht nur Zeitgenossen, sondern auch Autoren der nahen und ferneren Vergangenheit zitierte. Goethe schätzte er, weil dieser sich seiner Meinung nach von allen bedeutenden Autoren am überzeugendsten zum Volkstum bekannte und „gleichsam unwandelbar die Hand am Pulse dieses Volkslebens hielt."

Der überwiegende Teil von Stielers Prosaschriften ist erst nach seinem Tod in Buchform erschienen. Das dürfte der Hauptgrund gewesen sein, daß diesen Werken kein so nachhaltiges Echo beschieden war wie seinen Gedichtbänden. Theodor von Heigel zeichnete als Herausgeber jener Aufsätze, die Stieler anläßlich seiner Vortragsreisen als Manuskript gedient hatten und die unter dem Titel „Kulturbilder aus Bayern" erschienen. Nicht erfolgreich waren auch die ein Jahr später von Max Haushofer unter dem ansprechenden Titel „Natur- und Lebensbilder aus den Alpen" ausgewählten, ehedem in Zeitungen und Zeitschriften veröffentlichten Aufsätze. Ferner erschien etwa gleichzeitig der Band „Aus Fremde und Heimat", der zwanzig vermischte Feuilletons enthält. Bei den von Friedrich Ratzel herausgegebenen Stimmungsbildern der Kriegsjahre 1870/71 „Durch Krieg zum Frieden" dürfte die Tatsache, daß die Ereignisse eineinhalb Jahrzehnte zurücklagen, das Interesse an der Publikation nachteilig beeinflußt haben.

Stieler war zu sehr Dichter, als daß er den Wunsch gehabt hätte, für einen strengen Historiker gelten zu wollen. Dennoch sind viele seiner Arbeiten für den Geschichts- und Brauchtumsforscher von großer Bedeutung, weil der Autor nicht nur seine Meinung, sondern das Gedankengut aller Volksschichten festzuhalten und wiederzugeben verstanden hat.

Erst etwa ein Jahrzehnt vor seinem Tod kam er in ein Stadium, in dem der kulturhistorische Einfluß Riehls eine Vorrangstellung einnahm. Immer aber bediente er sich dabei, wenn er Beispiele brachte, des Dialekts oder des Volkstons, so daß Verse und Prosa auf eine sich ergänzende und zugleich kurzweilige Art Hand in Hand gehen. Trotz seiner akademischen Bildungsstufe und der damit verbundenen gesellschaftlichen Stellung hatte er sich das einfache, um nicht zu sagen, naive Volksgemüt bewahrt. Das spürt man aus vielen seiner Gedichte, die haargenau den Ton der unverfälschten Naturlaute des bayerischen Volksstammes treffen. Deshalb konnte es auch gar nicht ausbleiben, daß manche aus den sogenannten besseren Kreisen vor so viel Unverblümtheit und Derbheit dem Dichter mißbilligend den Rücken kehrten. Aber dies war für ihn der beste Beweis, wie unverwechselbar echt er zu empfinden und die Volkskunst zu interpretieren vermochte.

Überblickt man Stielers Lebenswerk, vermißt man Romane, Erzählungen, aber auch Theaterstücke. Diesbezüglich wollte er jedoch weder dem erfolgreichen Ludwig Anzengruber, noch dem Erzähler aus dem Schwarzwald, Berthold Auerbach, dem er freundschaftlich zugetan war und mit dem er in regem Briefwechsel stand, nacheifern. Stieler erkannte, wie weit seine Spannkraft reichte. Sein Sich-Bescheiden und die Geste, mit der er sich in die ihm von der Natur gesteckten Grenzen fügte, macht den Dichter noch liebenswerter und bringt ihn uns menschlich noch näher.

Es ist bezeichnend, wenn man erfährt, daß der eben erwähnte Berthold Auerbach von Stielers Mundartgedichten wenig hielt, während Stieler mit dem väterlichen Freund auch dessen gesamtes Werk pietätvoll verehrte und in seinen Besprechungen herzlich würdigte. Diese Toleranz, die er allen Mitmenschen entgegenbrachte, war wohl mit ein Grund, daß er, was jeder Stieler-Biograph ausdrücklich vermerkte, keine Feinde und Widersacher hatte.

Wie innig und überzeugend er seine Gedanken und Stimmungen darzulegen verstand, macht ein Brief deutlich, den er zum Jahresbeginn 1871 an Auerbach richtete: „All mein Dichten und Trachten war Jahre lang in Ihre Schöpfungen vertieft mit jener stürmischen Ausschließlichkeit, die das Vorrecht und das Glück der ersten Jugend ist; die Erweckung zur klaren Anschauung, die Erlösung von den hundert Gefahren, die Innerlichkeit fand ich hier. Ich habe Sie so lieb gehabt von der ersten Stunde an, wie Sie vielleicht keiner geliebt von den tausenden, die Sie bewundern." Nach diesem Zitat zu urteilen, darf man wohl auch in Auerbach ein literarisches Vorbild Stielers sehen. Übrigens fanden erst die Hochlandslieder Auerbachs Zustimmung, der im Januar 1882 seinem jungen Freund brieflich versprochen hatte, dessen so „schön fortschreitende Dichterkraft mit einigen öffentlichen Worten zu verdanken." Es sollte jedoch nicht mehr soweit kommen; Auerbach starb, ehe er sein Versprechen einlösen konnte.

In diesem Zusammenhang verdient erwähnt zu werden, wie bekannte Zeitgenossen über Stielers hochdeutsche Lyrik urteilten und wie sehr man sich damals an Vorbildern orientierte. Über die Hochlandslieder äußerte sich beispielsweise der achtundvierzigjährige

Felix Dahn in einem Brief vom 29. Juli 1882 an seinen Dichterkollegen: „In jenem Stil haben Sie an Julius Wolf, mehr noch an Baumbach zwei scharfe Konkurrenten und wir alle unser Vorbild an Scheffel."

Dieser gefühlvolle Alemanne, der den „Trompeter von Säckingen" gedichtet hatte, war es wohl vor allem, der Stielers Hochlandlyrik inspirierte. Ihre Welt war ja dieselbe, ihr Anliegen das gleiche, wenn sie von fahrenden Scholaren, von Mönchen und Jägern längst vergangener Jahrhunderte sangen. Kein Wunder, daß sich auch Stieler nicht ungern von der Zeitströmung tragen ließ, in der sich die Goldschnittlyrik einen festen Platz in jedem Bücherschrank erobert hatte und die Namen des Münchner Dichterkreises, allen voran Paul Heyse und Emanuel Geibel, große Popularität genossen.

Ohne gleich an Epigonentum zu denken, hatte Stieler bezüglich seiner hochdeutschen Lyrik und Prosa aber auch noch andere namhafte Vorbilder. Zu den Dichtern, die ihm seit seiner Kindheit vertraut waren, gehörte neben Heinrich Heine, dessen geistreiche, mitunter frivole Art es ihm angetan hatte, vor allem der Romantiker Ludwig Uhland. Er war der Lieblingsdichter von Stielers Mutter. Seine Verse trug sie besonders gerne vor, wenn sie beim traditionellen Morgenspaziergang ihren Mann begleitete. Es ist überliefert, daß sie jeweils von ihrem Tegernseer Heim aus eine Stunde lang durch Felder, Wiesen und Wälder gingen, um dann erst, gleichsam eingestimmt in den Rhythmus der Natur, ihr Tagewerk zu beginnen.

Nach dem Ausflug in die ferne Vergangenheit, zu dem Stieler die beiden Sammlungen der Hochlandslieder geführt hatten, kehrte er mit seinem Bändchen „Wanderzeit" offenbar recht gerne wieder in die Gegenwart zurück. Jetzt schöpfte er aus der Vollkraft seiner Männlichkeit. Das spürt man vor allem in seinen Liebesgedichten, die von Leidenschaft und Sinnlichkeit getragen, aber auch mitunter von Wehmut und Schwermut durchwirkt sind. Vielleicht erscheinen uns manche zu sehr auf violett gestimmt, und sicherlich handelt es sich bei jenen Gedichten, die eine innere Zerrissenheit offenbaren, um schon vor Zeiten entstandene Verse oder zumindest um eine Rückerinnerung; denn nachdem er Mary gefunden hatte, war er ja wieder zu sich selbst zurückgekehrt und eins mit sich selbst geworden. Aber es lag wohl in der Natur seines leidenschaftlichen Wesens, daß auch dieser Zeit der Ruhe Grenzen gesetzt waren.

Stieler schrieb einmal in einem Brautbrief, als er Mary seine Sinnlichkeit verständlich machen wollte: „Neben der Kraft wohnt stets allmächtig der Trieb, sie zu brauchen. Wer freiwillig den Flug meidet, ist nimmer ein Aar." Nicht von ungefähr hat Stieler seine Männlichkeit mit der Kraft des Adlers verglichen. Dabei empfand der Dichter sicherlich nicht allein die naturgewollte Macht des Körpers, sondern im gleichen Maße den Flug und das Schweben als ein der persönlichen Freiheit und dem Geistigen entsprechendes Gleichnis.

Mary war ein „deutsches Weib", wie er es oft in seinen Gedichten besungen hatte. Auch die Widmung, die er im Frühling 1881 den „Neuen Hochlandsliedern" vorausschickte, und die mit einer Huldigung ausklingt, ist ganz von der Festlichkeit eines liebevollen Herzens getragen:

„Im Leben walten Kampf und Waffen,
Im Liede milder Klang und Ruh'!
Ein sel'ger Mann hat euch geschaffen,
Doch daß er selig ward — schufst Du!"

Seine Frau war für ihn der Inbegriff von ehelicher Treue, opferbereiter Hingabe, engelhafter Geduld und friedvoller Häuslichkeit. Diesen Werten fühlte er sich verpflichtet. Einmal gestand er ihr in einem Brief, daß er sich wohl vorstellen könnte, sie „elend", also unglücklich, zu machen, nie aber, daß er sie verlassen würde.

Von der Natur war Mary nur soweit bedacht, daß sie lediglich das Echo seiner Gefühle sein konnte. Die Dämonie des Eros war ihr fremd. Und so begriff sie es wohl auch lange nicht, daß es eine Frau gab, die in Stielers Leben eine Rolle zu spielen begann.

Karl Stieler und Sophie Kaulbach, die Frau des Münchner Kunstmalers und Königlichen Professors Hermann Kaulbach, kannten sich schon seit Jahren. Wie Josefa Dürck-Kaulbach in den Erinnerungen an ihren Vater Wilhelm von Kaulbach schrieb, gehörte auch Karl Stieler zu jenem illustren Kreis bedeutender Männer, die sich im Kaulbachhaus an den Sonntagen zum festlichen Mittagstisch und zum anschließenden geistreichen Gespräch einfanden. Sicherlich war Stieler bereits hier auf Sophie Kaulbach aufmerksam geworden. Außer diesen Begegnungen gab es mit den jungen Kaulbachs bald gutnachbarliche Kontakte. Während Stieler zunächst bei seiner Mutter in der Fürstenstraße 16 wohnte, hatte Hermann mit seiner Frau Sophie im Hause Nummer 19 sein Domizil, und später, nachdem beide Familien in die

Schellingstraße 1 beziehungsweise 14 umgezogen waren, gehörten die ungezwungenen familiären Begegnungen zum Tagesablauf. Die beiden Männer verbanden darüber hinaus gemeinsame künstlerische Interessen. Hermann, der sich in jüngeren Jahren auch als Laien-Lustspielautor versucht hatte, entdeckte seine größere Freude am Inszenieren und überließ nun dem anerkannten Dichterfreund das poetische Geleit. So boten einmal die alten deutschen Märchen Dornröschen, Aschenbrödel sowie Hänsel und Gretel den Vorwurf, ein andermal, nämlich zur Vermählung der Prinzessin Isabella von Bayern mit Herzog Thomas von Genua am 13. April 1883, ging in probatem Zusammenwirken ein kleines Festspiel über die Bühne. Wiederholt geschah es auch, daß man Karl Stieler ins Atelier in die Gartenstraße 12, die spätere Kaulbachstraße, holte und ihn aufforderte, die Werke des etwa vier Jahre jüngeren Malers freimütig zu begutachten. Und bestimmt war es für Stieler eine Ehre, als er einmal gebeten wurde, für ein Historienbild im Habit eines Kaisers Modell zu stehen.

Stielers literarischen Früchten nach zu urteilen war es das Jahr 1883, als die Grenze reiner Freundschaft zu Sophie überschritten wurde. Man braucht nur seine ihr gewidmeten und in diesem Band erstmals veröffentlichten Gedichte „Arm in Arm" und „Tannenzweige" zu lesen, dann ahnt man zumindest, wie die Romanze ihren Anfang genommen hat.

Sophie Kaulbach, Tochter des Nürnberger Kupferstechers Schroll, war in jenem Jahr dreiunddreißig Jahre alt und Mutter von drei Kindern. Ihre vulgär und kalt wirkende Schönheit galt als sprichwörtlich. Sie war mit Leib und Seele ein Weib, und in ihrem umschwärmten Salon wollte sie auch auf eine so bekannte und brillierende Persönlichkeit, wie Stieler im Kulturleben des damaligen Münchens war, nicht verzichten. Aufschlußreich sind in diesem Zusammenhang seine Gedichte „Soiree" und „Bazar". Sophie liebte die Koketterie, den Flirt und den gesellschaftlichen Glanz. Als eine völlig selbständige Frau war sie das pure Gegenteil von Stielers Gattin Mary. In Sophie begegnete ihm ein Weib, das sich seiner Macht voll bewußt war und das diese Gabe der Natur wohl auch zu nutzen verstand. Ein Mann wie Karl Stieler, dem „die Fittiche vor Flugkraft" zitterten, wie er dies freimütig bekannte, mußte diesem Reiz erliegen.

Er war aber zu gefühlvoll und er hing auch zu innig an seiner Familie, als daß ihn diese „ernste Neigung" zu Sophie Kaulbach nicht in einen großen Zwiespalt gestürzt hätte. Es spricht für Stielers geistige Kraft, daß er sich aus diesem Spannungsfeld erheben, ja daß ihn der Widerstreit seiner Gefühle zu höchster dichterischer Reife führte. Dabei ist es auffallend, daß ihn die Zuneigung nicht blind machte. Sehr deutlich erkannte er Sophies Schwächen, und nicht immer fiel es ihm leicht, sie zu tolerieren. So sind die zwölf Handbillette und so ist auch die Dichtung „Ein Hausgeist", die im Vorfrühling 1884 entstanden ist, als die Familie Kaulbach in eine Etagenwohnung am Viktualienmarkt 12 umzog, ein beredtes Zeugnis seiner kritischen, jedoch zugleich von einem unstillbaren Verlangen erfüllten Natur.

Entgegen der bisher vertretenen Meinung, daß das Winteridyll allein der Hinwendung zu seiner Familie zu verdanken sei, gestatten erst jetzt bekanntgewordene biographische Details eine präzisere Deutung. Demnach ist das bald nach den Versen für

Sophie Kaulbach entstandene Winteridyll eine Abbitte an seine Frau, wie sie wohl inniger kaum sein kann. Es gibt auch sicherlich keinen Zweifel daran, daß er mit der Einleitung zu dieser Dichtung und mit der Entschuldigung:

„Ich bin untröstlich, gnäd'ge Frau! Soeben
Kommt Ihr Billett für Sonntag zur Soiree..."
Sophie Kaulbach und ihren blauen Salon gemeint hat.

Es war die Tragik dieser beiden Menschen, daß sie nicht mehr von einander loskamen, ja daß der frühe Tod des Dichters möglicherweise im Zusammenhang mit der verhängnisvollen Krisis stand, die seine physische und psychische Widerstandskraft untergraben hatte.

Stielers erste Vorahnung eines frühen Todes geht auf das Jahr 1867 zurück. In einem Brief an Mary schrieb der damals Fünfundzwanzigjährige: „Wo wirst Du einst stehen, wenn ich sterbe? Es wird ein schwerer Todeskampf sein, denn es war ein schweres Leben. Und mir ist, als würde diese Stunde schlagen früher, als mein Haar bleicht und das Menschenalter abläuft." In seinen 1881 veröffentlichten „Neuen Hochlandsliedern" kehrt der Todesgedanke in dem Gedicht „Überlebend" in lyrischer und gemäßigter Form und mit versöhnlichem Ausklang wieder.

Der Dichter stand am Beginn seines dreiundvierzigsten Lebensjahres, als ihm die Vorahnung den entscheidenden Impuls gab, seine poetische Autobiographie „Ein Winteridyll" zu schreiben. Noch einmal wollte er — wenigstens in Worten — festhalten, was ihm im Leben so lieb gewesen war. Für alles empfangene Schöne mußte er Dank sagen und, als ahnte er, daß ihm nicht mehr viel Zeit bleiben würde, verlangte es ihn, mit seinen Gedanken und Erinnerungen allein zu sein. Es war der Winter 1884/85, in dem es Stieler oft von München fortzog. Eine Fahrt nach Tegernsee war damals noch nicht so schnell und mühelos zu bewältigen wie in unseren Tagen. Die Bahnstrecke reichte seinerzeit nur bis zur dörfischen Station Schaftlach, wo ein Pferdeschlitten wartete. Und nun kam etwas, worauf sich Stieler schon den ganzen Tag gefreut hatte: das Gefährt glitt lautlos an tiefverschneiten Wäldern und Matten vorbei ins nächtliche Tegernseer Tal hinein, dem Stielerhaus entgegen. Nur hier, in der heimelig-trauten Atmosphäre, wo der Dichter wundersam verzaubert ganz zu sich selbst finden und allem Zwiespalt entfliehen konnte, war es ihm möglich, das mit jener poetischen Zartheit auszudrücken, was seinem Leben Klang gegeben hatte.

Alle Kritiker stimmten dahingehend überein, daß diese letzte Dichtung zeitlos und von großem Reiz ist. Alles Gefühlvolle wird von einer lebensnahen Wirklichkeit durchpulst. Bei aller Gewandtheit des Ausdrucks und der Reinheit der Form bleibt das warme, innige Gemüt des Dichters das tragende und auf eine beglückende Art gegenwärtige Element. Der Leser denkt nicht mehr an Stilrichtungen, nicht an Kunstströmungen und Zeitgeist, sondern erkennt, daß das Echte keine Empfehlung braucht. Es kommt vom Herzen und spricht zum Herzen.

Es ist überliefert, daß Karl Stieler das Winteridyll die liebste seiner Schöpfungen geworden ist und daß er sie wiederholt im Freundeskreis vortrug. Er plante, sie weiterzuführen, um seine beiden Brüder und seine Freunde mit in den Kreis der Dichtung einzubeziehen. Seinem Leben war jedoch bereits das Ziel gesetzt.

Überlebend.

Und wird mein Leben früh zunichte,
Ich trag' es, wie es Gott gefällt;
Ach nur vom gold'nen Sonnenlichte
Scheid' ich so schwer, nicht von der Welt.

Doch manchmal träumt's mir spät und früh
Als blieb' ich doch im Sonnenstrahl:
So singt der Wandrer seine Weise,
Wenn er vom Hochland zieht zu Thal

Und Minneglanz im Angesicht
Spricht noch mein Wort der Bergmaid nach;
Ich leb' doch — im Sonnenlichte!
Und längst entschlafen, bin ich wach.

Was es für einen Mann bedeutet, aus dem Zenith seines Lebens gerissen zu werden, kann wohl nur der ermessen, der das Jahrzehnt zwischen dem vierzigsten und fünfzigsten Lebensjahr planend und schaffend durchschritten hat. Auch Karl Stieler trug sich mit vielen neuen Ideen. Er wollte seine Dialektgedichte mit fünf weiteren Bänden ergänzen. Auf historischem und sozialpolitischem Gebiet gedachte er eine Wirtschaftsgeschichte von Tegernsee zu verfassen, wozu er schon reichhaltiges Material zusammengetragen hatte. Ferner sah er in einer umfassenden Darstellung der Entwicklung des modernen Münchens eine verdienstvolle und lockende Aufgabe. Deshalb kann sein Beitrag „Zur künstlerischen und wissenschaftlichen Entwicklung Münchens im 19. Jahrhundert", den er im Jahre 1878 verfaßt hatte, nur als Vorstudie gelten.

Es kam der Vorfrühling des Jahres 1885. Von einer Lungenentzündung kaum genesen, fuhr Stieler voll jener Ungeduld, die ihm eigen war, nach Tegernsee. Die Freude, wieder in der ihm so lieb gewordenen Umgebung zu sein, ließ ihn die Anstrengungen einer Kahnfahrt als gering erachten. Ein schwerer Rückfall war die Folge, und so schien es unerläßlich, den Todkranken nach München zu bringen.

Hohes Fieber verzehrte rasch seine schwindenden Kräfte. Dessen ungeachtet drängte es ihn, Briefe zu schreiben. Die Versuche scheiterten. Sein Todeskampf war so schwer, wie er es vorausgeahnt hatte. Am Sonntag, dem 12. April, verschied er.

Die Art, wie sich Sophie Kaulbach zu dem Toten bekannte, hatte etwas Bezwingendes. Ohne Rücksicht auf alle unabwägbaren Folgen ließ sie sich bei Mary melden und bat sie, von dem Hingeschiedenen Abschied nehmen zu dürfen. In dieser Stunde gab die Witwe ein überzeugendes Beispiel ihres hochherzigen Wesens. Wortlos führte sie Sophie an die Bahre Stielers, um sie dann alleinzulassen.

Es war gleichermaßen ein Gebot der Vernunft wie ein Zeichen rückhaltloser Toleranz, daß sich die beiden Frauen einigten, die Briefe, die sich Karl und Sophie geschrieben hatten, auszutauschen. Mary bewahrte auch diese Schriftstücke so sorgfältig auf wie jene, die ihr Mann an sie gerichtet hatte.

Es war der 15. April 1885, als Stielers sterbliche Hülle nach Tegernsee zurückkehrte. Bauernburschen trugen den Toten zum Friedhof, und aus allen Dörfern der Umgebung hatten sich die Menschen eingefunden, um ihrem Hochlanddichter das letzte Geleit zu geben.

Wohl mit Recht hat man Karl Stieler als einen der bedeutendsten Repräsentanten des modernen Münchens und Altbayerns gewürdigt und seine literarische Entwicklung mit dem Aufblühen der Künste und Wissenschaften in der zweiten Hälfte des vergangenen Jahrhunderts in Verbindung gebracht. Neben dem imposanten Porträt des Schriftstellers und Volkskundlers steht aber das nicht minder bedeutungsvolle Bild des unvergessenen Menschen und Dichters, der bei aller seiner rührenden Anhänglichkeit an seinen familiären Lebensbereich und kraft seiner Heimatliebe zum Mittler, mehr noch, zum Bindeglied zwischen Süd und Nord geworden ist.

Aus voller Überzeugung und als aufrichtiger Bewunderer Bismarcks hatte er ihm zum siebzigsten Geburtstag am 1. April 1885 eine Grußadresse geschickt. Dieser an den Eisernen Kanzler in Mundart geschriebene originelle Glückwunsch, den Stieler als Vertreter für den Tegernseer Gau verfaßt hatte und der in der Augsburger Abendzeitung publiziert wurde, war seine letzte Veröffentlichung.

Groß war die Zahl der Nekrologe, mit denen Dichter- und Schriftstellerkreise den Toten ehrten. Paul Heyses trostreiche Verse, die er am Grabe Stielers sprach, brachten wohl am feinsinnigsten zum Ausdruck, was in der Stunde des Abschieds alle empfanden:

„Von seinen Lippen klang des Volks Gemüt,
Ein Quell vom Hochland rauschten seine Lieder.
O seid getrost! Erwachen wird er wieder,
So oft der Lenz in seinen Bergen blüht."

Günter Goepfert

Oberbayerische Gedichte

Auswahl aus den Versbändchen

„Bergbleamln", „Weils mi freut!",
„Habts a Schneid!?" und „Um Sunnawend"

*Die Zusammenstellung
der nachstehenden Gedichte und Prosastücke erfolgte
weitgehend analog zum Lebensbild Karl Stielers*

Schnadahüpfeln

Jagerisch

Und a jagerischs Leben
Ist dös schönst auf der Welt,
Und gehts, wien der will,
Mir san allweil guat gstellt.

Und es hangt no der Schnee
In die Berg oben dran,
Na kimmt scho der Lanks
Und der Hofalz geht an.

Und nachher werds Summer
Und na hoaßts fei zieln,
Da werd wohl der Rechbock
Sei Gwichtl verspieln.

Und erst um Jakobi
Und nach Bartelme,
Wenn a Zwölferhirsch kimmt,
Dem tuat bald nix mehr weh.

Und bis Allerheili'n
Gehts Birschen und Treiben,
Soviel hamma Gams
In die Graben und Reiben.

Und is mit die Gamsein
Vor lauter Schnee nix,
Na fang ma an Ma(r)der
Und paß ma auf d'Füchs.

Und tean ma koan Fuchs
Und koan Ma(r)der derfragn,
Na jagn ma aufs Dirndl,
Is aa nit schlecht jagn.

Von Weihnacht bis Ostern,
Da futterts uns scho,
Und derweil geht der Hofalz
A so wieder o.

Wildschützen-Kirda

Juchhe — heunt is Kirda,
Und heunt geh ma naus,
Denn dahoam da is Musi,
Bleibn d'Jaager schön z'Haus!

Richt an Rucksack nur her
Und richts Büchsei nur zsamm,
Heunt is Wildschützenkirda,
Daß ma aar ebbes ham!

Und sunst bin i gflachset,
Heunt bin i voll Ruaß,
Wer mi jetza no kennt,
Und dem sagst an schön Gruaß!

Und am Grünsee da drobn
Tun ma d'Almhütten auf,
Und wenn d'Jaager morgn hinschaugn,
Na kemma s' scho drauf!

Auf der Schönleiten-Alm,
Da is 's Heu ganz derlegn.
Und wenn d'Jaager morgn kemma,
Na wern sies scho sehgn.

Und die Alm und dös Heu
Und an Aufbruch damit,
Und dös finden s' ja alls,
Aber uns finden s' nit!

Unds Leben unds Sterben,
Uns gehts nit drauf zsamm,
Heunt is Wildschützenkirda,
Daß maa aar ebbes ham!

Die Nussen

Oft schaug i a so
In die Nußstauden 'nein,
Da falln mir halt allweil
Die Dirndln ein.

Si san no nit zeiti,
Dös grüne Sach — —
So kommen schon d'Buben
Und gehnt ihna nach.

Und a jeder langt halt
Nach die schönsten hin,
Und oft is in die schönsten
Halt aa — nix drin.

's gibt manche, die sich
Zum Weg hin streckt;
Die besten aber,
Die san versteckt.

Und oft siecht ma oane
Zhöchst obendrauf,
's is nit übersehgn,
Es kann koaner nauf.

Und die, wo der Größte
Mit Müh nit derlangt,
Wird zletzt von an lumpigen
Hecher leicht gfangt.

Oft schaug i halt a so,
In die Nußstauden 'nein,
Da falln mir halt allweil
Die Dirndln ein.

Im Wald umanand

Und oft birsch i im Berg
Und na denk i mir halt:
Und so schön is do ninderscht
Wie draußten im Wald.

Alls grea und alls frisch
Und der Boden so lind,
Da is a jeds Bleaml
Dem andern guat gsinnt.

Und die Vögein, die singen
Nur wie a jeds mag;
Um Achte is Feirabnd,
Um Viere werds Tag.

Und oft denk i mir — wenn
I auf d'Welt wieder kaam,
Möcht i wern so a Vögei
Oder wern so a Baam.

Es waar ja leicht gscheider,
Is gwiß wahr, i gspürs,
Als wie so a Mühsam
Mit zwoa lange Füaß!

Unter viel Leut gibts allerhand

Der Kobell

Als kloaner Kerl da bin i ghockt
Und hab gstudiert die Gschichten
Vom Bübei, dös gern „außi möcht",
Dös war mein Toan und Dichten.

Und aus die Kinder wer'n Leut,
Und Ernst werd aus'm Gspaßl;
Seitdem han i mi'n Kobell selm
Wohl trunken manches Maßl.

Und allweil freuts mi, wenn i 'n siech:
Sei Joppen halbet offen;
Wenn koaner auf der Jagd was trifft,
Der hat sein Gamsbock troffen.

Der tragt alltag sein Buschen hoam.
Da braucht oan 's Leben nit reuen,
Wenn oan no so mit graue Haar
Die greana Sachen freuen.

I moan, es schadt an Gsellen net
(In gar koan Gschäft), wenn oaner
Mit Ehren von sein Moaster redt:
Und so wie der kanns koaner!

Die Zeit geht hin — der Lanks geht her,
Jetzt zwitschern halt die Junga,
So is der Brauch, mir zwitschern halt,
Die Alten hams uns gsunga.

Franz von Kobell

Der Reiter am Wittelsbacherplatz

A Bauernwei lauft in der Stadt umanand,
Die tuat ihr hübsch hart — woaßt, die is net bekannt!
Beim Isartor unt fragts an Maurer: „Ha, Schatz,
Is dös der Wittelsbacherplatz?"

„Oh mein liebs Weibsbild", sagt der sell,
Da mußt scho umkehrn auf der Stell —
Sonst kimmst allweil no weiter weg, —
Siegst dort dös Haus? — da gehst ums Eck,
Und nachher füri allewei,
Bis d' bei dem sellen kimmst vorbei,
Der aufm Pferd sitzt, so a Reiter
Der zoagt dirs an — jetzt geh nur weiter."

„Ja", sagt des Weibsbild, „waar scho recht —
Aber mit mein Marschiern gehts schlecht,
A Viertelstund is leicht da num,
Der Reiter nutzt mi nix." —
„Warum?"
„Bis i da abi kimm — o mein!
Werd der scho lang — fortgritten sein."

Der Guckezer

Drent bei der Schupfen schreits: „Guku!"
Und wenn oaner fürkimmt, na luust er zu:
Da hoaßts, daß dös ebbes Guts bedeut,
 — Weil der Guckezer gar a so schreit!

Zerscht roast a Dirn mit kloane Schritt:
„Kimmt heunt mei Bua", denkts, „oder nit?"
„Heunt kimmt er gwiß!" sagts zletzt voll Freud:
„— Weil der Guckezer gar a so schreit!"

A Bübei hatscht in d'Schul sein Weg,
Er hat nix glernt, heunt kriegt er Schläg:
„Ah, — 's trifft heunt nit", denkt der voll Schneid,
„— Weil der Guckezer gar a so schreit!"

Der Jager denkt: heunt gehts Gams ei,
Der Doktor fahrt und hofft dös sei:
„Heunt wern s' no wolter krank die Leut:
— Weil der Guckezer gar a so schreit!"

An alter Mensch kriecht mit sein Pack:
„Leidts no a Maß?" Na klopft er 'n Sack.
„Eh ja, jetzt hats Geld Wachsens Zeit:
— Weil der Guckezer gar a so schreit!"

So glaubt a jeder, was er möcht!
Ha, dumm san d'Leut halt, da hast recht!
Vielleicht wern s' dengerscht nomal gscheit:
— Weil der Guckezer gar a so schreit!

Wie der Franzos beim groben Peter a Paradachel holt

In Tegernsee roast a Franzos,
Dort regnets gern; drum werd er noß.
So a Franzos, der scheucht dös Wetter,
Drum fallt er ein beim groben Peter,
Den hat er grad vom Schlaf aufgjagt,
Der hat ihm d' Moanigung fein gsagt.
„Fürchst, 's schwemmt dir'n Schädel weg schnurgrad?
(Schreit er), um so oan waars koa schad."

Und der Franzos greilt an sein Hirn
Und fragt: „Aben Sie Recken-schirm?
Geben Sie mick — ick muß marschir."
„Was", sagt der Peter, „mögst von mir?"
Der Peter, der versteht koa Wort —

Da siecht der oa oan henka dort
Und zoagt drauf hin und sagt: dös möcht er.
„Ha" (sagt der Peter), „Spitzbua schlechter",
Wie der Franzos as Dachel packt,
„Was hast denn dös nit glei deutsch gsagt,
Da Lapp, daß d' möchst a Paraplüa, —
Dös fremde Gschlamp verstehn i nia."

Die Roas auf Schliers

Es hat a Herr sein Fuß verkrumpt.
Der achezt! — Wier a Diendl kummt;
Da fragt ers halt: „Wie weit is 'nein?"
„A halbe Stund" (sagt die) „werds sein."

A halbe Stund weit is er gloffen,
Na hat er Handwerksburschen troffen.
Die fragt er aa, wie weit 's sein kunnt,
Da moanen die: A kloani Stund.

Na kimmt a Bauer mit der Kuah,
„Ha, is no weit auf Schliersee zu?"
„O na" (sagt der) „bals Enk tuats schleuna,
Kemmts in a guatn Stund scho eina."

Zletzt kimmt a Fuhrmann: „Laß mi nauf, —
Ha is no weit?" — Dersell lacht auf.
„So brauchst zwoa Stund und da hast Müah"
(Sagt der.) „I hab koan Platz mehr — hüah!"

Kreuz-Sakera! — Der fahrt dervo —
Und na fangts schö stad 's regnen o;
Koa Parasol und krumpe Füaß:
Und jetzt san no zwoa Stund auf — Schliers!

's Glas Wasser

Bal der Ruß a Glas Wasser hat,
Wo a Fliegn oder a Käferl drin is:
So tuat dös nix, der schlückts schön stad
Alls zsamm, obs dick oder dünn is.

An Türken, ah, dem grausts glei gar.
Der schmeißt alls außi aus sein Zimmer:
Dös Käferl, 's Wasser, 's Glas — ah Narr,
Gel moanst, der is do no der dümmer!

Und der Franzos — der schütt schön schlauch
Dös Wasser aus und 's Käferl, — nacha
Na geht er hin und streicht sein Bauch
Und holt an anders — der kann lacha!

Der Deutsch, dem machts net viel, ah was!
Der ziehgt an Käfer raus — da lauft er,
Na schaugt er 'n an — na packt er 's Glas —
Und 's Wasser — sauft er.

's Verbieten

Der alte Peter steht am Fenster,
Der junge Peter schutzt sein Huat;
„Juh", sagt er, „bal s' mir was verbieten,
Da is halt no amal so guat."

„Mei", sagt der Alt, „i wills gern glauben,
Aber dös Sach hat alls sein Lauf,
Zletzt braucht ma gar nix mehr verbieten,
Es hört si' alls von selber auf.

I hab dir tanzt, daß d'Fenster zittern,
Hab d'Dirndl rumgjagt auf der Alm;
Oft hat mi dürst bei zehen Maßl,
Und jetza graust mir vor a Halbn.

O mei, du wirst es aa scho sehgn,
Mei Peter, es hat alls sein Lauf,
Zletzt braucht ma gar nix mehr verbieten,
Es hört si alls von selber auf."

's Fluchen

Der Vater is ganz auseinand:
„Wie mei Bua flucht, dös is a Schand,
Mei Weib flucht nit und i fluch nit
Und grad der Bua gibt gar koan Fried!
Der Himmelherrgottsakra, der —
Wo hat jetzt der dös Fluchen her?"

Der Dechant

Schaug, unser alter Dechant, der
Is koaner von diesellen,
Der mag die jungen Geistli'n nit,
Weil s' gar so viel rebellen.

„Die hocken ja in Beichtstuhl hin",
Sagt der, „daß s' d'Leut vertreiben.
Als waaren s' in an Schießstand drin,
Und d'Seel is do koa Scheiben.

Die redn daher, daß's mi ganz reißt,
So gscheit und so vermessen,
Daß d' moanst, sie habn an heili'n Geist
Mitsamt die Federn gfressen."

In der Predi

Na, sagt der Hansei, wenn i's sag,
Dös Predigehn, dös is a Plag!
Grad räsonniern und aufbegehrn —
Sonst hörst ja nix mehr von die Herrn,
Wegn dem hat do, wenn man's betracht,
Der Herrgott nit an Sunta gmacht.
Im Anfang bin i ganz derschrocka,
Denn in der Höll waar nit guat hocka.
Na hab i nachdenkt, hab mi bsunna,
Wie ers denn moant und habs nit gfunna;
Zletzt bin i harb und gifti worn
Und hab oft ghabt den größten Zorn;
Jetzt häng i'n Kopf als wie a Schaf
Und — — — schlaf!

Habts a Schneid!?

Lustige Buabn

Bin a lustiger Teufel,
Voll lauterner Schneid,
Und dös freut mi scho recht,
Daß mi's Leben a so freut!

Und grad so wie i bin
Und so taugts mir soviel
Und i tausch mit koan Menschen,
Is wer'n der will.

Und sagts mirs, wo tanzt werd,
Dös sagts mir nur ja —
Und sagts mir, wo grauft werd,
Na bin i glei da.

Aber — wo a schöns Dirndl is,
Brauchts mir nit sagen;
Meine Dirndl die tuar i
Scho selber derfragen.

Und wenn die Leut greina
Und machent mi schlecht,
Nachher wer i no ärger,
Na freuts mi erst recht!

's Bravsein

O mei Gott! sagt d'Muader,
As Bravsein is raar,
Und a Dirndl guat hüten
Dössell is wohl schwaar.

Und is oane gflachset,
Is's schwarz oder braun:
A jede grast außi,
Für dös gibts koan Zaun.

Und is wo a Musi,
Da müssen s' halt naus;
Wennst es anhängst an d'Bettstatt,
Sie kemmant dir aus!

O mei Gott! sagt d'Muader
Und hat derzu glacht,
Mir wissens ja guat —
Mir hams selm a so gmacht!

Die Kraft

Der schwarze Hans, der Schmied von Zell,
Der hebt drei Zenten von der Stell,
Der nimmts alloa auf mit sechs Leut.
Jetzt war er drin beim Tanz in Kreuth
Und hat beim sellen Tanz auf d'Nacht
A ganz bravs Dirndl spöttisch gmacht.
Glacht hat von alle wohl nit oaner,
Sein Bruder aber, ganz a kloaner,
Fahrt auf ihm hin, rennt alles weg —

Der Schmied roast langsam zruck ins Eck
Und reißt an Kreuzstock aus der Wand!
Der Kloane hat a laare Hand.
„Leids nit!" so schrein die oan daneben,
Die oan: „Geh zruck, dös kost di 's Leben."
Die Tisch, die krachen; alles rennt,
Dös gibt a Wetter — Sakrament!
Der kloane Bursch, der wagts ja alls,
Oan Ruck — na hat ern schon bein Hals.
Aber der Schmied steht hint im Eck
Und rührt si nit. „Geh weg! Geh weg!"
Sagt er zum Brudern von der Dirn,
„Hör auf!" — und fahrt si über d'Stirn.
„I gspürs, daß i im Unrecht bin,
Jetzt is mei ganze Kraft dahin!"

Die wehen Händ

A Holzknecht kimmt von Achenwald
Zum Doktor hin und fragtn halt,
Ob er ihm nit was geben kunnt?
D' Händ san ganz off' und ganz verwundt.

„Ja mei, Mensch", fangt der Doktor an,
„Was hast mit deine Händ denn tan?
Dös geht ja wohl a Wochen her,
Bis dös verheilt is, oder mehr!

Was hast denn — no, sags nur, was?"
„Ja", sagt er, „auftanzt han i ma s'".
Der Doktor sagt: „Was dös jetzt is,
Bei uns, da tanzt ma mit die Füß!"

A Wildling

Beim Bergwirt ist Maitanz,
Da birscht um den Platz
A halbgwachsens Dirndl,
Hat Augn wiar a Katz.

Und zwoa kohlschwarze Zöpf
Und a zsammgrissens Gwand,
Und am Fuaß koane Schuach
Und an Bloam in der Hand.

Und as Juchezen kanns,
Daß ihrs Gesicht davon glanzt,
Und wenn mas nur gehn siecht,
So moant ma sie tanzt.

Und sein Vater is tot
Und sein Muader schlecht gsinnt,
Von an Wilddieb in Schliers
Is's as ledige Kind.

Und allweil kimmts aus
Von dahoam wiar a Katz.
Und na schleichts zu der Musi
Und suacht si an Schatz.

Und die schönsten, die größten,
Ganz stolz schaugts es o,
Aber wies oaner anrührt,
Na wischts ihm davo.

„Und i bin dös schwarz Lenei
(Sagts oft) von Schwarz-Eben,
Und i kost no gar manchen
Schön Buabn as Leben!"

Auf der Schneid

Und i bin scho so lusti,
Kanns schöner nit kriegen,
Und ich möcht mi glei schütteln,
Daß d' Haar davon fliegen.

Und so lusti wies mir is,
So stehts in koan Buach,
Und mir hupfen glei d'Füß auf
Von selm in die Schuach.

Und die sakrische Schneid
Und die laßt mir koan Ruah;
Kunnt die Hälfte verschenka
Und hätt allweil no gua.

Und wie oft ham s' mi gschlagen
Und gstochen beim Tanz,
Und wie oft ham s' mi gschossen
Und bin allweil no ganz.

Und mei Freud und mei Schneid,
I kanns nimmer derzwinga,
Und die ganz Lustbarkeit,
I kanns nimmer dersinga!

Von der Heiratssach

D'Liab

Und d'Liab is a Büchsei,
Ma siecht nur koa Gschloß,
Kannst lang damit spielen,
Aufamal gehts dir los.

Und d'Liab is a Bleaml,
Kannst pranga damit,
Aber oft wenn mas brockt,
Nachher halt se si nit.

Und d'Liab is a Rößl;
Im Anfang gehts frumm,
Aber wenns a Weil lauft,
Schmeißts as Wagerl leicht um.

Und d'Liab is a Vögei,
Schön singa kanns scho,
Aber balst es willst fanga,
Fliegts dieweiln davo.

Und d'Liab is a Glasl,
Aber dös laß dir sagen,
Trags nur nit zviel umi,
Sonst werds dir derschlagen.

Und d'Liab is a Büchel,
Dös lusti angeht,
Aber dös woaß zerscht koaner,
Was hint no(ch) drinn steht.

Und d'Liab is a Ratsel,
Hat viele scho plagt —
Abers Ganze, was s' is,
Dös hat koaner no(ch) gsagt!

Der lange Brief

Die Kathl die hat z' Schliers an Schatz,
Aber schreibn tuats, als wie a Katz!
No, alles zsamm kannst net verstehn,
Drum bitts halt heunt an Lehrer schön,

Ob er ihr net an Brief schreibn möcht
An Schatz in Schliers. „Schaug, mir gehts schlecht,
Und allerhand zum Fragen hätt i
(Hats gsagt) — der Brief is so viel nöti."

Der Lehrer is a warmer Christ,
„No", sagt er, „weilst es du halt bist
Und weil i kenn dein Schatz derzua,
So kimm i morgen — in der Fruah!"

Die Kathl räumt jetzt alles für,
Kauft ihr a Feder und a Papier,
Der Lehrer kimmt und hat si gsetzt,
„No", fangt er an — „was feit dir jetzt?"

„Mei lüber Schatz!" — So hat er gschriebn,
Aber — da sans schon steckn bliebn,
Die Kathl bsinnt si scharf — ha mei.
Es fallt ihr jetzt halt nix mehr ei,
Und so viel nöti waars — ah ah!
Und jetzt waar grad der Lehrer da!

„Wie!" sagt der Lehrer, „schleun di fein,
Um elfi geng i — 's werds bald sein";
„No" (moant s' zletzt) wie er gehen muaß,
„Na schreibst eahm halt — an — schöna — Gruaß,
An recht an schön — und nachher — no —
Dös ander woaß er nachher scho!"

Verraten

Was tuast denn heunt am Gaschterhof?
So fragt mi halt a jeder,
Der mir begegnet. — „Ja", han i gsagt,
„Beim Alten kauf i Breder.

Zur Mutter geh i, woaßt, die hat
Den guten Schnaps, densellen.
An Buben such i, schaug, den möcht
I mir zum Mauern bstellen."

Und dengerscht, wenn i glei so sag
Und niemand ebbes bsteh,
I moan do — jeder siecht mirs an,
Daß i zum — Dirndl geh!

Vom Heiraten

Es waschen zwoa Weibersleut am Bach,
Die plauschen von der Heiratssach,
Ob'st wohl als ledig besser bischt,
Oder mi'n Mann, wennst oan derwischst.
Die oane hat an Mann, die woant;
„Als ledig is halt schön", hat s' gmoant,
„Sonst hudelt di der Mann, daß d'langst
Und da sein sollst, voneh daß d'gangst.
Er hat so viel a scharfs Geblüt
Und oft an Rausch und nie koa Gmüt,
So hab i mirs nit denkt als junga,
Sie ham mi aa grad zuwi zwunga."
Die ander, d'ledige, die woant;
„Verheirat waars halt schön", hat s' gmoant,
„Mi dürft er hudeln wie an Hadern,
Oft hab i's gsagt scho zu mein Vadern,
Und wenn er doret waar und krump,
A schiecher Gsell, a ganzer Lump;
No lieber nahm i so an Scherben,
Als oanschick und elendi sterben."
So streiten s' zsamm; gibt koane nach
Und d'Zacherl fallen 'nein in Bach.
No, denk i, dös geht schön dahin,
Is guat, daß i a Mandl bin!

Wie die Deandln reden

Die oa:
„No Midei, sag, was schaugt jetzt raus,
Nimmst wohl den alten Sepp zum Mann?"

Die ander:
„Ja schaug — i laß ihn net gern aus,
Und nimm ihn dengerscht nit gern an!"

Die oa:
„Du, dem sein Haus waar wohl net schlecht,
So nimm 'n, wie er geht und steht!"

Die ander:
„Ja — die Kapellen waar schon recht,
Aber der Heili gfallt mir net!"

D' Großmutta

D'Großmutta leit drinna, —
mi'n Fuaß gehts verdraaht,
Und 's Deandl kimmt hoam, —
aber die kimmt spaat!

„No", fragt glei die Alte, —
„wo warst denn jetzt?
Herschaugn tuast scho
ganz derhitzt und derhetzt.

War d'Kircha so lang heunt? —
Dös tats enk verbitten,
Sie ham aa um zwoa
scho zum Ausgang glitten.

Und jetzt is glei achti. —
So gib ma nur d'Hand;
Hast jetzt allweil rumkaaft
mit lautern neu'n Gwand?

Oder warst wegn da Kaiblkuah
drent bei der Dirn?
No, tua di nur nit
a so einischeniern!"

„Ja — na" — sagts Deandl
und druckt a so rum,
„Dös Gwand — wegn da Kuah? —
Aber d'Predi war dumm!"

„So, weil halt die jungen Leut
dös net taugt,
Drum hast dir wohl
na um was Gscheidters gschaugt.

Um was hast denn gschaugt?" —
„No ja — bei die Leut —
Beim Ding san ma gwen. —
Weil halt di dös net freut!

's war nix —
und die jungen Sachen halt,
Da kennst di net aus, — schaug,
da bist ja du z'alt!"

Und nachher springts außa. —
„Großmutta, gut Nacht!"
Die brennt heunt ihr Fuaß. —
Aber dengerscht hats glacht.

„I woaß scho — du Schlanggl! —
Beim Buabn warst du:
So dunkelrot macht oan koa Gwand
und koa Kuh!"

Die Großmutta hats! —
Wie kimmt die jetzt zu den? —
Sie is aa net allweil
a Großmutta gwen.

Was der alte Jackl erzählt von seine Weiberleut

Zum ersten Schatz han i a Braune gnumma,
Schön wars, aber gmacht hats mir viel Verdruß,
Die war scho so hoackli, tuat nix wie brumma,
Daß i ums Bussl schier betteln muß.
Da denk i mir — Teufel, kannst so aa leben!
Und hab dera Brauna an Abschied geben.

Zwoa Wochen drauf han i a Schwarze gnumma,
Die war dir scho fein, — aber falsch derzua!
Da bin i grad an die Rechte kumma,
Die moanet — oa Schatzel is ihr net gnua,
Und wie i auf dös hab den andern derfragt,
Da hab i's Natur glei zum Teufel gjagt.

Bei der dritten — da hab i mi länger bsunna,
Und weil i halt grad so a Frische hab gsegn,
An so an Flachskopf, so hab i 'n halt gnumma,
Der Flachskopf, der hätt mi gern einspinna mögn,
Der moanet, er derfet mit mir grad spassen!
Da bin i dervon und habs — guat sein lassen.

Jetzt — hab i alloa glebt, —
Zwölf Jahr san verganga:
Na hab i's halt no amal probiert,
Nach a Brauna, da trag i ja koa Verlanga,
Die Schwarz und der Flachs han mi aar angführt,
So nimm i denn wirkli die Viert (zum Wei),
Die war dir ganz kitzelgraab scho glei,

Die werd mir ja do koan Spitakel machen! —
Net wahr is gwen! — No amal hab i mi girrt.
Es is zum Woana, es is zum Lachen,
Die Alte — die hat mi erst recht angführt!
Jetzt — is s' glückli gstorben — habs d' ewige Ruah:
Aber i nimm jetzt koane mehr; — I hab aa gnua.

Beim Gricht

Am Vergleich

Bei uns geht alles am Vergleich,
Da san no so die alten Bräuch.
Da kemmant zwoa von Niederkamm,
Die drei, vier Stund zum Landgricht ham,
Die san verschafft auf halbe neuni,
Jetzt kemma s' ganz verschnieben eini;
Der Landrichter, der hockt scho da.
„Wollts enk vergleichen?" fahrt er s' a.
„Was? Ebba nit? Was waar denn dös?
Da gebets zletzt ja an Prozeß?
Vertragt man d'Zeit, verschreibts Papier,
Na, da bedank i mi dafür.
Gehts außi da in Fletz, in Garten
Und tuats derweil a bissel warten!"
So nach zwoa Stündl laßt er s' kemma,
Und wenn s' no koan Vergleich annehma,
Na hoaßts: Gehts naus in Fletz, in Garten
Und tuats derweil a bissel warten!
Ah Freund, dös Warten is nit gschmach,
Drum hoaßts, der Gscheitere gibt nach.
Zletzt machen s' wirkli an Vergleich:
Dös san halt so die alten Bräuch.

Die guten Zeiten

Am Landgricht wolln s' an Zeugn vernehma.
„No", sagt dersell, „wenn muß i kemma?
I kimm ja gern, wenns Ihna freut,
Herr Landrichter! Wenn habn S' denn Zeit? —
Am Monta?" — „Na, da bin i aus."
„Am Irda?" — „Da is niemd nit z'Haus."
„Am Mika?" — „Oh, da is dös Schießen."
„Am Pfingsta?" — „Na is d'Woch verrissen."
„Am Freita?" — „Freita is nix nutz."
„Am Samsta?" — „Samsta da werd putzt."
„Am Sunda" — „Na jetzt so a Frag!!
Am Sunda! — Da is Feiertag."

As ewi Leben

Bei uns am Landgricht hats oan geben,
Da moanst, der hat dös ewi Leben,
Der is allweil Assessor blieben.
Roßeisen hat dersell si gschrieben.
Der kimmt aufs Gricht um halbe neuni;
Um zehni kimmt der Postwagn eini.
Da sitzt er na und spannt und loost,
Bis d'Zeitung rauskimmt von der Post.
Da sucht er na mitn ganzen Gfriß,
Ob koa Landrichter gstorben is.
A seller möcht er halt no wern,
Sonst will er gar nix sehgn und hörn,
Zletzt gibt er s' sein Landrichter hin.
„Da habn Sie s'", sagt er — „nix steht drin,
Es is schon a rechts Kreuz damit,
Die Landrichter, die sterbn halt nit!"

Derschlagen

Der Seppel und der Hans, no mein,
Die roasent da auf Lenggries 'nein,
Da kimmt an alter Mann daher,
Dös is an armer Teufel, der.
Er hat nix tan und hat nix gsagt,
Aber die zwoa, die ham ihn packt
Und haun ihn glei aufs Dachl nauf,
Daß d'moanst, er steht gar nimmer auf.
Jetzt müssen halt wegn dera Gschicht
Die zwoa zum Untersuchungsgricht.
Dort sagn s' zum Hansen: „Jetzt sags an,
Ha, warum haust denn du den Mann,
An Kerl, der si kaum zschnaufa traut hat?"
„Ja, weil ihn halt der Sepp so ghaut hat."
Na sagn s' zum Seppen: „Jetzt sags an,
Ha, warum haust denn du den Mann,
An Kerl, der si kaum zschnaufa traut hat?"
„Ja, weil ihn halt der Hans so ghaut hat."
Gel Freund, da schaugst! Jetzt hast es ghört,
Warum ma bei uns derschlagen werd!

's Wildern

„Ha, Toni, gibst jetzt gar koan Ruah,
Zum sechsten Mal kimmst jetzt schon zua,
(So sagn s' am Landgricht) — mit dem Jagen!"
Der Bua hat d'Augen niedergschlagen.
„Mei", sagt er, „i kann nix dafür,
Dös Sach dös is halt so in mir,
A Bix, a Gambs, dös muß ja schnallen.

Mei Ahndl hat si drobn derfallen
Beim Wildern auf der Roten Wand.
Mein Vater hats derrissen d'Hand,
Zwoa Brüder san derschossen worn,
As Martertafei steht da vorn
Am Steig! — Oft denk i mir: laß sein, —
Verwind di — aber, mein Gott, mein,
Es liegt im Blut, es liegt im Haus,
... I kann nit aus!!"

A Gschenk

A Bauer, der werd frei beim Gricht
Von Straff und alle Schulden.
„No", hat er gsagt und springt in d'Höch,
„Was kosts? Da san fufzg Gulden!"

„Du Kerl", hat der Assessor gsagt,
„Moanst, daß mir zahlbar waaren?
Glei tua dein Geldsach wieder 'nein
Und halt uns nit fürn Narren."

„No ja, na schick i Enk a Schmalz,
In drei, vier Täg werds kemma!"
„Hör auf", hat der Assessor gsagt,
„Mir derfen da nix nehma!"

Zletzt tuat ers Nagerl ra vom Huat,
Er is als wie im Himmi!
„Na, nehma S' halt dös Nagerl an!"
„Ja", sagt der oa, „dös nimm i!"

Beim Gricht

Der Hansenbauer hat oan gstochen,
Dös is so gwest vor a vier Wochen,
Jetzt muß er halt deswegn zum Gricht.
Die kost't an Haufen Geld — die Gschicht!
Dort fragn s' ihn halt glei: „Hast es to?"
„Ja", sagt der Hans, „tan hab i's scho."
„No ja, na zahl und gib an Fried!"
„Na", sagt er, „zahlen tu i nit."
„Was möchst denn na, du Sackeradi?"
„Ja — wegaschwören möcht i mi."

A Bauer is aufs Landgricht tappt

A Bauer is aufs Landgricht tappt,
Der hat a brennets Ziehgarr ghabt,
Hint lassen will ers dengerscht nit,
Drum nimmt ers halt in d'Stuben mit
Und sagt zum Landrichter — gradaus:
„Da", sagt er, „rauchens Sie gar naus,
Waar schad — und i kanns doch nit brauchen,
Denn i derf da herin nit rauchen."

Der Dorete

Bei uns (dös is an alte Gschicht)
San zwoa Assessor aufm Gricht.
Der oa is doret, wie a Brett,
Wennst schießt, der Kerl hört di net.
Die zwoa, die hocken nebenand,
Da ham s' scho fufzehn Jahr ihrn Stand;

Der Doret aber gibt koan Ruah
Und fragt den andern allweil zua
Um dös und dös und woaß Gott was.
Zletzt werds dem andern zdumm, der Gspaß,
Drum schreibt er sich in Gottes Nam
A so zwoa Dutzend Zettel zsamm,
Wo glei an Antwort droben steht,
So oft der ander fragt und redt.
Da steht auf oan: „Dös is nit wahr."
Am andern: „Staad san S'." „Was nit gar."
Am andern hoaßts: „Hab jetzt koa Zeit."
„Dös freut mi!" oder: „Tuat mir leid."
„Da fragn S' an Hausknecht." „Ja." „Na." „So."
„Koan Schein." „An Dreck." „Dös wissen S' do."
„Geht mi nix an." „Jetzt hörn S' mir auf."
„Sie steigen mir am Buckel nauf."
Und fragt der oa um jeden Bettel,
Legt glei der ander hin sein Zettel.
So gehts jetzt fort, tagein, tagaus.
Seit fufzehn Jahr — laßt koaner aus.
Ha, Freund, dös muaß a Leben sein?
„Ah was nit gar!" — „An Dreck." — „Koan Schein!"

Aus die boarischen Wirtshäusln

's Beispiel

„Halt!" schreit der Hofwirt, „Bräundl halt —
Schaug, da ham s' d'Tür no offen!
Ööh! — in dös Wirtshaus gehn ma 'nein,
Da werd a Maßl gsoffen!"

„Geh!" sag i, „Hofwirt, schaam di do,
Geh — aber du bist oaner,
Ha, kehrst jetzt übrall, übrall ein?"
„Dös", sagt er, „wollt i moana!

I will ja aa, daß d'Leut bei mir
Einkehren und brav leben,
Schaug — nachher muaß i do dieweil
Selm a guats Beispiel geben!"

Der Rausch

Na, gront der Hans, mit so an Rausch,
Da gehts oan scho so zwider,
Heunt hastn, morgen graust dir dran,
Und übermorgen — hastn wieder!

A Kraft

Drent auf der Point geht oaner num,
Ah, den drahts aber um und um.
Sonst geht wohl niemand weit und breit,
Er aber räsonniert und schreit:
„Ees Lumpen! Enk wer i's schon sagen!"
Pumpsdi — da is er niedergschlagen.
Na kimmt er wieder auf die Füaß.
„I", sagt er, „hab an Rausch, i gspürs,
Der Rausch, der is jetzt gspaßig, der,
Wo kimmt denn jetzt der Rausch daher?
Es hat mirn ja do niemand gschafft,
A so a Rausch, der hat a Kraft!
Wo der jetzt herkimmt möcht i wissen —"
Pumpsdi — da hats ihn niedergrissen.
Ganz langsam richt er sich in d'Höh,
„Ah, so a Rausch, der tuat oan weh,
Jetzt muaß i sterbn — an schöna Gruaß — —
Was? — Wer sagt, daß i sterben muaß?
Kreuzhimmelherrgottsakradi!!

Dös is mei Rausch, der ghört für mi,
Den hat mir unser Herrgott gschenkt —
Da schaug — jetzt hats mirs Gwand dersprengt
Und bin do heunt ganz nüchtern gstellt —"
Pumpsdi — da hats ihn zsammagschnellt!
Ah, dösmal kimmt er lang nit auf,
Na tappt er halt am Glander nauf,
Und schaug — glei fangt er wieder an:
„Wer hat an Rausch? Wer sagen kann,
Daß i an Rausch hab — sollt nur kemma,
Den wer i glei beim Kragen nehma!
Jetzt trink i extra no a Glas! —"
Pumpsdi — da liegt er drin im Gras
Und schlaft halt ein und schlaft und schlaft,
Ah — so a Rausch, der hat a Kraft!

Der Bismarch

Im Wirtshaus hocken s' beeinand,
Da hängt der Bismarch an der Wand;
No dem sei Bildl kennt ma glei,
Um den geht heunt die Streiterei.

Der Fuhrknecht sagt: „Zum Teufelholen,
Dös hätt a Fuhrmann werden sollen,
Der wirft nit um und schmeißt nit a
Und ehst di umschaugst, is er da."
„Na", schreit der Maurersepp daneben,
„Dös hätt an guaten Maurer geben,
Der hat wurzweg, dös werds schon wissen,
Die alte Hütten niedergrissen
Und hat uns hingstellt an schöns Haus."
„Mei", schreit der Jackel, „laß mi aus,

(Der Jackel is a Zimmermann)
Der hat scho no was mehrers tan,
Der hat aa drumbaut no an Zaun,
Daß d'Spitzbubn si nit einitraun."
Der Jaagerhans hockt aa dabei.
„Geh", sagt er, „mit der Lumperei
Von enkerm Gschäft, da kemmts mir gstohlen,
A Jaager hätt er werden sollen,
Weil er allweil an Punkten trifft!"
So schreit der Hansl, weils ihn gift.

Da ruft der Hausknecht rein in d'Stuben:
„Tuts nit so aufbegehren, Buben,
Was besser waar — dös best is gwiß:
Daß er der Bismarch wor'n is!"

'n Napolium sein Fuhrwerk

Zwoa Bauern hocken drin beim Bier,
Die bringen ihre Sachen für;
Ah, Freund, die Kerl die san nit dumm,
Heunt habn s' gar an Napolium.
„An dem kann man an Endschaft sehgn",
So sagt der Kaspar — moanetwegn.
„Ja", sagt der Sepp, „die kann ma gwahren,
Da san d'Franzosen nit gut gfahren,
Die Sach, dös is a böse Sach!
Waar er dem rechten Straßl nach
Und hätt sei Fuhrwerk ganz schön staad
Dahingehn lassen kerzengrad,
Und hätt die Ross nit übertrieben,
Na waar alls in der Ordnung blieben!
Aber er is halt hintrum gfahren,

Und gwackelt hat er scho, der Karren.
Allweil am Grabn, dös war sein Gspiel,
Und aufglegt hat er aa scho zviel!
Da gehts halt so, da schmeißt ma um.
Jetzt hat ers, der Napolium,
Jetzt liegt er ganz im Straßengrabn!
No mein, die wern an Arbeit habn,
Bis sie s' schön zsammklaubn, ihre Trümmer.
Aufsitzen aber derf er nimmer."
                                September 1870

Dös alte Bier

Der Hauslbräu steht vor der Tür.
„No, wie lang daurt no 's alte Bier?"
So hat der Oberförstner gfragt.
„Drei Wochen", hat der ander gsagt.

Na kimmt der Apotheker num,
Den treibt die Biersach aa scho rum:
„No, wie lang dauerts no, dös alt?"
„Hm", sagt der Wirt, „drei Wochen halt."

Der Herr Notar, der fragt bloß no:
„Wie lang?" Dös ander woaß ma scho.
Wie der von die drei Wochen hört,
Da moant ma, daß er narrisch werd.

Und jeder gront: O mein, o mein,
Dös Unglück! — Nanni, da schenk ein,
Wers nur so wegsauft?? — Dös is was,
Nanni — a Maß — a Maß — a Maß!

Die grantige Wirtin

Die alte Wirtin z'Unterberg,
Die macht a grantigs Gfriß,
Die kann die Fremden gar nit leidn,
Weil sie a Wirtin is.

Und wenn wer hinkimmt, nachher gront s':
Was wollts denn Gsindel fremds?
Kriegts wieder gar nix zfressen z'Haus,
Daß bis da eini kemmts?"

Derworfen

Der Sepp kimmt z'Nacht ins Wirtshaus 'nein.
„Geh, Nandl", sagt er, „schenk mir ein!"

Na hat er a paar Schlückei'n tan,
Und nach an Weilei fangt er an:
„Draußt liegt der Martl — gar nit weit,
Mir zwoa ham ghabt an kloana Streit.
Zletzt han i an Tremmel außigrissen
Beim Zaun und habn ihm nachigschmissen,
Zsammgfallen is er wunderschön. — —
Jetzt sollt ma dengerscht außigehn,

Ich möcht do wissen, wies ihm geht,
Han i'n derworfen oder net?"

„Geh", sagt der Wirt, „jetzt gebts an Ruah —
Dös sehgn ma na scho morgen fruah."

Die Politikaner

Von der Wahlsach

Dösmal hats gschnackelt bei die Wahlen,
Dös war dir wohl a saubers Gfrett,
Grad garbeit habn s', als gangs ums Zahlen,
Und ebbes anders hörst gar net!

Da war der Hans von Tölz heraußten;
Beim Obermaier is er Knecht.
Den hab ich gfragt: „Wie stehts denn draußten?"
„O jesses", sagt er, „da stehts schlecht!"

„Ja, habts denn koane Liberalle?"
Sag i — „na is wohl ebbes Harts."
„Ja, liberall — dös san ma alle",
Sagt er, „bloß wählen tun ma schwarz."

Die Mehrern

„Hans", sag i, „jeder hat dös Sei,
Aber dös geht mir gar nit ei,
Daß du jetzt mit die Schwarzen gehst,
Daß du die Sach no nit verstehst,
So stell dir nur die Leutl zsamm,
Wo d'Schwarzen ihr Regentschaft ham!
Wo niemand lesen kann und schreiben,
Da habn s' am besten ihner Treiben.
So tua di nur a weni kümmern,
Bei enk san do die mehrern Dümmern."

Mir scheint, daß dös 'n Hansei gfallt.
„Ja, ja, dös glaub i selber bald",
Sagt er, „die Dümmern san mir scho,
Aber die Mehrern san mir do."

Der Lebzelter

„Lebzelter", sag i, „da schaug eini!
Schaug her, was tuast denn da damit?
Du tuast ja schwarze Blattln halten?"
„Ja", sagt er, „aber lesen nit.

Für mi da halt i d'liberalen,
Und da dös Sach, die schwarzen, ghörn
Bloß grad ins Gschäft zum Einiwickeln
Für d'Kundschaft bei die geistlin Herrn!"

Die Stichwahl

Bei uns, da is a Stichwahl gwest,
Ah, da ham s' garbeit, aber fest!
Da hats dir an Spitakel geben,
Daß zugeht wie im ewign Leben;
Und grauft haben s' alle, hint und vorn,
Gwiß fünf, a sechs san gstochen worn!

Der dumme Kandati

In Kainzing habn s' an ganz an dumma
Kandati bei die Wahlen gnumma,
An Kerl, der gar koan Pfiff versteht.
„Ha", sag i, „schamts enk denn jetzt net?

Denn wißts, was zdumm is, dös is zdumm,
Wenn der enk gar so taugt, warum
Nehmts ihn denn net zum Burgermoaster,
Den Kerl?" — Unterberger hoaßt er.

„Ja", sagn die Bauern, „waar scho recht,
Zum Burgermoaster is er zschlecht,
Da braucht ma do a weng a Hirn,
A Roß kann do koa Gmoan regiern,
Aber die Wahl — in Gottes Nam —
Bei der gehts ja so gnau nit zsamm,
Jetzt ham ma uns halt denkt, zu dem
Langts scho, dös kann er scho versehgn,
Und weil er sunst nix wer'n kann,
So wähln mern halt amal, den Mann!"

Die freie Wahl

Jetzt sagen s' allweil: die Wahl is frei.
Dös is a Lug, a Lumperei,
Denn schaug: gehst mit die Liberalen,
Na mußt an Obermaier wahlen,
Und willst auf d'schwarze Seiten kemma,
Na mußt an Hansenbauer nehma.
Auf dös is scho die ganze Gschicht
Von Anfang an so zsammagricht,
Und schaug, jetzt frag i no amal:
Is ebba dös a freie Wahl?
Kreuzsakrament, da möchst do fluchen,
I will mir'n selber außisuchen,
Ganz extra nur alloa für mi,
Kreuzsakrament, Kreuzsakradi!

Drum nimm i koan, dös woaß i gwiß,
Der scho von Anfang aufgstellt is.

Der Wirt

In unsern Dörfel is a Wirt,
Den hat die Wahlsach bös gscheniert,
Hat hinum und hat herum tracht
Und woaß halt gar nit, wie ers macht.
Am Monta' kemma bei ihm zsamm
Dieselln, dies mit die Schwarzen ham.

Am Sunnta hat er d'Liberalen,
Und all zwoa plagn ihn wegn die Wahlen
Und sagen: Gel, bei uns wählst mit!

Und trau nur grad die andern nit.
Er hat scho hin- und herum tracht
Und woaß halt gar nit, wie ers macht.
Da fallt ihm auf amal was ein.
Halt, denkt er si, a so muaß sein:
Dös nachstmal, wenn s' jetzt wieder kemma,
Da will i mi in Obacht nehma,
Und da wirds aufgschriebn ganz akkrat,
Wie viel Maß Bier daß jeder hat,
Die Schwarzen und die Liberalen,
Wie viel daß s' trinken und daß s' zahlen.
Dös wird ganz haarscharf außizählt,
Wer mehra hat — mit dem werd gwählt.
Voll Freud glanzt ihm dös ganze Gsicht,
Jetzt woaß ers do, wie er si richt.

I will gern sehgn, was außikimmt — — —
Ich fürcht — daß er an Schwarzen nimmt!

Der Spaziergang

Der dick Herr Pfarrer geht dahin,
Heunt reißt oan d'Hitz schier nieder.
Er tragt an Huat am Strecken droben,
Herrgott, die Hitz is zwider!

Er hat an so an großen Durscht,
An Durscht, kaum zum derzwinga;
Und wie er halt zum Wirtshaus kimmt,
Da hört er drinna singa.

Da bleibt er stehn und schaugt und luust —
Der Pfarrer is koa guter —
Die singen „'s deutsche Vaterland"
Da drinna. — „Schaug die Luder."

So hat er denkt und geht ums Eck,
An Umweg, recht an langa.
Mir scheint, es is ihm aufamal
Der ganze Durscht verganga.

Von de kloana Leut

Der Burzeltag

Juchhe! — heunt is mei Burzeltag!
Jetzt fragns mi z'Haus halt, was i mag,
„Ha, hast na gar koa Wünsch nit, Bua?"
„Ja" (sag i) „Wünscher hätt i gnua!"

„No sag, was magst? — A Gwand, an Huat!"
„Na" (sag i) — „is der alt no guat";
„An essreds Sach? a Zithergschpiel?"
„Geh" (han i gsagt) „dös waar ja zviel!"

„No ja, was magst na?" — „Was i möcht,
Woaß nemnd; (zum Sagen gehts net recht.)
Im Haus bei dene Lindenbaam,
Da waar — a Ding, — dös möcht i ham.

Und bal dös Ding halt mi net mag,
Was nutzt mi na a Burzeltag?
— Waar besser, statt mein Gift und Zorn,
I waar gar nia geburzelt worn."

Kloane Spitzbuben

Ah — Spitzbubn san die Kinder scho,
Fein fangen s' ihren Handel o.
Da san ma nachst beieinander gsessen
Und hamma grad a Schaffleisch gessen,
Dös kloane Dirndl hockt daneben
Und bitt — i sollt ihr ebbes geben.
„Wennst amal groß bist, kriegst a Stuck",
Sag i. — Da roast dös Dirndl zruck
Drei Schritt und vier und fünf und spannt
Und schnellt an Schatten hin auf d'Wand.
Auf oamal schreits: „Da schaug, da loos,
Jetzt gib mirs Fleisch — i bin scho groß!"

Der oane Gschwister

Am Alpbach drunten da steht a Bua,
Und drobn steht a Häusl, dort ghört er zua.
„Wie hoaßt denn" (sag i), „du Kloaner da?"
„Hansirgl" (sagt er). — „Hast Gschwister aa?
Wie viele hast denn?" (han i gfragt.)
„Oan Gschwister han i" — (hat er gsagt.)
„Du Sapprawalt", hab i angfangt,
„Nit wahr is! Sechse hast, bals langt, —
Ha, möchst es ebba wegalaugna?"
„Geh", sagt er voller Stolz in Augna,
Und tuat sein Hut ganz wild verdrahdeln,
„Dös ander — dös san lauter Madeln!"

Bei der Prüfung

In Buchau haben s' Prüfung ghabt,
Jetzt hat der Pfarrer an Buabn gefragt:
„Der heili Geischt, gel Hans, dös woaßt,
Der is als a Taubn da abigroast,
Und jetzt sollst ma sagen — dös woaßt aa gwiß —
An was für an Tag dös gschehgn is?"

Der Bua werd stöckisch — mit der Sprach. — —
„No", sagt der Pfarrer, „so denk nur nach,
Schaug her und bsinn di halt a weni,
Wars z'Weihnacht oder an Dreiköni?
So bsinn di nur; steh nit so da,
Und wie's dirs einbildst, sagst es na."
„Ja", sagt der Bua, „i bild mir ein,
An — Fasnacht werds halt gschehgn sein."

Die drei Personen

Im Herbst geht s' wieder an, die Schul.
Da steht der Lehrer auf vom Stuhl
Und sagt: „Jetzt sag mir amal glei,
Hansirgel, wel(ch)e von die drei
Personen Gottes gstorben is?"
„Ja", sagt der Bua, „i woaß nit gwiß;
Denn in dem letzten Jahr, dem halbn,
Da war i allweil auf der Alm,
Da hört ma gar nix. Wegen mein
Da kunnten s' all drei gstorben sein.
Is gwiß wahr", sagt er, hat er gsagt,
„I hätts wahrhafti nit derfragt."

Die heilige Dreieinigkeit

Drin in der Schul, da hocken d'Buben.
Jetzt kimmt der Dechant 'rein in d'Stuben,
Ah, der ranschiert die Buben zsamm,
Weil s' grad an Katechismus ham!
Jetzt san s' bei der Dreieinigkeit,
No, da feits mi'n Verstehn noch weit!
Woaßt, drei Personen und oan Gott —
Dös macht die Bubna grausi Not.
„Mei", schreit der Dechant, „jesses mein,
So bringt mir a — Heugabel 'rein!"
Und wie s' ihm habn die Gabel bracht,
Da hat ers ihne kennbar gmacht:
„Dös san 3 Spitz gleich lang und groß
Und is doch grad 1 Gabel bloß,
Und grad a so — du liebe Zeit! —
Is's aa mit der Dreieinigkeit."

Auf der scharfen Seiten

An Anfrag
(1870)

A Bauer hat drei Buabn im Feld,
Sie lassen gar nix hörn,
Jetzt is er halt nach Münka 'nein
Zum Fragen in d'Kasern.

„Wie gehts mein Toni?" hat er gfragt,
Den mag er halt vor allen;
Da schaugen s' nach und sagen s' ihm:
„Der is bei Wörth drin gfallen."

„O mei Gott, mei! — und unser Hans?"
„Der is mit siebezg Mann
Bei Sedan gfallen." — „Und der Sepp?"
„Der liegt bei Orleans!"

Der Alte sagt koa Wort und geht.
Er hebt sich an am Kasten,
Am Stuhl, am Türgschloß, an der Stiegn —
Er muaß a weni rasten.

Drunt auf der Staffel vorn Haus
Da is er niedergsessen,
Er halt sein Hut no in der Hand,
Er hat auf alls vergessen.

Es gengant wohl viel tausend Leut,
Viel hundert Wagn vorbei.
Der Vader sitzt no allweil dort ...
„Drei Buabn und — alle drei!"

Bei Wörth
(1870)

Der Preußen-Kronprinz fragt bei Wörth
An Jager von die Boarn, an kloan:
„Warst sechsasechzge aa scho mit?"
„Ja", sagt dersell, „dös wollt i moan!

Aber dort hamma ghabt koa Glück!
I glaub allweil und bstehs ganz laut:
Hän Sie uns damals aa schon gführt,
Na hän ma d'Preußen grad so ghaut."

Der Ruß
(1877)

Zwoa Bauern san beinander gsessen.
Da sagt der oa, der Hans:
„Jetzt wern ma von die Russen gfressen,
Auf dös schaugt se si ganz."

„Geh", hat der ander gsagt, „du Narr,
Dös bringt mi do in Zorn,
Mir san ja erst vor etli Jahr
Vom Preußen gfressen worn.

Es hats uns ja der Pfarrer gsagt,
Hast es denn schon vergessen?
Schaug her — na kann uns do der Russ
Jetza nit nomal fressen."

Die Rauferei

Der Jackel kimmt ganz dasi z'Haus.
„Na, no, wie schaugst denn du heunt aus;
Was geits denn?" fragt der Vater glei,
„Mei", sagt der Bua, „a Rauferei,
Und was für oane", sagt der Bua,
„Beim Neuwirt drunt, ah da gehts zua,
Meine fünf Brüder san dabei,
Herrgott, is dös a Rauferei,
Die schlagen alles kurz und kloa,
I hab mi zog'n", sagt der oa.
„Was", sagt der Alt, „du Malefizbua,
Du hast di zog'n, du Kerl, du Spitzbua?"
Und haut ihm oane übern Kopf:

„Ha, schamst di nit, du Teufelstropf?
Dös hat mir do no koaner tan,
Jetzt pack i di glei selber an!"
Und d'Watschen fliegen um und um.
„A so a Bua, dös waar mir z'dumm,
Du Nixnutz", sagt er, „schamst di nit,
Drunt raufens — und der rauft nit mit!"

Beim Bader

Der Wastl, ah, der hebt si staad,
Denn der hat Zähntweh, daß's ihn draaht;
Zletzt is er do zum Bader ganga,
Er solltn reißen mit der Zanga,
Aber der welle Zahn daß's is,
Schaug her, dös woaß er halt nit gwiß.

„No", hat er gsagt, — „der Teufelszahn!
Jetzt fang ma halt da hinten an
Und klauben s' so nacheinander raus,
Na kimmt uns gwiß der Lump nit aus."

Beim Michel

Beim Michel gehts aufs letzte End,
As Wei(b) steht da und woant und flennt
Und jammert halt, was 's jammern kann,
Denn schaug, er war a guater Mann.
„Gel, Weibei", schnackelt er so hin,
„Gel", sagt er, „bal i gstorben bin,
An Mann, den brauchst ja dengerscht — und —
Na heiratst — halt an — Sepp von Gmund."
„O mei", flennt sie, daß sies ganz zsprengt,
„An den, da hab i aa scho denkt!"

Vom Sterben

Die alte Nandl, die is krank,
's ganz Gsicht is scho derschwollen,
Die hat als wie a Holzfuchs zahnt,
Zletzt laßt s' an Doktor holen.

„O mei", hat s' gsagt, „mit mir is gfeit,
I bin an alter Scherben.
Herr Doktor, i glaub alleweil,
Herr Doktor, i muaß sterben."

„Geh, Muaderl", hat der Doktor gsagt,
„So sei do net so dumm,
Schaug, sterben müß ma allesamt,
Na bringts di aa nit um."

An Opfer

Im Gottesacker drunt am Inn,
Da hab i nachst an Grabstoa troffa,
Und da liegt a Bräumoaster drin,
O mein, der hat si ganz dersoffa.
Und auf dem Stoa steht — gwiß is's wahr:
„Gott nahm sein Leben, Gott erschuff es,
Er starb im 45sten Jahr
Als treues Opfer seines Beruffes!"

    R. I. P.

Kulturbilder aus Bayern

Über den Volkscharakter im bayrischen Hochland

Der Bauer unserer bayrischen Berge ist eine so typische und populäre Gestalt, daß man wohl selbst im fernsten Norden eine ungefähre Vorstellung davon besitzt.

Allein gleichwohl hat es mit dieser Bekanntschaft eine eigene Bewandtnis; bis zu einem gewissen Maße kennt ihn fast jeder, und über dieses Maß hinaus fast niemand.

Der Grund hierfür liegt klar am Tage, denn der Bauer will eben nicht gekannt sein. Sowie er sich beobachtet fühlt, zieht er sich scheu zurück; jeder offenen Teilnahme an seinen Kulturzuständen stellt er ein heimliches Mißtrauen entgegen, und wenn man ihn vollends für interessant erklärt, dann wird er gar zum vollendeten Grobian. In seinem Fassungsvermögen sind eben die Begriffe „interessant" und „interessiert" noch nicht getrennt, er kann es nicht begreifen, daß man sich mit ihm vertraulich mache, ohne etwas von ihm zu wollen und ihn schließlich zu überlisten.

Freilich ist dies Gefühl entschuldbar, wenn wir von einem Stande sprechen, der jahrhundertelang die Beute der privilegierten Stände war. Jetzt gehören diese Tatsachen, gottlob! der Vergangenheit; aber ihr Eindruck wirkt noch heute im Volke nach und bildet die unsichtbare Scheidewand, die der Bauer trotzig zwischen sein Wesen und alles Fremde stellt. Und so meine ich denn auch, es bleiben noch immer eine Menge seiner charakteristischen Züge übrig, die minder naheliegend oder zugänglich sind als die großen, typischen Hauptkonturen, und die doch nicht minderes Interesse in Anspruch nehmen.

Den Schwerpunkt dieser Darstellung aber möchte ich in erster Reihe auf den Charakter legen und nicht bloß darauf, wie uns derselbe heute im alltäglichen Leben entgegentritt, sondern wie er sich historisch und innerlich allmählich gestaltet hat.

Ich möchte Ihnen zeigen, warum sich die eigenartigen Merkmale des oberbayrischen Volkscharakters gerade so entwickelt haben, wie sie gegenwärtig sind; auf welcher kulturgeschichtlichen Basis seine Fehler ruhen, aus welcher Wurzel seine Vorzüge herauswuchsen.

Und so mögen Sie mir denn zuerst einen kurzen Rückblick in vergangene Zeiten gestatten, ehe ich zur heutigen, hellen Wirklichkeit gelange.

Bis zum Beginn unseres Jahrhunderts war, wie Sie dies alle wissen, die menschliche Gesellschaft wie der Staat nach ständischen Prinzipien gegliedert, d. h. es gab privilegierte Klassen, die im Besitz aller wirtschaftlichen und politischen Rechte standen, und daneben eine andere Klasse, welche diente, duldete und entbehrte. Das war der letzte Stand, das „arm, mühselig Volk der Bauern", wie man es schon zu den Zeiten Karls V. nannte.

Die ganze kulturgeschichtliche Entwicklung des Mittelalters bis ins neunzehnte Jahrhundert herein folgte diesem ständischen System, sie verteilte ihre Segnungen nicht nach dem Gesichtspunkt des Bedarfs, sondern sie privilegierte zwei Stände, die schon in jedem Sinne privilegiert waren; sie förderte den Adel, den Klerus und das Bürgertum der Städte auf Kosten des Bauernstandes. Dieser war für die Kulturgeschichte kein Zweck, sondern nichts als Mittel und Material, durch dessen rücksichtslose Vergeudung den andern um so reichere Lebensfülle erschlossen ward.

Freilich war diese Knebelung des Bauernstandes nicht etwa lokal, sie war ein allgemeines Leid in allen deutschen Landen: es war eben die Anschauung der Zeit. Im bayrischen Hochland aber, von dem wir hier erzählen, trat sie nur besonders fühlbar hervor; sie hatte hier besonders befestigte Positionen, und deshalb mußte ihr Einfluß auf den Charakter der Bevölkerung um so intensiver sein.

Betrachten wir die äußere Gliederung des schönen Landes, das zwischen Zugspitze und Watzmann liegt, so wie sie noch etwa vor achtzig Jahren war, dann haben wir eine feudale Fortifikationslinie, die kaum stärker gedacht werden kann.

Über die ganze Breite jenes Gebietes hin dehnte sich ein Gürtel der mächtigsten Klöster, die wie Etappen nebeneinanderstanden. Da war Steingaden, Ettal, Benediktbeuren, dann ging es ostwärts über Tegernsee nach Chiemsee usw. Jedes von diesen Stiften besaß viele Meilen Land mit Tausenden von Untertanen.

Die zweite feste Linie, die das bayrische Hochland in feudalem Geist beherrschte, war jene geschlossene Reihe von Ritterburgen und adeligen Schlössern, die sich vom Allgäu bis gegen Salzburg hin erstreckten; die Namen Schwangau, Werdenfels, Hohenburg, Waldeck, Falkenstein, Hohenaschau und Maxelrain sind dafür Zeugen. Und dazu kam als ein dritter Faktor, der die feudalen Interessen vertrat, die Bürokratie, wenn wir dies moderne Wort für vergangene Verhältnisse gebrauchen dürfen. Die ganze Kette von sogenannten Pflegämtern, die teils im Namen des Landesherrn, teils im Namen der Gutsherrschaft Justiz und Verwaltung übten, war von der Rechtsanschauung getragen, daß der Bauer nur ein Zubehör von Grund und Boden sei, und wenn man von dieser Anschauung ausging, wurde es leicht, ihn zu mißhandeln.

Es kann natürlich nicht meine Absicht sein, Ihnen hier das volle Bild jenes feudalen Regimes zu zeichnen und die Wirksamkeit jener drei gewaltigen Faktoren erschöpfend darzulegen: nur in knappen Zügen will ich einzelnes hervorheben, um Ihnen zu zeigen, wie tief diese Zustände auf den Charakter unseres Gebirgsvolkes wirken mußten.

Was die Klöster betraf, so waren die meisten derselben Benediktiner-Abteien. Es wäre töricht, die immensen Verdienste, welche sie sich um Landeskultur, um Wissenschaft und Humanität erwarben, zu bestreiten, weil auch dieser Beruf, wie alles in der Welt, sein Ende fand; soviel aber steht unzweifelhaft fest, daß mit dem Beginn der Reformationszeit ein tiefer Umschwung in der Wirksamkeit jener großen Abteien eintrat. Auch sie mobilisierten, und wenn sie bisher eine Heimstätte stiller, beschaulicher Forschungen waren, so wurden sie jetzt die großen Arsenale für den erbitterten, konfessionellen Kampf. Und dazu gab es allerdings reiche Gelegenheit; denn nur wenige Forscher denken wohl heute daran, mit welcher Energie die Reformation vor Zeiten in unsere stillen Gebirgstäler eindrang, besonders in der Gegend zwischen Isar und Inn, deren Bevölkerung durch Intelligenz hervorragt. Zu Miesbach, in dem großen Markte, waren im Jahre 1583 nur mehr 30 Zuhörer in der katholischen Predigt; scharenweise verließen die Klosteruntertanen von Weyarn, Dietramszell und Tegernsee die Heimat, und alle erdenklichen Mittel wurden angewandt, um die Verbleibenden zu unterwerfen. So zwang man auf der Paßstraße nach Achental jeden Fuhrmann zur Umkehr, der sich nicht als solider Katholik bekannte; den Bewohnern anderer Orte ward jahrelang jede Festlichkeit versagt; in Holzkirchen, dem Vorort des bayrischen Hochlandes, ward ein Prälatenkonzil gehalten, und zuletzt hatten natürlich jene recht, welche die Macht hatten. Mit einem Wort, die Entwicklungsgeschichte der oberbayrischen Klöster ist auf den Charakter des oberbayrischen Stammes von entscheidendstem Einfluß gewesen; der Hang zu phantastischem Wunderglauben, die gewisse Geheimtuerei, die der dortige Bauer noch heute hat, ward durch geistliche Einwirkung genährt; nicht minder eine gewisse Unselbständigkeit und Passivität, die lieber auf die Hilfe des Herrgotts wartet, statt sich selber zu helfen; denn wer den Charakter der bayrischen Bergbewohner auch nur einigermaßen kennt, wird finden, daß alle diese Eigenschaften mit der kühnen, kräftigen Grundlage desselben im vollsten Widerspruche stehen, d. h. daß sie eben nicht in der normalen, selbstverständlichen Entwicklung seines Charakters lagen, sondern durch äußere Einwirkung in denselben hineingetragen wurden. Und diesen Einfluß übte niemand so sehr als die oberbayrischen Klöster. Das ist der eine Faktor. Was die weltlichen Gutsherren betraf, so sahen diese allerdings weniger auf das Herz, sondern nur auf den Säckel, sie okkupierten den Bauern vor allem von der finanziellen Seite. Aber dieser Druck war in seiner demoralisierenden Wirkung auf den Charakter kaum minder stark. Denn niemand wird das ideale, sittliche Element verkennen, das im Gefühl des freien Besitzes liegt; ihn zu erringen, braucht es Fleiß und Tatkraft, ihn zu erhalten, fordert nicht nur physische, sondern ebenso oft moralische Kraft, ihn seinen Kindern zu vererben, ist Segen und Trost für den Scheidenden. All' das fällt weg, wenn der Besitz nicht mehr ist als „Herrengunst", wie der technische Ausdruck lautet; denn nur die freie Arbeit veredelt. Daß dem Bauern, der so schwer mit dem Fluche der Arbeit beladen war, der ideale Inhalt dieses Begriffs so völlig genommen wurde, indem er als Höriger den Herren diente, das ist wohl die härteste von all' den Ungerechtigkeiten, die die Feudalzeit ihm auferlegte. Und das ist auch von all' den Mißverhältnissen, in denen er heranwuchs, dasjenige, was am tiefsten in die Gestaltung seines Charakters einschnitt; es ist die Wunde, deren Narbe er am wenigsten verschmerzt. Denn heute noch denkt der Bauer niedrig über die Arbeit, und während der Bürger mit einem gewissen Stolz auf seine Tätigkeit blickt, sieht der Bauer die Vornehmheit und das Wohlergehen im Nichtstun. Die pfiffige Hinterlist, die unsere Oberländer bisweilen zeigen, die Habgier, die aus ihrer Unbeholfenheit manchmal hervorlugt, ist die Folge davon, daß sie so übermäßig ausgebeutet wurden und auf geradem Wege so schwer zu ihrem Rechte kamen.

Und nun noch das, was wir die Bürokratie genannt: die Vielregiererei von Polizei und Verwaltung; sie nahm den letzten Rest von Freiheit, den der Bauer noch besaß, hinweg, indem sie selbst über die Schwelle seines Hauses drang; sie kontrollierte den Küchenzettel und schnitt ihm die Kleider auf den Leib zurecht; auch sie verfolgte das Prinzip, daß man die Leute um so gründlicher bevormunden müsse, je niedriger ihr Stand sei. Wenn Sie die Kleiderordnung betrachten, die Max I. im Jahre 1604 erließ, so ist den Bauern darin nicht nur der Stoff für die Gewänder, sondern sogar das Leder, das sie zu ihren Schuhen gebrauchen müssen, vorgeschrieben; wer andere Kleider trägt, dem werden sie konfisziert, und der Schneider wird um den Macherlohn oder gar mit „Verlierung seines Handwerks" bestraft. In den Rechtsbüchern und Weistümern[1], die aus der Gegend von Reichenhall, Chiemsee oder dem Inntal erhalten sind, ist „das hochsträfliche Tanzen und Springen, Juchezen und andere Insolentien bei Vermeidung schwerer, unausbleiblicher Straf" verboten; man dekretierte, wieviel die Mahlzeit bei Familienfestlichkeiten kosten solle, und wieviel ein Untertan beim Kegelschieben verlieren dürfe. Noch viel härter waren die Bestimmungen über die Verwertung der ländlichen Produkte. Kein Malter[2] Korn durfte ohne Genehmigung nach „auswärts" verkauft werden, um, wie es in den Verordnungen heißt, „die Aufschnellerei" der Preise zu verhüten.

Sie sehen, man gebot und verbot, ohne sich um die inneren Gründe der Dinge zu kümmern; es war die Blütezeit des beschränkten Untertanenverstandes, und so lag denn die Originalität des Volkes gewissermaßen im ständigen Kampfe gegen die Obrigkeit. Der Inhalt solcher Verordnungen, wie ich sie Ihnen hier mitgeteilt, ward durch ihre Handhabung nicht gemildert; denn die Beamten suchten nicht selten das, was ihnen an Autorität gebrach, durch Brutalität zu ersetzen, wie wir ja noch heute in Bayern vereinzelte

---

[1] Weistümer sind Erklärungen über alte bestehende Rechte, in erster Linie Gewohnheitsrechte, die für einzelne Orte Geltung haben. Eine dreibändige Sammlung von Weistümern gab bekanntlich Jakob Grimm 1840—1842 heraus.

[2] Malter bedeutete ursprünglich die Menge Getreides, die auf einmal zur Mühle gegeben wurde. Daraus entwickelte sich die Bezeichnung für das größte Getreidemaß in Deutschland, Österreich und der Schweiz (150 l).

Ausläufer dieser Spielart besitzen. In welchem Maße der Bauer solchen Druck empfand, das zeigt am besten der alte Spruch, den uns Schmeller erhalten hat, und worin einer, dem man mit dem Teufel droht, erwidert: „Hat der Bauer nit Teufels genug an Amptleuten und am Pflug?"

So können Sie sich leicht erklären, wie destruktiv diese allwissende Vormundschaft im Lauf der Jahrhunderte auf den Volkscharakter wirkte; jedes Kind verlangt ja, daß wir es nach seiner Eigenart erziehen, und ein Volksstamm soll nicht bloß mit bürokratischem, sondern mit kulturgeschichtlichem Verstande erzogen werden. Der Mangel des letzteren, die prinzipielle Opposition gegen alles, was echt und originell war, mußte ihre Früchte tragen, und ich darf es hier wiederholen, nicht wenige Fehler, die wir jetzt im Charakter des bayrischen Bergvolkes wahrnehmen, haben in diesem Regime allein ihre Quelle. Ihm fällt vor allem die Scheu zur Last, die der Bauer noch immer gegen alle öffentlichen Zwecke und Pflichten hat; es wird ihm ja jetzt noch förmlich gruselig, wenn es sich um Geschäfte handelt, bei denen das Gericht oder die Verwaltungsbehörde beteiligt ist. Der geringe Gemeinsinn, der unserem Gebirgsvolke unleugbar zukommt und der gewöhnlich kaum über die Grenzen der engsten Nachbarschaft hinausreicht, hat darin seine Wurzel, daß die Behörden, die eben das Gemeinwesen verkörpern, den Bauern allzeit mehr von ihrer Herrschsucht als ihrem Wohlwollen überzeugt haben. Nur deshalb ist er so schwer zu haben, wo es sich um Leistungen für das Ganze handelt, ja, der Begriff des Ganzen ist ihm geradezu verschlossen geblieben.

Ich habe versucht, Ihnen bisher in großen Umrissen ein Bild jener Kulturzustände zu geben, in denen der frühere Bewohner unserer Berge heranwuchs. Der schwerere Teil meiner Aufgabe ist damit erfüllt; ich habe gewissermaßen, wenn ich so sagen darf, die tiefen Schatten untermalt, die unerläßlich waren, für dies Bild unerläßlich, um gegen den Charakter unseres heutigen Bauern gerecht zu sein, und Gerechtigkeit ist schließlich doch die erste Pflicht einer jeden Charakteristik.

Betrachten wir ihn jetzt in der vollen, helleren Wirklichkeit, wie er unter diesen Einflüssen oder besser trotz derselben geworden ist. Man könnte sich da vor allem wundern, daß ihm überhaupt noch heitere und helle Seiten blieben, daß nicht alles Anziehende in seinem Wesen erdrückt worden sei. Bei dem Flachlandsbauern von Altbayern ist dies auch mannigfach der Fall; der Bauer im Hochland aber hatte eine Quelle, die sein Wesen trotz aller Peinigung immer frisch und gesund erhielt, und das war die großartige Natur. Sie war es, die den Charakter unseres Gebirgsvolkes gerettet hat; sie war es, die ihm immer wieder den Gedanken der Freiheit zurückgab, den man ihm mit tausend Händen raubte, sie war sein stiller Bundesgenosse gegen die Übermacht der Herren. Der Fels, über den er hinschritt, ließ etwas von seiner eigenen Unbeugsamkeit zurück; der Bergquell, aus dem er trank, etwas von seiner Frische; die Tanne, unter der er schlief, etwas von ihrem unverwüstlichen Grün. Und so blickte er, wenn er nur durchs Fenster sah, ins Große; seine Arbeit wies ihn von selbst ins Freie; wo er Hand anlegte, war es eine Betätigung der vollen Kraft, und alles rund um ihn war schön. Darin besaß er das stille, geheime Gegengewicht für die lauten, zerstörenden Einflüsse, die seinen Charakter bedrängten: die Natur war gleichsam die milde Mutter, die das wieder heimlich gut machte, was der Geist der Zeit, der eiserne Vater, an seiner Erziehung sündigte.

Treten wir nun in das Haus des heutigen Bauern ein, etwa in Tegernsee, in Schliersee oder in Fischbachau. Es ist Feierabend, und der Alte sitzt vor dem mächtigen Tisch und schmaucht das geschnitzte Pfeifchen, während die letzten Lichter durchs niedere Fenster fallen. Draußen im Stalle hört man es noch rumoren, bis die Dirne den Kalben das frischgemähte, duftige Futter gereicht hat.

„Ja, was ist dös, du kimmst daher?" ruft der Alte erstaunt, wenn ich nun plötzlich durch die Türe trete — aber er erhebt sich nicht; er streckt mir die derbe Hand entgegen und wartet, bis ich vor ihm stehe, um sie zu ergreifen.

In dieser Szene spiegelt sich der ganze Wandel der Zeit. Der Mann ist noch heute Bauer, wie es seine Väter hier vor hundert Jahren waren, aber dies Wort ist eben ein anderes geworden; er hat noch heute ein ganz spezifisches, fast exklusives Standesbewußtsein; aber dieser bewußte Gegensatz tut ihm nicht mehr wehe, er scheidet nicht mehr Dienen und Herrschen; das Niedrige, das Schmerzliche ist ausgetilgt. Nach innen in seinem Haushalt und seinem Wirkungskreise ist der Name „Bauer" geradezu ein Ehrenname, er wird, wenn ich so sagen soll, als Titel gebraucht, ganz ähnlich, wie der Gewerbsmann in seinem Hause „Meister" genannt wird. Nie sagt die Frau „mein Mann", sondern nur „mein Bauer", wenn sie mit dritten von ihm spricht; und obwohl er selber ebenso Hand anlegt, wie der letzte Knecht, so ist doch ein himmelweiter Unterschied zwischen diesem und jenem. Er selber ist ein kleiner Souverän geworden in seinem Eigentum, der aristokratische Zug, der ursprünglich in seinem Wesen steckt, ist wieder freigegeben; er hat seine Almen in den Bergen, wo er unumschränkt gebietet. Wälder und Felsen sind sein, und wenn es ihn nach Ehren gelüstet, dann stehen ihm auch diese in Fülle bereit. Er kann Bürgermeister, Geschworener und Deputierter werden, ja, sogar im Reichstag dem Fürsten Bismarck widersprechen, falls dieser sein Oberbayrisch versteht. So findet denn der Bauer jetzt in seinem häuslichen Wirkungskreise eine Befriedigung, ja, einen Stolz, der ihm früher fehlen mußte, und nur nach außen tritt noch bisweilen ein Nachklang an seine einstige mißachtete Stellung hervor, in dem Mißtrauen, das er dem Fremden entgegenbringt, in dem Verdachte, daß er von diesem verspottet oder mißbraucht wird. Aber die Fremden fassen es eben auch nicht immer richtig an; gewöhnlich entspricht dann ein Übermut dem andern, und da der Bauer sich hier auf seinem eigenen Boden fühlt, zieht der Fremde selbstverständlich den kürzeren. Für solche Figuren hat der Bauer das pikierte Wort „die Herrischen"[1], „die Stadtfrack", und mit ihnen steht er noch heutzutage auf Kriegsfuß. Dies Selbstgefühl, dies starke Bewußtsein seiner Persönlichkeit, wie's jetzt als ein Charakterzug unseres Gebirgsbauern feststeht, erscheint aber nicht bloß als die Folge seiner befreiten, sozialen Stellung, sondern es liegt tiefer, es ruht in der ganzen geistigen und körperlichen Begabung des Stammes.

---

[1] Mit diesem Ausdruck werden auf dem Lande die Geistlichen und Beamten bezeichnet. „Der Herr" kurzweg ist die ländliche Bezeichnung für den Geistlichen.

Ich habe schon vorher darauf hingewiesen, daß der Bauer diesen Zug vor allem der gewaltigen Bergesnatur und seiner Beschäftigung im Freien dankt. Wenn in der Kaiserklause z. B. die Trift beginnt und tausend Klafter vor dem Wehr des aufgestauten Baches toben, und wenn dann der keckste unter den Holzknechten hinabsteigt, um die Schleusen zu öffnen, daß die Stämme wie rasend herunterjagen, das ist ein Wagestück, vor dem mir graut, so oft ich es auch gesehen. Und doch ist es der tägliche Beruf; das selbstverständliche Handwerk ist es, wenn der Jäger auf dem schmalen Grat über den Abgrund klettert, wenn der Holzknecht zum letzten Streiche die Axt erhebt. Da wird das Gewerk zum Kampfe. Wer jemals einen mächtigen Bergwaldstamm hat fällen sehen, wer es weiß, wie die grüne Fichte sich zornig zurückbeugt, wie ihr goldenes Blut aus klaffender Wunde träufelt, dem wird es zumute sein, als ob der angegriffene Baum lebendig würde in seiner letzten Stunde, als ob er sich zur Wehre setzte und fühlte, was ihm begegnet. Seine grünen Arme sind ohnmächtig vor dem bewaffneten Arm des Menschen, stöhnend bricht er nieder, doch seine Kraft gibt er dem zum Erbe, der ihn erschlagen hat. So kommt jener baumstarke Wuchs und jener kühne Sinn in diese Gestalten, die mit offener Brust und schallender Axt durch die Berge gehen. Wäre der Bauer im bayrischen Hochland nur auf seine häusliche Arbeit beschränkt, so würde jene Kühnheit gar bald sich abschwächen, besonders seit er auch äußerlich in leidlichem Wohlstande lebt; aber gerade dieser Bestandteil seines Schaffens: die Almen, die Jägerei, die Holzarbeit vermitteln den Zusammenhang der Bewohner mit dem rauhen, ursprünglichen Element des Waldes, in ihnen liegt die verjüngende, fast möchte ich sagen, die verwildernde Kraft, die das Volk der Berge zum Bergvolk macht.

Der Bauer nennt das, was wir hier so eingehend auseinandersetzen, mit einem kurzen Wort „die Schneid". „Schneid haben" ist das erste und letzte Erfordernis, wenn man im Hochgebirge etwas gelten will. „Wenn d' kein Schneid nit hast, na bist nit g'schatzt", kann man dort auf allen Wegen hören. Sie wird höher als Geld und Gut geachtet, wie dies aus manchen Volksliedern durchklingt:

> „Und 's Dirndl hat gsagt:
> Was bist für einer,
> Balst kein schneidiger bist,
> Is mir lieber keiner."

Der kecke Bursch aber erwidert:

> „Und der Teufel hat Hörndl,
> Und i hab mei Deandl,
> Und dös Deandl mag mi,
> Weil i a Hauptspitzbua bi."

Der ganze jubilierende Sangeston, der durch dies Volksleben hinzieht, wird von diesem Frohgefühl der Kraft und der Kühnheit getragen. Aus ihm quellen jene Jodler, die durch den einsamen Wald schallen, und die übermütigen Trutzgesänge beim Gelage.

Dieser Zug des Mutes ist aber nicht nur den Männern eigen, sondern auch den Kindern und den Alten, ja, selbst den Weibern; denn andernfalls stünde es schlimm um die Sennerinnen auf mancher einsamen Alm.

Da ging aus der Valepp einmal der Forstgehilfe, der besonders scharf nach den Wilddieben sah, für einige Tage in die Stadt und sagte scherzend zu dem kleinen, siebenjährigen Försterssohn: „Jetzt mußt halt du außigehen, Seppei, auf die Wildschützen, bis ich wieder heimkomm." Schon am Abend fehlte der kleine Bursch, und nur mit höchster Not fand man ihn nach 24 Stunden hoch in den Bergen auf einer Stelle, die als Fährte der Wilddiebe allgemein bekannt war. Die kleine Flinte lag neben ihm, er selber war vor Hunger und Müdigkeit eingeschlafen; aber als man ihn mit Vorwürfen weckte, erwiderte er trotzig: „Is ja der Ghilf nit da, wer sollt dann die Wilddieb, die Lumpen, derschießen, wenn i nit außigeh?"

Daß bei dieser Kühnheit auch Exzesse sehr nahe liegen, ist wohl begreiflich. Wir alle haben ja die Fehler unserer Tugenden, und der Naturmensch, der „Ungebildete", muß sie in doppeltem Maße haben, weil es ja erst die Aufgabe der Bildung ist, diese rauhe Kehrseite von uns abzulösen, ohne daß uns die andere Seite, die Tugend, darüber verloren geht.

So finden wir, daß diese Kühnheit nicht selten in helle Rauflust auflodert; das Sprichwort aus Bayrischzell klingt schlimm genug: „Heut is lustig, heut muß noch einer hin werden!" Ebenso erwächst daraus ein gewisser Hang zur Widersetzlichkeit, den die Behörden oft mehr steigern als mildern, und eine Rachsucht, die sich mit und ohne Waffen Luft macht. Denn ein Mensch, der soviel Kraft und Mut besitzt, verzeiht eben schwerer, als jener, dem beides fehlt.

Eine der fürchterlichsten Raufereien, die ich jemals angesehen, führte ein 86jähriger Mann in Egern gegen seine 83jährige Ehehälfte, weil er meinte, daß diese den 79jährigen Knecht lieber habe als ihn.

Ebenso scheint es begreiflich, daß bei solchen Anlagen der Bauer im bayrischen Gebirge eigentlich mehr zu freiem Schweifen, als zu häuslichem Schaffen geartet sei, und dennoch hängt er an seinem Hause mit einer Pietät, die etwas Rührendes an sich hat. Er nennt es seine „Heimat", das einzelne Gehöfte, nicht die Gegend wird so genannt, und „seine Heimat verkaufen", galt, bis in die allerletzte Zeit, für wenig ehrenvoll.

Schon der Bau des Hauses, die schmucken Altanen, die Blumen vor dem Fenster verraten, daß es dem Besitzer lieb ist, und wenn ich Zeit hätte, Sie nun in den einzelnen Gelassen herumzuführen, so könnten wir aus Stil und Einrichtung so manchen charakteristischen Zug gewinnen. Die meisten Häuser im bayrischen Gebirg sind Einödhöfe; es entspricht das dem stark individuellen Geiste der Bewohner, während sie z. B. in Franken, wo der Korporationsgeist die Oberhand hat, zu Gassen gereiht aneinanderstehen. „Vor an Einöd soll man den Hut abtun", lautet ein uraltes Sprichwort, das gewissermaßen den geweihten Frieden dieser einsamen Stätte ausdrückt. Der Hausname geht auch auf den Bewohner über, und wenn Sie sich z. B. nach dem Eigentümer des Westerhofs erkundigen, so werden Sie hören: „Hansei" heißt er, „Widmann" schreibt er sich, und der „Westerhofer" ist er. — In der Skala dieser Begriffe können Sie die Bedeutung des bäuerlichen Hauses am besten herausfühlen; der Besitzer identifiziert sich geradezu mit demselben. Nach seinem Hause wird er bei Freund und Feind genannt, der Schreibname hat wenig Belang, da der Bauer sich eben sehr selten

„schreibt", er ist nur die offizielle Marke, womit der Alte im Steuerbuch und der Junge in den Kompanielisten steht. Wie hoch das Haus gehalten wird, ist ferner daraus erkennbar, daß es für unschicklich gilt, einen Fremden vor demselben zu empfangen. „Gehts eini, gehts eini!" ist das erste Wort, das der Bauer spricht, wenn wir ihn unter der Türe begrüßt haben, und wir Luftschnapper sind oft in Verzweiflung, daß man uns an den schönsten Nachmittagen so etwas zumutet. Auch er selber bringt den Sonntag in der Stube zu, sofern er daheim ist. Obwohl das Haus nur an den ältesten Sohn kommt, um die Zersplitterung des Besitzes zu vermeiden, so betrachten es doch auch die übrigen Geschwister, die sich in der Nachbarschaft ansiedeln oder verdingen, noch immer als ihren Mittelpunkt und behalten dort zeitlebens ein Unterstandsrecht, das bei jeder Gutsübergabe ausdrücklich verbrieft wird.

Das Familienleben und die Arbeit des Bauern, auf die wir hier von selber kommen, weil sie gewissermaßen die Seele und den lebendigen Inhalt des Hauses bildet, das sind wohl jene zwei Gebiete, auf denen der Druck der feudalen Vergangenheit noch am meisten fühlbar wird; allein trotz aller Mißstände, die wir hier nicht leugnen wollen, ist doch das Familienleben im bayrischen Hochlande immer noch viel glücklicher und humaner, als wir Städter es in der Regel glauben, es regiert doch viel mehr die Güte als die Strenge, und ebenso müssen wir bedenken, wenn uns einzelne Maßregeln herzlos oder kaltsinnig erscheinen, daß der Naturmensch eben die Dinge doch weit mehr aus dem natürlichen Gesichtspunkt als mit jener sensitiven Pietät betrachtet, die wir erst unserer Erziehung verdanken.

Der Bauer ist sich dessen selbst bewußt. Es sagte mir ein alter Mann in Tegernsee nach dem Tode meines Vaters die schönen und merkwürdigen Worte: „O mein Gott, tuts unser einem so weh, wie muß man erst bei euch ein solches Unglück spüren, wo die Leut so viel ein feiners Gemüt haben! Ein Bauer hat ja überall nur den halben Schmerz."

Das heißt, er hat mehr Stoizismus, mehr Resignation als wir; er steht mit seiner Lebensweise dem natürlichen Werden und Vergehen so unmittelbar gegenüber, daß ihm die Grausamkeit, die darin liegt, minder hart und die Notwendigkeit weit versöhnlicher erscheint. Ihm sterben die Eltern oder alte Freunde weg, wie er alljährlich die welken Blätter im Herbste fallen sieht; er empört sich nicht gegen das Verhängnis; denn er ist aufgewachsen im Bannkreis dieser Gesetze. Und trotz alledem tritt dennoch bei unseren Oberländern das Empfindungsleben in seltener Weise hervor, freilich nicht für jeden und vor jedermann, aber doch für den, der es zu finden weiß. Ich will Sie nur an die wunderschönen Zeilen im Volkslied erinnern, die da lauten:

> „Und wenn i amal stirb,
> Brauch i Weihbrunn kein(en),
> Denn mein Grab dös wird naß
> Von mein Dirndl sein Wein(en)."

Wo eine stille Menschenträne soviel gilt, daß sie höher steht als aller feierlicher Segen, da muß doch das Herz eines tiefen und schönen Empfindens fähig sein, und diese Fähigkeit habe ich immer für einen der besten Züge im Charakter unseres bayrischen Hochlands gehalten.

Sie ist verstümmelt worden durch unbarmherzige Zeiten, sie verbirgt sich scheu vor fremden Blicken; aber sie ist da, das kann ich Ihnen verbürgen. In hundert kleinen Zügen des alltäglichen Lebens gibt sich diese Gemütskraft, wie ich sie nennen möchte, kund: in der leidenschaftlichen Liebe zur Heimat, in der innigen, fast märchenhaften Beziehung der Bergbewohner zur Tierwelt, in Brauch und Sitte, in Wort und Lied. Wie geschäftig spricht so eine Sennerin mit ihren Kalben, wie bekümmert ist sie, wenn ihnen ein Leid widerfährt, wie genau kennt der Hirt jedes Stück seiner Herde; nicht bloß dem Äußern nach, sondern in seinem Charakter, in seinen Vorzügen und Fehlern! Jener urtiefe, deutsche Zug, der die Tierseele gleichsam persönlich faßt und seine menschlichen Eigenschaften auf dieselbe überträgt, ist vielleicht nirgends so sehr ausgebildet wie beim oberbayrischen Bauern.

Ich erinnere mich wohl, wie ich einmal vor einem Pfluge stehen blieb, und wie der Bauer, der hinter demselben herging, ganz untröstlich war, weil er versicherte: „Dös Roß hat halt koa Gmüt. Es hat koan Verdruß, wenn i ihm mit der Goaßel kimm, und koa Freud, wenns in der Fruah sein Habern sieht, es tut sei Sach schön staad dahin, aber 's hat halt koa Gmüt."

Ich mache dies Beispiel ausdrücklich namhaft, weil man gerade aus dem Vermissen einer Eigenschaft am sichersten auf ihr gewöhnliches Vorhandensein, auf das Bedürfnis nach derselben schließen kann.

Ebenso bedeutend aber als die Kraft des Gemütes ist bei unserem oberländischen Volke der scharfe Verstand entwickelt. Wer hier genauer betrachtet, wird eine doppelte Richtung in seiner Denkart wahrnehmen, zwei Züge, die sich scheinbar widersprechen und die doch dadurch allein schon, daß sie in ein und demselben Stamme vereinigt sind, den geistigen Reichtum desselben dartun. Denn unbestreitbar hat der Bauer in unseren bayrischen Bergen zunächst eine tiefbeschauliche Natur, er liebt es, die Gedanken, die ihn beschäftigen, nachdenklich auszuspinnen; man könnte sagen zu philosophieren. Aber so sehr ihn sein Hang zu dieser Art von Betrachtung führt, wo er sich gehen lassen kann, ebenso epigrammatisch-spitz, so schlagfertig-rasch ist sein Gedanke, sobald ihm ein anderer Gedanke gegenübertritt, sobald seine Rede zur Gegenrede wird.

„Jetzt ham s' ja gsagt, daß d'heiratst, Hansei" (ruft einer dem andern zu), „was is denn für eine, is die große von Schliers, oder die kleine vom Tegernsee?" — „O Jesses na, a ganz a kloane is" (erwiderte der andere), „weißt von zwei Übel —"

„No", sag i, „Sepp, jetzt heiratst ja,
Was nimmst denn na für oane?
Du, da wirst schaugn, Saperadi —
A Große oder a Kloane?"

„A Kloane", sagt er, hat er gsagt,
„Von Schliers is s' umikemma,
Denn von zwoa Übel muaß ma do
Allweil dös — kloaner nehma."

In Schliersee sollte ich auch einmal einem Mädchen raten, um das ein reicher Bauer geworben hatte, „a recht a warmer", wie der Volksausdruck lautet. Haus und Hof war glänzend bestellt, aber der Mann selber war alt und unbeliebt, und bedenklich schüttelte das schöne Lisei den Kopf. „Ja", sprach sie nach langem Bedenken, „ja, die Kapellen wär scho recht, aber der Heilige taugt mir nit." Und richtig, noch am selben Tag erhielt der „Heilige" einen Korb.

Ein anderer bat um einen Kuß, und als das Mädchen Einwände erhob, erwiderte er lachend: „Sei nur staad, ich mach schon die Augen zu, damits niemand sieht."

Nach alledem läßt sich denn wohl behaupten, daß von den vielen ungerechten Vorwürfen, die man dem Bauern macht, keiner wertloser ist, als wenn man etwa in unserem bayrischen Hochland vom „dummen Bauern" sprechen wollte. Im Gegenteil, er ist hervorragend geistig begabt, und nicht sein Verstand, sondern nur das Gebiet, in welchem derselbe tätig wird, ist beschränkt; dieselbe Abgeschlossenheit, die seinem Denken die originelle Frische gegeben hat, gab ihm naturnotwendig auch eine stoffliche Enge. Andere Grenzen seines Verstandes aber liegen dann im Charakter, in dem Eigensinn, von dem seine zähe trotzige Natur nicht freizusprechen ist; denn oft genug handelt es sich im Leben ja überhaupt nicht darum, ob man etwa begreifen kann, sondern ob man es begreifen will. So äußerte sich auf dem Bahnhofe in Holzkirchen ein Bauer, der den Zug versäumt hatte, sehr ergrimmt über das Institut der Eisenbahnen und sprach etwa folgendermaßen:

>„Oho, pressierts heunt gar a so,
>Ist heunt dös Fahrn so raar?
>Heunt treibt s' schon bald, die Eisenbahn,
>Als ob s' an Eilwagn waar."

So geben Sie mir wohl ohne Zweifel recht, wenn ich den Intellekt unserer oberbayrischen Bauern auf eine hohe Stufe stelle, aber freilich, nicht jeder versteht diesen Verstand, denn glauben Sie mir, auch er ist individuell, und der Scharfsinn, der zwischen felsigem Gestein emporwächst, ist etwas Grundverschiedenes von jenem Verstande, der sich zwischen den steinernen Mauern großer Städte entwickelt. Aber gerade dieser Gegensatz bildet ja den Reiz. Das aber, was den eigentlichen Vorzug und die kulturgeschichtliche Überlegenheit, wenn ich es so nennen darf, unseres oberbayrischen Volksstammes ausmacht, das ist nicht das eine und das andere allein, sondern es ist das beneidenswerte Gleichgewicht, in dem seine inneren Kräfte stehen, — seine geistige Begabung und sein Gemüt. Dies gibt seinem Wesen jene geschlossene Einheit und Sicherheit und seinem kulturgeschichtlichen Typus jenes Ebenmaß, das vielleicht der innerste und unbewußte Grund für die Popularität ist, die er gefunden.

Und so steht denn dies Volk der Berge vor uns und vor der neuen Zeit mit ihrer großartigen Gestaltung, die von allen Seiten auf dasselbe eindringt. Wie wandelt sich nun dies Bild! Denn wenn bis ins vorige Jahrhundert alles Streben darauf gerichtet schien, den Bauern aus dem Bereiche der Kultur hinauszudrängen, zu erdrücken, so fühlen wir jetzt überall das Streben, ihn emporzubringen, ihn hereinzuziehen in den Kreis der heutigen Entwicklung.

Damals war sein Leben ein Kampf gegen den negativen Geist der Zeit, die ihm alles nahm und alles versagte und gegen den er seine Eigenart (wenn auch nur mit passivem Widerstand) verteidigte, jetzt ist es ein Kampf mit der Fülle positiver Errungenschaften, womit die Gegenwart ihn überschüttet und denen er geteilten Herzens gegenüber steht, halb wieder seine Eigenart verteidigend gegen das Neue, halb dennoch mit dem Drange erfüllt nachzukommen und sich der Gegenwart zu assimilieren.

Und das ist schwer, wenn jemand plötzlich Rechte üben soll, der beinahe rechtlos heranwuchs, wenn jemand Pflichten erfüllen soll, der nie zu freiem Pflichtgefühl, sondern nur zum Ertragen des Zwanges erzogen ward. Das ist der einfache und natürliche Grund, warum es keinem anderen Stande so schwer wird, sich in den Geist der neuen Zeit hineinzufinden, als eben dem Bauern; er ist nicht mehr die alte, in sich geschlossene Gestalt, sondern wie sein äußeres Dasein, so ist sein inneres Wesen in der Entwicklung, in einem tiefen Umschwung begriffen.

Unter den großen Faktoren, die in dieser Richtung zur Geltung kommen, im Dienste der neuen Zeit, steht die Schule obenan und vielleicht mit keiner von den vielen Neuerungen sind die Leute selber so sehr einverstanden. Sie kennen das Schlagwort nicht, aber sie haben ein unbewußtes Gefühl dafür, daß Bildung Macht ist, daß hier die schlimmste Kluft liegt, die sie von den übrigen Lebensständen trennt. Gestatten Sie mir, daß ich auch hier Ihnen ein weniges von meinen eigenen Erlebnissen erzähle.

Ich kenne eine alte Bauersfrau, von der ich viel gelernt habe, ohne daß sie es weiß, und mit der ich oft genug vom Lernen sprach. Sie ist nahe an den Siebzigern, aber noch heute ist sie untröstlich, daß sie dazumal nur das Lesen und nicht auch Schreiben lernen durfte, weil das zu teuer war. „Zwoa Kreuzer hätts im Monat mehra kost" — sprach sie mit treuherziger Miene — „aber mei Vada hat allweil gsagt, waar schon schad um dös Heidengeld wegen der bissel Schreiberei! D'heili Schrift kanns lesen und zum Schreiben kimmt bei so an jungen Diendl so nix für." „Ja, mein Gott" — fügte die Alte seufzend bei — „wenn ma sei Lebtag lang bloß a jungs Dirndl bleibet." An einem Sonntagsmorgen (im vorigen Herbste) ging ich den Söllbach entlang, und immer tiefer kam ich ins kühle Dickicht, in die lautlose Einsamkeit des Waldes. Da tat sich eine Lichtung auf. Unter Tannenzweigen versteckt, aus rohem Gebälk gezimmert, lag eine Hütte dort, wie sie die Holzknechte wohl die Woche über bewohnen, aber heute war ja Sonntag, man sah keine Spur eines menschlichen Wesens. Da hörte ich mit einem Male eine mächtige Stimme rufen: „Post Kaltenberg", „Herrgott, jetzt hab i 's K vergessen", und eine andere Stimme rief: „So, na gehts guat, denn i woaß auch nimmer, wie mas macht." Verdutzt sah ich um mich und sah nun auf der anderen Seite der Hütte zwei Holzknechte sitzen, die sich mühten, gemeinsam einen Brief zuwege zu bringen. Er sollte in die Heimat des einen gehen, nach Post Kaltenberg, Tirol. Es war ein unendlich ergötzliches Bild; auf der roh gezimmerten Bank stand die Ruine eines zerbrochenen Maßkruges als Tintenfaß, an einem brennenden Holzscheit mit einem Groschenstück hatten sie den Brief gesiegelt, seit 8 Uhr morgens dauerte bereits die Arbeit.

Aber nun kam erst noch das Schlimmste, nun kam die Adresse und das fatale K des Dorfes Kaltenberg.

Ich war natürlich der Retter in der Not, und als ich das gefürchtete Hindernis so mühelos nahm, da waren die beiden ganz verblüfft, „was man nit alls lernen kann."

Dieser vielsagende Spruch ward nun das Thema unserer weiteren Unterhaltung, an die ich mit Vergnügen denke; der eine der beiden Gelehrten stammte aus Bayrischzell, der andere, wie sich erraten läßt, aus Kaltenberg in Tirol. „Ha, gelt dös sehest mir auch nit an", sprach derselbe lachend, „daß i amal auf und auf der erst gwen bi in meiner Schul, aber mein Gott, was is dös für a Schulzeit gwen! In der Fruh is der Pfarrer komma und in Nachmittag is er komma, wir habn ihn all recht gern ghabt, aber schaugts, vom Katekismus allein kann man heutzutag nit leben."

Offenbar ist die Wißbegier, der Trieb zu lernen, oder wie man es nun nennen mag, auch in den untersten Schichten des oberbayrischen Volkes stark gewachsen, seit die Zeit einen rascheren Pulsschlag gewann, seit unsere Geschichte so tatenreich und die Reibung der Gegensätze so brennend ward. Die Fühlung mit diesen ist überhaupt unendlich lebhafter, als man sich in der Regel denkt; wer möchte es glauben, daß in Tegernsee ein Eingeborener sich damit beschäftigt hat, Liebigs Porträt in Holz zu schnitzen, daß ein Bauer von Gmund, der als Zitherspieler bekannt ist, einen von ihm erdachten Marsch nach Versailles an Moltke schickt, daß der Bürgermeister von Wiessee eine Stunde lang hinter dem Kirschbaum steht, um auf Döllinger zu warten, der aus dem Nachbarhause hervorkommen muß! Auch das sind Zeichen der Zeit, die deutlicher sprechen, als lange Sätze.

Ein zweites Moment, das auf die Umgestaltung der Verhältnisse im bayrischen Hochlande tiefen Einfluß übt, wenn auch oft in recht zweischneidigem Sinne, ist der wachsende Handel und Verkehr. Die Energie, womit sich dieser verbreitet, ist kaum zu beschreiben;

wenn früher der Bauer zu Markte zog und seine Erzeugnisse feil hielt, so kommen jetzt die Händler zu ihm ins Haus und kaufen auf Stunden weit alle Vorräte auf. Das wäre ja an sich nicht so schlimm, aber schlimmer ist es, daß die Tendenz immer sichtbarer wird, auch den ganzen Grundbesitz in den Bereich der Spekulation hineinzuziehen und zu mobilisieren. Leider kommt dieser Rührseligkeit der Gutszertrümmerer auch ein gewisser, geschäftiger Sinn des Bauern entgegen; er, der jahrhundertelang von allen übrigen Ständen ausgebeutet und übervorteilt ward, hat nun seine doppelte Freude daran, wenn er mitunter hoch im Preise steht, daß nun auch an ihn die Reihe kommt, gelegentlich Gewinn zu machen. Wär' der Gewinn nur nicht so häufig Schein!

Die dritte große Macht der Zeit, die ähnlich wie das Lernen und das Gewinnen in die ruhige Stabilität des bäuerlichen Lebens eingreift und umgestaltend auf dasselbe wirkt, ist die politische Bewegung unserer Tage. Welche Fülle von Ideen, von Rechten und Pflichten drängt sich da in den stillen Gang ländlicher Arbeit ein, mit denen der Bauer sich nun auf einmal abfinden soll; hier wird es ihm offenbar am schwersten, sich in die Neuzeit einzuleben.

Es ist dies auch ganz natürlich, denn in keiner andern Beziehung war die Entwicklung der Zeit so rasch, kein anderes Gebiet steht begrifflich so hoch wie dieses, wo es sich nur um große, gemeinsame Fragen statt um individuelle Bedürfnisse handelt, in keinem andern fehlt es dem Volke so sehr an richtiger Belehrung. Wie es hier mit der Klarheit und dem Verständnis beschaffen ist, das zeigt sich an hundert Vorkommnissen, die wir während der bayrischen Wahltage erleben. Vielleicht mag Ihnen auch hier das

eine oder andere Beispiel aus dem täglichen Leben
gefallen, gestatten Sie mir, daß ich es in den mildernden Humor der Reime kleide.

> Bei uns da wählen s' auf der Post,
> Wies gar war, hamma 's Bier verkost,
> Denn dort is guat, koa so a Gschmier,
> Da haben s' a Tegernseer Bier.
> No ja, und wies beim Bier halt geht,
> Jetzt wird halt von der Wahlsach gredt.
>
> Mei Nachbar schaugt ganz damisch drein:
> „Oho!" sag i, „schlaf nur nit ein,
> Sonst geh i gleich und hol dei Geld,
> Jetzt sags, was hast na für oan gwählt?"
> „Ja, was für oan, dös woaß i net,
> Den selln halt, der am Zettel steht."
>
> „Du Lapp, dös habn mir aa scho tan,
> Nur eh ma 'n hergibt, schaugt ma 'n an."
> „Na", sagt er, „angschaugt hab i 'n net,
> Mir habn sies ganz gnau gsagt, wies geht.
>
> Zu mir is der Herr Pfarrer kemma
> Und sagt, i soll den Zettel nehma
> Und sagt zu mir (und dem daneben):
> Ist un—er—öffnet ab—zu—geben!
> Denn so stehts drin im Gsetz amal,
> Und drum ist dös a gheime Wahl.
>
> I hätt scho so gern einigschaugt,
> Aber jetzt hab i mi nit traut,
> Wer drobn steht — i woaß nit. No mein,
> I denk — es wird scho oaner sein."

Allein soviel auch dem Bauern noch fehlt zum Verständnis innerer Fragen, so verworren sonst seine politischen Begriffe sind, in einem Punkte ist doch schon heute ein unermeßlicher Umschwung zur Tat geworden. Und das ist das nationale Bewußtsein. Hier handelt es sich eben nicht um Begriffe, sondern um ein Gefühl, und dieses Gefühl sagt ihm mit instinktiver Entschiedenheit, was die Einheit eines Volkes wert sei.

Wer auch nur eines jener Kriegerfeste sah, wie sie alljährlich im bayrischen Gebirge gehalten werden, wer es sieht, wie stolz am Sonntag auf der grauen Joppe das Denkzeichen prangt, wer die Soldaten hat reden hören, die nun in ihren häuslichen Kreis zurückgekehrt sind, der ist in dieser Beziehung aller Sorge ledig.

Eine der schönsten Szenen, die ich vielleicht je im bayrischen Hochland erlebt, war von diesem Geiste getragen. Es war im Jahre 1873 am sogenannten „Dintzeltag"[1] bei einem Feste, das die Holzknechte alljährlich im Dorfe Kreuth meist in der Winterzeit begehen. Da erhob sich plötzlich, nachdem man dem Forstpersonal die offiziellen Ehren erwiesen hatte, ein Bauer aus ihrer Mitte und erklärte mit lauter, fast erregter Stimme, daß er noch etwas auf dem Herzen habe, und begann zu sprechen von dem großen, geeinigten Vaterland, dessen man auch im letzten Winkel der Berge gedenken, dem auch der letzte Mann dahier mit vollem Herzen gehören solle. Und dann erhob er den schweren, steinernen Krug und brachte ein Hoch aus auf das deutsche Vaterland! Mitten in

---

[1] Tag der jährlichen Versammlung einer Zunftgenossenschaft.

dieser Wildnis, in diesem meilenweiten Grab von Schnee, unter diesen rauhen, riesigen Gestalten taucht so derselbe eine große Gedanke empor, der aus den Wogen der Nordsee rauscht, in dem sich einstmals in der Stunde der Gefahr die vierzig Millionen zusammenfanden.

Die Musik begann zu spielen; aber kein Jodler war es diesmal, es war „die Wacht am Rhein", und die wilden Burschen von Kreuth im grünen Hut und in den groben Nagelschuhen, die damals über den Rhein gezogen, sangen mit, daß die Fenster bebten. Draußen über dem Schnee glitzern die Sterne, silbern glimmt der Mond über den Bergen; „Hoch, hoch! und wieder hoch!" klang es hinaus in die Winternacht.

Und nun noch ein anderes Bild, das mehr den heiteren Zug an sich trägt. Es war in der Schwarzen Tenne[1], wo ich vor acht Jahren einen alten Köhler traf, tief in den Siebzigern stehend und herkulisch gebaut, wie eine knorrige Tanne. Der sprach, indes er seinen Meiler schürte: „Herrgott, dös is halt doch a Freud, daß jetzt dös Deutschland auch zu Bayern ghört", und als ich ihn lachend berichtigte, daß es wohl umgekehrt richtiger sei, da fuhr er mir ungeduldig dazwischen: „Ach mei, dös bleibt sich allweil gleich und dös verschlagt net viel, d' Hauptsach is doch, daß wir beieinander sind."

Ja, in der Tat, es ist ein hohes Gefühl für alle, die der Seele des Volkes nachgehen, zu wissen, daß hinter jeder originellen Einzelheit, die wir betrachten, der große, mächtige Hintergrund eines einigen Volkes steht. Kein anderes Reich der Welt ist ja so mannig-

---

[1] Alpe und Sägemühle bei Bad Kreuth.

faltig an kulturgeschichtlichen Gegensätzen, kein anderes bedarf es so sehr, daß die einzelnen Stämme sich nahe kommen und kennen lernen, dann werden die Gegensätze ihre fesselnde, nicht ihre trennende Kraft erweisen.

Wir Bayern aber, glaub' ich, dürfen mit Stolz darauf blicken, welch gesundes Element, welche Fülle originaler Kraft wir dem geeinigten, dem deutschen Vaterlande zur Mitgift brachten in dem Kernvolk unserer Berge. — Die Schatten, die ja nirgends fehlen, wo die Sonne scheint, habe ich Ihnen nicht verschwiegen; noch mancher Irrtum hält sich hartnäckig fest, noch manche schöne Kraft versagt dem Wohl des Ganzen ihren Dienst; aber diesmal will ich gern dem Köhlerglauben folgen: „Mei, dös verschlagt net viel, d' Hauptsach is doch, daß ma beinander san."

Die oberbayrische Mundart

Ich weiß, daß es ein engbegrenzter Stoff ist, den ich Ihnen heute entgegenbringe, aber seine Grenzen sind blaue Berge und hochgewachsener Tannenwald, sein Widerhall kingt von trotziger Felsenwand, und das Leben, das er in sich trägt, das zieht dahin, wie unsere Alpenströme, wie der rauschende Inn und die lichtgrünen Wogen der Isar. Und daneben hat er einen Zauber, der mir höher steht als jeder andere, — den Zauber der Heimat.

In diesem Sinne möchte ich denn auch den Gegenstand vor Ihnen behandeln. Nicht aus dem Winkel der Gelehrtenstube, nicht über ausgebreitete Bücher hinweg, will ich zu Ihnen sprechen; fürchten Sie nicht, daß ich Sie durch das Wurzelwerk etymologischer Forschung führe. Auch diese Arbeit muß ja getan werden, und es wäre töricht, sie zu unterschätzen (denn auf keinem Gebiete führt bloße Lebenserfahrung zum Ziel, ohne strenge, systematische Arbeit), aber diese Arbeit liegt hinter der Öffentlichkeit, wenn ich so sagen darf; sie ist eine interne Angelegenheit des Forschers, und nach außen soll davon nichts anderes dringen als das Ergebnis.

Dies Ergebnis nun möchte ich Ihnen bieten aus dem, was sich denken, sagen und streiten läßt über mundartliches Wesen, aber ich möchte es bieten im vollen, warmen Zusammenhange mit dem Wesen des Volksstamms; mit der organischen Einfügung ins wirkliche Leben.

Denn für jeden, der tiefer blickt, liegt ja die Macht und Bedeutung einer Sprache nicht in den philologischen Formen, die sie geschaffen, sondern in dem Geiste, der diese Formen sich zum Ausdruck wählte, in der Denkweise, die dadurch veranschaulicht wird, in dem kulturgeschichtlichen Untergrunde, von dem die Sprache getragen wird. Jedes Wort ist gesättigt mit Leben; wie scharf zeigt uns jeder einzelne Ausdruck die Grenze der Fassungskraft, ja, selbst den Grundton der Stimmung, die einen Volksstamm beherrscht! Denn der Dialekt ist ehrlich und enthüllt die Gedanken; nur die Sprache der Gebildeten ist geschaffen, um die Gedanken zu verbergen.

Tief unter der Gestaltung der Sprache ruht demnach die Gestaltung unseres eigensten Volkstums und hinter dem Geheimnis des Wortes liegt das Geheimnis der Seele, die dies Volkstum beherrscht. Dieser Seele möcht' ich auch diesmal Ausdruck leihen; Sie sollen nicht nur die Sprache hören, sondern die Menschen, die sie sprechen; Sie sollen im Wort die Wirklichkeit erfassen!

Es ist im Lauf der letzten Jahrzehnte so manches über unsere bayrische Mundart geschrieben worden, aber vollendeter hat jene große, kulturgeschichtliche Mission der Sprachforschung, wie ich sie hier zu charakterisieren versuchte, wohl niemand betätigt, als jener gewaltige und doch so stille, fast scheue Mann, den Deutschland mit Stolz den Seinen nennen darf — Andreas Schmeller. Wer könnte von bayrischer Mundart sprechen, ohne seinen Manen eine Huldigung zu bringen? Kein anderer Sprachzweig der zivilisierten Welt hat eine so systematische, so mustergültige, so erschöpfende Darstellung in grammatischer und lexikalischer Beziehung gefunden, wie sie die bayrische Mundart durch ihn gewann!

Und wer war der mächtige Mann, dessen Namen selbst im eigenen Land noch Tausende nicht kennen? Ein armer Korbmacherssohn aus der Oberpfalz, der mit acht Jahren den Bauernkindern Schule hielt, der mit Hunger und Not sich durch die Studentenjahre schlug und der zuletzt, als er mit allen Studieren fertig war, wieder Bauer werden wollte. Als Wanderbursch mit zwölf Gulden in der Tasche und mit einem Manuskript, das keinen Verleger fand, zog er aus München in die weite Welt; als gemeiner Soldat in spanischen Diensten machte er die Napoleonischen Kriege mit. Dann war er Lehrer in Madrid, Jägeroffizier in Bayern, Universitätsprofessor und zuletzt ein stiller Beamter in den goldenen Bücherschätzen der Münchener Hof- und Staatsbibliothek. Am 27. Juli 1852 schloß er die Augen; aber als Jakob Grimm bei Gründung der „Historischen Kommission" nach München kam, da wunderte er sich, daß er durch diese Stadt gehen müsse, ohne ein Denkmal Schmellers zu finden — so dachte der Heros deutscher Sprachforschung über unseren bescheidenen Landsmann. Wir aber meinen: das edelste Denkmal hat er sich selbst gesetzt in seinen unvergänglichen Werken; die grammatische Darstellung der Mundarten Bayerns, die 1821 erschien, und das „Bayrische Wörterbuch", das vor kurzem von Frommann in zweiter Auflage ediert ward, das sind Bücher von einer wahrhaft unerschöpflichen Tiefe. Vor allem das letztere. Jedes Blatt, das man berührt, jede Seite, die man aufschlägt, strotzt von Wissen und Leben, von einem Reichtum der Anschauung und Empfindung, von einer Feinfühligkeit für das Volksleben, wie sie mit dieser strengen wissenschaftlichen Methode wohl noch keiner verbunden hat! Es ist ein seltsames Geschick um die Größe dieses Mannes —: so mancher tritt von Anfang an mit gewaltigen Proportionen ins öffentliche Dasein; aber mehr und mehr bröckeln die

Jahrzehnte von ihm ab, bis nichts mehr übrig bleibt, als ein Schatten und die Vergessenheit. Bei anderen aber wächst die geistige Persönlichkeit empor wie ein Baum; es ist im Anfang nur ein schwaches Reis, doch eine schaffende Triebkraft liegt darinnen, langsam und unwiderstehlich dringen sie höher und weiter. Sie erleben sich selber nicht, erst die Nachwelt der Jahrhunderte erlebt ihre volle Bedeutung! Und so ist es mit Schmeller; in hundert Jahren wird vielleicht jedermann bei uns seinen Namen kennen — heute aber gestatten Sie mir, daß ich diesem Namen in unserem engeren Kreise den Zoll der tiefsten Ehrfurcht spende.

Wenn wir nun zum positiven Inhalt unseres Gegenstandes zurückkehren, so muß es vor allem unsere Aufgabe sein, das Verhältnis der Mundart überhaupt zur Schriftsprache festzustellen. Man kann wohl sagen: bis zur Reformation gab es in unserem heutigen Sinn keine Schriftsprache, sondern jeder der großen deutschen Stämme sprach und schrieb seine Mundart; durch die bedeutendsten Denkmale der Literatur, der Geschichtsschreibung unseres Rechtslebens klingen Dialekte. Aber keinem dieser Dialekte gelang es, die Oberhand über die anderen in der Weise zu gewinnen, daß er zum allgemein herrschenden geworden wäre (es war im sprachlichen Prozeß ein analoger Prozeß, wie er im politischen Leben der deutschen Volksstämme sich vollzog), und so erhob sich endlich aus der Vielheit des wirklich Geltenden der Versuch einer gleichsam idealen Einheit, einer Sprache, die anfangs nirgends gesprochen, aber schließlich überall geschrieben ward, die kein Stamm von Anfang sein eigen nannte, und die zuletzt doch allen Stämmen zu eigen ward. Bis in die Mitte des dreizehnten Jahrhunderts reichen jene ersten Versuche zurück; der Amtsstil der kaiserlichen Kanzlei begünstigte die Entwicklung, aber durchgreifend wirkte auch hier erst jene gewaltige Hand, die einst an die Kirchentür zu Wittenberg schlug und damit eine Neugestaltung aller deutschen Verhältnisse wachrief! Erst durch Luther ward der Dialekt aus der Literatur und aus dem Leben der geistigen, höher gebildeten Kreise endgültig ausgeschlossen, die Sphäre aber, aus welcher Luther die Elemente seiner neugestaltenden Sprachbildung nahm, lag überwiegend im bayrisch-österreichischen Sprachgebiet. Dem Dialekte aber war damit von selbst seine Rückzugslinie angewiesen, er hält sich noch eine Weile im städtischen, bürgerlichen Leben, aber dann wird er mehr und mehr hinausgedrängt aufs Land; er waltet noch eine Zeitlang im Schriftwesen weiter, aber auch von hier wird er mehr und mehr eliminiert auf das Gebiet des mündlichen Verkehrs, und heutzutage gilt er fast nur mehr im Bereiche des abgeschlossensten Volkstums, des Bauernstandes. Dort blieb er stehen und blüht noch heute mit unverwüstlichem Leben.

Sie werden von mir nicht glauben, daß ich mit dieser Darstellung, womit ich lediglich den Verlauf der Tatsachen kennzeichne, etwa den Wert der Dialekte herabsetzen wollte. Im Gegenteil — je mehr sich in den Dialekt der volle und vollendete Ausdruck unseres Volkslebens zurückzog, desto wichtiger wird derselbe für die kulturgeschichtliche Forschung; je weiter unsere Bildung vorschreitet, desto reizvoller erscheint uns dieser Quell der Ursprünglichkeit. So steht die Mundart denn (um Schmellers Bild zu gebrauchen) wie ein reicher Erzschacht neben dem künstlich gewonnenen Metall, oder „wie der ungelichtete Teil eines tausendjährigen Waldes" neben dem Nutzholz, das daraus gewonnen ward. Und darum soll man nicht die Dialekte, die neunzehn Teile unseres Volkes sprechen, als ein gleichgültiges Nichts betrachten, denn sie sind jene Tatsache, in der sich „das geistige und körperliche Sein und Tun" jenes Volkes am vollendetsten darstellt.

So urteilt Schmeller in seinem Vorwort zu den „Mundarten Bayerns", und in verwandtem Sinne hat sich auch der größte der deutschen Dichter geäußert; es ist bekannt, wie Goethe über den Nürnberger Dichter Grübel und über Hebels alemannische Gedichte dachte — Goethe, der bei aller scheinbaren Vornehmheit doch unter allen Großen unserem Volkstum stets am nächsten stand, der gleichsam unwandelbar die Hand am Pulse dieses Volkslebens hielt.

Wir haben bisher den historischen Entwicklungs- und Scheidungsprozeß der Schriftsprache und der Mundarten in Kürze betrachtet, und es obliegt uns nun noch, die geographische Begrenzung der letzteren festzustellen. Ich darf mich wohl auch hier ziemlich kurz fassen, denn Ihnen allen ist wohl diese Gliederung im wesentlichen bekannt. Die beiden großen Hauptäste am Stamm der deutschen Sprache sind die niederdeutsche und die oberdeutsche Mundart, zwischen welche sich die mitteldeutschen Dialekte an der Mainlinie einschieben. Unter den oberdeutschen Dialekten aber, die für uns natürlich zunächst in Betracht kommen, zeigen sich drei große Hauptgruppen: der oberrheinische oder alemannische, den wir in der Schweiz, im Elsaß und zum Teil noch im südwestlichsten Winkel von Bayern finden; der westlechische oder schwäbische, der an der Donau oberhalb des Lechs, sowie im größten Teile des Neckargebietes daheim ist, und endlich der ostlechische oder bayrische, der das übrige Gebiet der Donau und ihrer Seitengewässer umfaßt, soweit überhaupt noch deutsch gesprochen wird, also zumeist Altbayern und die deutsch-österreichischen Länder.

So gliedert Schmeller das oberdeutsche Sprachgebiet; wir aber können selbstverständlich weder die genaueren Grenzen, noch die charakteristischen Merkmale aller hierher gehörigen Dialekte ins Auge fassen, sondern müssen uns auf unser engeres Thema, auf die bayrische Mundart, beschränken. Allein selbst hier hat noch die Grenzberichtigung ihre Schwierigkeiten. Wir haben vorher betont, wie eng das Gebiet unseres Stoffes gemessen sei; doch das gilt eben nur von dem, was man in der heutigen politischen Begrenzung die „oberbayrische Mundart" nennt, aber keineswegs von der großen historischen Entwicklung des bayrischen Stammes und bayrischer Sprache. In diesem letzteren Sinne gefaßt, erweitern sich die Linien unseres Bildes gewaltig; bedenken Sie nur, daß es neun bis zehn Millionen Bajuwaren gibt, wovon nur etwa $2^{1}/_{2}$ im heutigen Königreiche Bayern leben, daß es unser Sprachzweig ist, der die ungarischen und italienischen Grenzen umrankt.

Die mannigfaltige Gestaltung, die dieser Sprachzweig selbst wieder erfuhr, brauche ich kaum zu betonen; er trägt andere Blüten in Tirol und im Salzburgerland, in Niederösterreich und in Niederbayern und zuletzt in den Felsen unseres eigenen schönen Hochlands. Auf dieses letztere Gebiet wollen wir uns hier beschränken, auf jenen Sprachkreis, den man heutzutage die „oberbayrische Mundart" nennt.

So haben wir denn unser Thema auf seine engeren festgeschlossenen Grenzen zurückgeführt, und in diesen Grenzen stellen wir uns nun die Frage: Was ist das Wesen, welches sind die charakteristischen, sprachlichen Merkmale der oberbayrischen Mundart?

Die Eigenart derselben läßt sich nach dem Urteil eines berufenen Kenners in drei Momente zusammenfassen: in das nachlässige Aussprechen der Vokale, in das gedämpfte Aussprechen der Halbvokale oder Liquida l, n, r und in das Verschlingen der Endsilben.

Sie werden aus dem Gesagten schwerlich ein Bild gewinnen, aber ein Beispiel aus dem Leben wird dies Bild um so lebendiger gestalten. Der Grundlaut aller Vokale, der Kinderlaut der Menschheit ist das a; o und u sind seine Tiefen, e und i seine Höhen. Und wer die Vokale nachlässig spricht, wie der oberbayrische Dialekt dies tut, der spricht weder die Höhe noch die Tiefe rein, sondern läßt überall das a, den Grundlaut, hineinklingen. Das „lernen" wird zum „learna", das „biegen" zum „biagn", das „Wort" zum „Woart", das „zu" zum „zua". So hört man allenthalben, auch bei den sämtlichen übrigen Vokalen, das a mit.

Nicht minder geläufig wird Ihnen allen, sobald Sie es am Beispiel hören, das zweite charakteristische Merkmal des oberbayrischen Dialekts werden; man sagt statt Kapelle „Kappeln", statt stehen „steahn", statt Herren „Hearn".

Und ebenso bekannt ist Ihnen die Verkürzung oder völlige Abstoßung der Endsilben, das Wort „schon" klingt „scho", man sagt „freili" und „lusti". Die Verkürzung aber hören Sie in allen Verbis: sagn, gebn, fliegn usw., wenn statt Büchel „Büchl" gesprochen wird oder vollends „Büchei". So drängt sich durch die ganze oberbayrische Mundart das Streben nach klangvoller Vokalisierung, die der Mundart erst jenen volltönigen Brustton gibt, den wir jetzt an ihr bewundern.

Aus dieser Tonfülle heben sich dann jene Konsonanten um so schneidiger ab, die mit verdoppelter Wucht gesprochen werden, wie z. B. schaffen, raffen, du Lapp, du Drack, geh wecka usw.

Daß der Dialekt ganz besonders eigenmächtig mit den Fürwörtern verfährt, ist Ihnen bekannt; man sagt: „sie regnet, sie wird schön Wetter", und ebenso ist das „Ees" und „Enk" statt Ihr und Euch im Brauche. Auch sagt man ausschließlich „mir" statt wir, z. B. „Bals Ees Enk trauts, mir traun uns scho".

Es ist hier selbstverständlich unmöglich, in erschöpfender Weise die ganze Grammatik des oberbayrischen Dialektes vorzutragen, ich muß mich auf diese fragmentarischen Andeutungen beschränken und kann auch auf den eigentlichen Wortschatz, der neben der Lautgestaltung ja das charakteristische Merkmal jeder Mundart bildet, erst später eingehen.

Wir haben vordem die Behauptung aufgestellt, daß, ehe sich die Schriftsprache aus der Vielheit der Mundarten herrschend heraushob, auch der gesamte höhere geistige Verkehr und Ausdruck eines Volksstammes stattfand, daß sich erst dann diese Mundart mehr und mehr in die tieferen Volksschichten zurückzog, und daß demnach die Sprache, die jetzt dort gilt, nur als der Niederschlag, als das residuum der früher allgemein gültigen Sprache erscheint.

Für diese Behauptung habe ich gewissermaßen den quellenmäßigen Beweis gesucht und habe in Tausenden von bayrischen Urkunden vom 13. bis ins 16., ja, selbst bis ins 18. Jahrhundert, die mir durch die Hände gingen, die sprachlichen Formen genauer beobachtet. Es waren dies nicht Urkunden aus dem alltäglichen Geschäftsverkehr, sondern lauter feierliche Dokumente: landesherrliche Verordnungen, Belehnungen, Verträge, Testamente, gerichtliche Urteile, welche wichtige Verhältnisse in getragener Sprache darstellen, und dennoch fand ich in diesen Urkunden fast das ganze lebensvolle Bild unserer heutigen Mundart wieder: die ganze Grammatik und den ganzen Wortschatz.

Zahllose Umlaute von Vokalen und Konsonanten treten uns hier entgegen, man schrieb „zuerueffen" für zurufen, „Lechen" statt Lehen, „hültzen" statt hölzern, die Miesbacher Bauern werden als „Miesbecker" aufgeführt, wie sie sich heute noch selber nennen. Fast alle Ortsnamen und viele Personennamen kommen in der Aussprache vor, die sie heute noch im Volksmunde haben. Von einer Abgabe an den Gerichtsherrn heißt es nicht die Taxe, sondern „der Tax", wie es noch heute der Bauer sagt, und in einem Gerichtsprotokoll aus Salzburg heißt es: „man fand ihn toter (tot) am Wege liegen." Selbst die doppelte Verneinung kehrt wieder, daß einer „nie nichts gesehen", und das irreguläre Fürwort, daß er „ihm nichts einbilden könne", statt daß er sich nichts vorstellen kann. Das sechzigste Jahr wird nur als das „sechzigiste" (sechzigischt) aufgeführt. Und nun vollends der ganze Wortschatz, der nur dem Dialekt eigen ist, auch er findet voll sich wieder; das wollene Hemd, das der Gutsherr seinem Knechte zu Ostern gibt, es ist genannt „ain rupfen Pfaid" (a rupfes Pfoad), die alten Bauernhäuser werden „Haimeter" genannt, wie heute noch die „Hoameter", schon damals heißt es ins „Holz" gehen, statt in den Wald, die Tannen werden „Daxen" genannt, der Flachs heißt „Haar", die Bienen „Impen", und das, was schlecht ist, nennt man „schiech". Und wenn ich hie und da ein Wort in Urkunden des 14. Jahrhunderts nicht verstand, so habe ich den Versuch gemacht und fragte, anstatt das Wörterbuch von Schmeller oder Lexer zu beraten, einen alten Bauern unserer Berge, und der alte Bauer kannte und besaß das Wort.

Soviel über die rein sprachliche, linguistische Seite, aber nicht auf sie möchte ich, wie gesagt, den Schwerpunkt dieser Darstellung legen. Denn in der Sprache lebt ja am klarsten das innere Leben eines Volkes, und in der Mundart vor allem kommt die ganze Charakteristik des einzelnen Volksstammes zum schlagendsten Ausdruck. In diesem Sinne, als den Spiegel des Lebens, möchte ich von nun ab die bayrische Mundart betrachten, wie sie uns gleichsam die Summe des geistigen Lebens und des seelischen Besitzes darstellt, der in unserem oberbayrischen Volke waltet.

Die Grenzen des Denkvermögens und die Tiefen volkstümlicher Empfindung liegen meßbar vor uns in den scharfgezogenen Linien des Sprachgebiets; in den feinen Nuancen der Begriffe können wir gleichsam die feinen Besonderheiten des Charakters verfolgen, in der Plastik des Wortes liegt die Anschauungskraft, die Energie verkörpert, die diesen Volksstamm so fesselnd macht. Schon in der Klangform der Sprache und in ihrer ganzen Struktur liegt jener Grundton selbstbewußter, wehrhafter Kraft, der dort auch den Grundton des Charakters bildet; diese Sprache ist gebaut, wie die Menschen, die sie sprechen, und ihr Rhythmus gleicht dem Schritt, der über den Felsgrat der Berge schreitet. Sie hat ein Kolorit — wie's nur die alten wetterbraunen Häuser haben, eine Farbe, die sich weder nachmachen noch malen läßt, sondern die nur langsam wird in hundert Jahren, im ewigen Erdulden von Sturm und Sonnenschein.

Und dennoch klingen durch diesen Grundton wetterfester Kraft die feinsten Herzenslaute, es ist diese Mundart einer Innigkeit und Zartheit fähig, daß man sich nur wundern muß, wie dieselbe Sprache so keck und so rührend, so kräftig und so weich erscheint. Auch in ihr kommt jene doppelte Begabung, jenes Gleichgewicht von Seele und Verstand zum Ausdruck, das den oberbayrischen Volksstamm auszeichnet und das, wie ich schon früher einmal hier bemerkte, vielleicht den letzten, unbewußten Grund bildet für die Popularität, die er genießt.

So möchte ich im allgemeinen die oberbayrische Mundart charakterisieren, gestatten Sie mir nun noch ein paar Blicke aufs einzelne. Niemand wird die reiche, geistige Begabung leugnen, die in ihr zum Ausdruck kommt, und dennoch kennt diese Sprache kaum das Wort „Geist"; der Bauer nützt seinen Geist, aber er redet nicht davon. Er ist ein Feind abstrakter übersinnlicher Begriffe, und diese fehlen denn auch fast vollständig im Dialekt, so sehr auch beides im Volksleben tätig wird. Kurzum, der Bauer objektiviert sein inneres Leben nicht; seine Denkart ist so naturgemäß mit ihm verwachsen, daß er sie nicht selbst wieder zum Gegenstand des Denkens macht, und darum gibt es für die Nuancen seines geistigen Lebens keinen nuancierten Ausdruck, er ist geistreich ohne Bewußtsein und deshalb ohne Wort dafür.

Ganz ähnlich geht es mit dem Herzensleben, mit allen Regungen des Gemütes. Auch sie führen ein Dasein ohne Worte. Der Ausdruck „Gefühl" ist in der oberbayrischen Mundart fast nur im physischen Sinne bekannt; niemand wird leugnen, daß der Bursch, der seinen Nebenbuhler am Fenster trifft, daß der Jäger, der mit seinem Todfeind im Walde zusammenstößt, einen Sturm von Leidenschaft empfindet, aber Sie würden vergeblich den Ausdruck „Leidenschaft" im Dialekte suchen. Mit elementarer Gewalt bricht das Gefühl der Liebe oft in diesen kräftigen Mädchennaturen durch, aber Sie hören niemals viel vom Glück oder Unglück der Herzen sprechen. Man kennt das Wort „Sehnsucht" nicht, sondern sagt höchstens „Weillang oder Zeitlang" haben; man ist sparsam mit Worten, wie „Seele" oder „Gemüt", der Ausdruck „zärtlich" z. B. existiert überhaupt nur in seiner körperlichen Beziehung. Ich hörte manchen klagen über seine „zartlinga Füßl", die es ihm verbieten, barfuß über spitze Steine zu steigen, aber niemals über die Hindernisse, die ein „zärtliches" Herz zu übersteigen hat. Ja, es gibt selbst das Wort „Kuß" im ehrerbietigen und wenn ich so sagen darf, im abgekühlten Sinne nicht; der Kuß der Liebenden heißt: „a Bussel", der Kuß der Kinder heißt: „an Eiai", und andere Leute küssen sich im Volke überhaupt nicht. So scheut sich das Seelenleben instinktiv vor jeder Form des Ausdrucks.

Wenn der Wildschütz droben auf felsigem Grate zieht, der kühn entschlossen jeden Gegner tötet, und der doch still den Hut vom Haupte nimmt, wenn er aus dem Dorf herauf das Zügenglöcklein für ein sterbendes Kind erschallen hört — ist dies nicht ein Feingefühl, ein Takt des Herzens, den wir vielleicht bei hochgebildeten Naturen vergeblich suchten? Und dennoch hat der Mann es nie gehört, was wir anderen unter Takt verstehen!

Glauben Sie wohl, daß der schweigsame Fischer nichts empfindet, der hinausfährt in die morgenklare

Flut auf seinem uralten Einbaum, oder der Fuhrmann, der durch die mondbeglänzten, schlafenden Dörfer fährt? Es ist die vollendetste Einheit der Stimmung, aber für all' das hat der Dialekt kein Wort, der Bauer würde es nie verstehen, was die „Stimmung" bedeutet, in deren ganzer Fülle er lebt!

Das ist eben die Kindernatur des Volkes, welche die Dinge innerlich erlebt, ohne sich äußerlich davon Rechenschaft zu geben, und darum fehlt ihr auch das äußernde Wort.

So haben sich mit innerer Notwendigkeit in dem Dialekt all' jene abstrakten Begriffe verflüchtigt oder verfärbt, die unser Innenleben bezeichnen und in deren feiner Durchbildung unsere Schriftsprache jetzt so mächtig ist; ich habe die verschiedensten gegensätzlichsten Affekte (Liebe, Haß, Trunkenheit, Neid) schon mit dem gleichen farblosen Wort bezeichnen hören: „Ja mei, dös is halt a selle Sucht."

Desto energischer und farbenreicher aber wirft sich die gestaltende Kraft des Dialektes auf das reale Leben: hier im Gebiet des Wirklichen, der sinnenfälligen Erscheinungswelt, zeigt sich der schöpferische Sprachgeist des Volksstamms am besten, hier scheint das Wort nicht mehr verblaßt, sondern plastisch, wir fühlen den Puls der Sprache und das Blut, das in den Pulsen pocht. Welche Fülle der Vergleiche und der Bilder bietet uns nun die Mundart dar in ihrem sprudelnden Übermut, welch feine Beobachtung und Charakteristik liegt in diesen Adjektiven, welche Stammkraft in diesen Verbis, die der Dialekt sich gestaltet hat! Daneben erscheint uns die hochdeutsche Sprache gleichsam matt und farblos.

Man kann es im Hochdeutschen nicht mit einem Worte sagen, was z. B. das Wort „anzwidern" im

Dialekte bedeutet, wenn man jemand fortwährend mit Gebärden, Blicken und Reden verdrießlich anläßt und immer das hervorkehrt, was dem andern zuwider ist; wir treffen solche Beiwörter „grantig, dalket, gschnappet"; wie originell klingt es, wenn man von einem, der schlaftrunken am Tische sitzt und für das Gespräch kaum mehr in Betracht kommt, sagt: „Oh mein, der hat schon lang verkauft, der hat scho übergebn." Ein blauer, wolkenloser Tag wird „glockenhell" genannt. Es ist ja eigentlich unlogisch, den Klang und die Farbe zu vergleichen, aber wie leuchtend und durchdringend wirkt trotzdem das Bild! Und nun erst der ganze unermeßliche Sprichwörterschatz des oberbayrischen Volkes — welche Frische, welche Kühnheit und Phantasie waltet hier, wenn es heißt: „A Feuerl is aar a Haingart", oder von einem schönen, aber kalten Mädchen: „Es is a Bild ohne Gnad", oder von einem kecken Burschen: „Er fangt an Teufel auf der freien Woad."

Das kühne, treffende Element, das eine wundersame Mitte hält zwischen Frohmut und Beschaulichkeit, kommt wohl am prägnantesten in jenen Schnaderhüpfeln zum Ausdruck, die man entschieden als ein Monopol unserer bayrischen Mundart bezeichnen kann.

> „Und i woaß nit woher,
> Und i woaß nit wohin,
> Und mi wunderts nur,
> Daß i so lusti bin!
>
> Und wie werds wohl mal gehn —
> Und da denk i oft dran —
> Bal i amal halt koa Geld
> Und koa Schneid nimmer han?"

Aber auch hier überwiegt der helle, muntere Ton kräftiger Zuversicht; jauchzend klingt es über den Tanzboden hin:

"So frisch wie ma heunt san,
Dös hat gar koan Nam,
Und so halts mi nur grad,
Denn sonst reiß i alls zsamm.

I kanns nit dermacha,
I kanns nit verstehn,
Bald d'Musi so blast
Und san d'Dirndln so schön.

Schlag a Rad bis an d'Decken,
Spring eini in d'Leut,
Es gibt ja nix Schöners
Im Lebn, als wie d'Schneid.

Und wenns mi derreißet
Vom Kopf bis auf d'Knie,
Na san d'Scherbn no lebendi,
Dös sell sag Enk i."

Nur im bayrischen Dialekt läßt sich dies sagen, es läßt sich in keine andere Sprache und vielleicht am wenigsten in die hochdeutsche transponieren. Und gleichwohl klingt noch durch denselben Dialekt zugleich das tiefste, uralte, heilige Leben unseres Volkes nach, selbst Wochentage haben noch heute die alten Heidennamen, man sagt z. B. "Irda" statt Dienstag, des heidnischen Erchtags. Und als Anno 1867 am westlichen Ufer des Tegernsees ein Haus vom Blitze verbrannt ward, da erzählte mir die achtzigjährige

Bäuerin dies Ereignis mit den Worten: „Der Thor hat eingschlagen". Thor, der alte Herrscher von Donner und Blitz, er lebt noch heute in der Sprache des Volkes an einem Orte, wo ein Jahrtausend lang eines der mächtigsten Klöster stand.

So bleibt uns schließlich noch die Frage übrig: Was bedeutet diese Mundart, die in dem großen Sprachgebiete unserer Nation so wichtig erscheint, daß man sie bereits als den schönsten aller deutschen Dialekte erklärt hat, für die Literatur? Mit anderen Worten, wie ist dieser Dialekt für das poetische Schaffen, für die Ausprägung typischer Gestalten verwendbar; welche Stoffe vermag er zu tragen, welches sind (in dichterischer Hinsicht) seine Ziele und seine Grenzen?

Ich möchte in dieser Beziehung vor allem auf den naheliegenden und gewaltigen Unterschied hinweisen, der zwischen plattdeutscher und oberdeutscher (speziell oberbayrischer) Mundart besteht und den ich in einer früheren Abhandlung eingehender zu charakterisieren versuchte. Der plattdeutsche Dialekt umfaßt (in seinen verschiedenen Nuancen) Millionen Menschen statt Hunderttausende, vor allem aber ist das Gebiet der Lebensinteressen, der sozialen Gruppen, die er beherrscht, weit größer, als das Geltungsgebiet irgendeiner oberdeutschen Mundart. Dadurch sind von selber eine Menge von Gestalten, von Begriffen und Motiven in plattdeutscher Mundart möglich, die dem schwäbischen, dem pfälzischen, dem oberbayrischen Dialekte einfach fehlen. Die plattdeutsche Mundart reicht hinauf als populäre Redeweise bis in den Verkehr der höchsten Stände mit den niedersten, sie umfaßt den Gutsherrn, den Bürger, den Handwerksmann und, was das Entscheidende für den Umfang ihrer Begriffe ist, überhaupt den

Städter. Die oberbayrische Mundart aber umfaß beinahe nur den Bauern und das bäuerliche Leben, man trägt unwillkürlich Bedenken, sie dem Stadtbewohner, dem Gewerbsmann, dem Beamten in den Mund zu legen, weil man gleichsam fürchtet, aus dem Originellen ins Ordinäre zu verfallen. Das Plattdeutsch hat nur geographische Grenzen, in der oberbayrischen Mundart aber sind es überwiegend ständische Grenzen, welche die Geltung und das Stoffgebiet derselben beschränken.

Damit ist die Klippe und die innere Schwierigkeit von selber angedeutet, welche die bayrische Dialektdichtung gewärtigt, sobald sie sich in den größeren literarischen Formen bewegen will: im breiteren Epos, im Drama, im Roman. Für den letzteren fehlt geradezu der Raum, dessen er zur Ausbreitung seiner Charaktere und seiner Handlung bedarf; es sind die Grenzen des oberbayrischen Volkstums noch so fest geschlossen und die Typen dieses Volkstums trotz aller individuellen Ausprägung im großen Ganzen doch so gleichartig, daß sie nicht ergiebig genug sind für die Erfordernisse, die wir heutzutage an diese Kunstgattung stellen. Jedes Hinausgehen über diese Grenzen aber, über das, was im Bereiche unserer Mundart geistig und kulturgeschichtlich möglich ist, würde den Stoff nur auf Kosten der Echtheit erweitern und damit das Wertvollste verlieren, um etwas minder Wertvolles zu gewinnen. So soll man denn fremde Figuren hereinnehmen, wird mancher sagen, um den Stoff zu erweitern, um künstlerische Gegensätze zu schaffen, aber auch hier stoßen wir auf ein inneres und sachliches Bedenken: Der bayrische Bauer teilt sein inneres Leben eben nicht mit Fremden und breitet es nicht vor ihnen oder unter ihnen aus, er ist absolut exklusiv, und auch der Dichter kann ihn nicht umgänglicher machen, als er wirklich ist. Solche fremde, ich möchte sagen, zugereiste Figuren würden in der Dichtung ebensowenig Wurzel schlagen, wie sie jemals im Bauernleben wirklich einwurzeln; sie würden im Anfange als zufällig, bald aber als gesucht erscheinen, und zuletzt würde man das bestimmte Gefühl erhalten (wie wir's im Leben ja auch oft genug gehabt), es wäre am besten, sie gingen wieder fort. Kurzum, der Roman ist im bayrischen Dialekte nahezu unmöglich, das Äußerste, was dieser Dialekt an künstlerischen Dimensionen zu tragen vermag, ist die Novelle, die dramatische Behandlung des bäuerlichen Charakters aber wird stets mit Schwierigkeit zu kämpfen haben, daß jene psychologische Entwicklung und jene feineren Konflikte, die wir nun einmal bei dieser Kunstform beanspruchen, sich nur schwer in der echten bäuerlichen Sphäre aufbringen lassen. Die Szenerie des Lebens, die den psychologischen Kern umgibt, wird leicht zu gleichförmig, und was nicht in letzter Reihe in Betracht kommt — der bäuerliche Mensch erledigt seine Konflikte in Wirklichkeit nicht selten anders, als der dramatische Mensch es nach den Kunstgesetzen tun sollte. Entweder ist der wirkliche Bauer passiv, oder er handelt rasch und jäh, er verschiebt die Entscheidung nicht gern und trägt nur selten eine Krisis seines Lebens durch vier Akte hindurch. Der Bauer ist (so barock das klingen mag) von Natur aus der geborene — Einakter. Und so liegt denn die Klippe immer nah, daß die dramatische Behandlung eines bäuerlichen Stoffes sich mehr als eine Reihenfolge willkürlicher, genrebildlicher Szenen darstellt, statt als die organische Entwicklung eines Charakters oder einer Handlung, in deren geschlossenem

Gang, in deren innerem Zusammenhang sich keine Szene verschieben läßt.

Ich kann im übrigen diese Bemerkungen nicht aussprechen, die ja nichts weiter als eine ästhetische Meinung sind, ohne der reichen Freude zu gedenken, die wir alle den trefflichen Werken und der vollendeten Darstellung verdanken, in welchen unsere Münchener Bühne dies Volkstum verkörpert und im Norden populär macht. Ich kann nur sagen, daß mir jedesmal das ganze Herz aufgeht vor diesem frischen Reiz!

Für die Einzelzüge des Charakters aber und für die Darstellung des täglichen Lebens, wie es uns in der bäuerlichen Welt entgegentritt, wird doch die Lyrik stets den einfachsten und adäquatesten Ausdruck bilden. Auch sie begegnet uns in der Tat schon ziemlich frühe; denn wir haben neben den volkstümlichen dramatischen Spielen aus älterer Zeit, um deren Erforschung sich August Hartmann hochverdient gemacht hat, und neben Anton Buchers klassisch derben Schilderungen in Prosa auch lyrische Gedichte, die im Dialekt gehalten sind, aus dem Beginne unseres Säkulums will ich nur an die massiven Strophen von Marzellin Sturm erinnern, an jenen Augustinerpater, in dessen Biographie es heißt, daß er aus „Mangel an Unterstützung" von seinem Dichtertalent Gebrauch machen mußte. Der Name Pangkofers ist vielen von Ihnen ohnedem bekannt, aber wer heutzutage diese Gedichte liest, der wird nicht selten ein gewisses Schwanken zwischen der derbsten Ungeschlachtheit und dem Bildungsniveau des Autors finden. Der Autor spricht zuviel hinein in die Welt, die er schildert. Wir selber wollen hier kein Urteil fällen, aber ein Bauer würde sagen: „Das Rechte hat er noch nicht."

Ihre vollendete, mit einem Wort ihre künstlerische Erscheinung aber hat die oberbayrische Lyrik erst durch Kobell erlangt; er erst verband mit jenem feinen Naturgefühl, das stets den poetischen Kern der Dinge trifft, eine absolute Herrschaft über die Sprache; seine Natur ist unserem Volkstum so kongenial, daß sie gewissermaßen im Volksgeist denkt und schafft, und ist ihm doch zu gleicher Zeit so überlegen, daß sie mit klarer Sicherheit alles ausscheidet, was sich künstlerisch nicht ausprägen läßt. Diese Doppelnatur, die aber in dem Momente der Produktion als volle, einheitliche Kraft wirkt, ist die unerläßliche Bedingung für solche volkstümliche Dichtung.

> Es hat a Diendl viel gscherzt und glacht,
> Ist gwest so lusti und froh,
> Und auf amal, wie über Nacht,
> Tuat s' nimmermehr a so.

> „Ha, Diendl, ha sag, was waar denn dees,
> Ha sag, was is dir gschehgn,
> Is ebba dei schneeweiß's Katzl furt,
> Dees d' gar so gern hast mögn.

> Hat ebba der Wind dein Nagerlstock
> Von Fenster abikeit,
> 's san gwest gar schöne Bliemin dra,
> I woaß's, die habn di gfreut.

> Hat ebber a böser Schauer gschlagn
> Wie Kirter gwesn is,
> Und habn d'Leut koa Musi ghabt,
> Gel, dees verdrießt di gwiß?"

„Koa Katzl, na, koa Nagerlstock,
Koa Schauer ko dafür,
Mei Bua, der is mer untreu worn,
Mei Bua, der laßt vo mir."

„Mei! Diendl, was is's um an Buabn,
Der dir sei Lieb verkehrt,
Schau: oana, der koa Treu nit hat,
Der is schon zerscht nix wert.

Um so an Buabn is koa Schad,
Hat aa koan Ehr in Leib,
Und wann er di lang gheiret hätt,
's waar grad zum Zeitvertreib."

„O mein Gott, ja, Ees habts wohl recht
Und dengerscht, woaß nit wie,
So is ma, daß i sterbn möcht,
Den Buabn vergiß i nie."

Da hat dees Diendl bitter gwoant,
Der ander aa is still —
Es geit halt Sachn auf der Welt,
Da nutzt der Trost nit viel. (Kobell)

Man könnte nun wohl glauben nach dem, was ich vorher sagte, daß auch die Dichtung der oberbayrischen Mundart aller Leidenschaft, aller feineren Stimmung bar sei, weil diese Begriffe so ganz in deren Sprache fehlen, und daß nur der derbe Humor als eigentliches Gebiet derselben verblieben wäre. Aber diese Welt der mächtigen Empfindung ist da; sie wird nur nicht als solche genannt, der Dichter darf sie nicht von vornherein behaupten, sondern der Hörer muß sie mit erleben. Vielleicht wird das, was ich hier sage, am deutlichsten in einem kurzen Gedichte selbst. Der Stoff ist einfach — es sind zwei Holzknechte, die von der Arbeit nach Hause kehren, ehedem gute Freunde und nun verfeindet wegen des Mädchens, das sie beide lieben; sie gehen über den gefrornen See, der eine bricht durchs Eis, und der andere kämpft mit sich selber: soll ich ihn retten?

. . .

Da krachts im Eis — kracht no'mal und bricht ein,
Es hat an Schub dort und viel Kelchbrünn aa,
An Hans, der vorn geht, den reißts nein in See.
Bald kimmt der ander nach; an Augenblick
Bleibt er dort stehn; er hebt an Arm scho auf,
Denn gar so bitte(n)d schaugt der Hansei her.
Er kann nit reden und nit schreien mehr,
Es hat ihm d' Sprach vor lauter Schreck verschlagn;
Nur mit die Händ kreilt er si ein ins Eis.
Der ander steht und richt si schon auf d' Hilf.
Da fallt ihm 's Lenei ein! — — Der hat's verdirbt!
Und gluti werd ihm 's Gsicht. „Na", hat er gsagt,
„Wenn unser Herrgott ihm as Leben gunnt,
Werd er scho wissen, wie er'n außi bringt;
I müaßt mi schaama, wenn i d'Hand nur rühr."
Na schaugt er weg, springt übern Schub und geht.

So, glaube ich, pocht die Leidenschaft im Herzen des Volkes, sie nennt sie niemals als solche, sie handelt! Aber sie handelt stark und kurz. Und ebenso kurz und knapp ist dies Empfinden da, wo es sich nicht um den Ausbruch der Leidenschaft, sondern um stille Ergriffenheit handelt (s. Seite 149 „An Anfrag").

In der Regel wird sich auch im Liede, wie im Leben vor allem der helle, frohe Geist des Volkes spiegeln: seine Schlagfertigkeit, seine Originalität und das, was man im täglichen Verkehr mit dem leider abgegriffenen Worte des „Gemütlichen" bezeichnet. Daß bei diesen Stoffen die Komik den Löwenanteil gewinnt, ist naheliegend, sie beruht zum Teile schon in der epigrammatischen, witzigen Ausdrucksweise des Volkes, teils liegt sie in den Situationen selbst, aber auch ihre Wirkung wird um so intensiver sein, je unverkünstelter, je unmittelbarer man die Sache

selber sprechen läßt. In ihr muß die vis comica liegen. Gestatten Sie mir, daß ich Ihnen auch hierfür eine kleine Dialektprobe biete.

Der alte Wirt steht vor der Tür,
Aufs Glatteis tropft der Regen,
A Fremder der geht aa grad für,
Pumps — is er dorten glegen.

Jetzt hat der Fremde aufbegehrt:
„Dös Glatteis ist so zwider!"
„Ja", sagt der Wirt, „hab mirs schon denkt:
Sie schlagen dorten nieder.

Denn auf dem Fleck san heut schon gfalln
Gwiß zehne, darf i sagen,
I paß jetzt schon die ganze Zeit,
Ob Sie nit aa hinschlagen."

Was nun die äußere Behandlung, ich möchte sagen, die Technik des kleineren Dialektgedichtes betrifft, so könnte man wohl meinen, dieselbe müßte möglichst leger und sorglos behandelt werden, um den vollen Eindruck der Natürlichkeit zu machen, aber auch hier gilt der Erfahrungssatz, daß das, was am leichtesten erscheint, am schwersten ist.

Vor allem gilt das von jenen Stoffen, die nicht erfunden, sondern gefunden sind, wo es sich darum handelt, ein Erlebnis, das man selbst erfuhr, ein Diktum, das man selbst gehört hat, dichterisch auszuprägen.

Hier kommt alles darauf an, den Volksgedanken, der uns entgegenspringt, gleichsam à jour zu fassen, wie der Goldschmied den Edelstein, daß er möglichst frei und unversehrt sich darstellt, die ganze Aufgabe des Poeten beschränkt sich in solchen Fällen darauf, zur gegebenen Pointe die feine Situation zu finden, die künstlerisch abgerundete Einkleidung. Je weniger vom Wortlaut des Volkes dabei verloren geht, desto besser für die Sache.

Ich aber eile zum Schlusse. Ich weiß wohl, wie viel es hier noch zu sagen gäbe, wie verlockend es nun wäre, das Charakteristische der einzelnen Mundarten gegeneinander abzugleichen oder auf die Bedeutung näher einzugehen, welche diese Mundarten gerade jetzt in unserem neugeeinten Vaterlande haben, als die Träger der großen Stammesbesonderheiten, aber auch als die Vermittler der Verständigung. Und nicht minder lockend wäre wohl die Untersuchung, wie diese Mundart selbst sich jetzt allmählich umgestaltet unter dem Einflusse der neueren Zeit, im Drange allgemeiner Bildung und allgemeinen Verkehrs.

Das alles ist unmöglich, ich kann eine Stunde nicht länger machen, als sie ist, und so lassen Sie mich statt allem nur noch eines sagen, was mir am Herzen liegt. Wie das meiste Gute, was wir besitzen, so betrachten wir auch die Sprache als etwas Selbstverständliches, ohne uns den unermeßlichen Wert, den sie für unser geistiges und nationales Leben hat, auch nur zum Bewußtsein zu bringen. Und doch war sie mehr als ein Jahrhundert lang das einzige Heiligtum, in dem dies geistige Leben, in dem die Größe, in dem das Hoffen und die Einheit der deutschen Nation geborgen lag, als unser Vaterland mißachtet und zerstückt war.

Was die Sprache der Heimat wert ist, das hab' ich auf einem stillen Wandergange gelernt und empfunden, wie niemals im Leben. Sie wissen, daß hoch in den venezianischen Bergen sieben kleine deutsche Gemeinden liegen, die Sette Communi, die sich in Kirche, Schule und Haus bis in die letzten Jahrzehnte unerschütterlich ihre Muttersprache bewahrt. Erst jetzt erliegt auch sie dem Schicksal der Nivellierung; mehr und mehr ist sie eingeschlafen, und nur daheim am abendlichen Herde versucht es wohl der eine oder andere, ob sie noch einen Laut hat[1].

Dorthin, in die Sette Communi, führte mein Wanderweg, und mir ward wundersam weich zumute, als ich so emporstieg zu den sieben kleinen Gemeinden, in diese berggrüne Einsamkeit. Mir fiel das Märchen von den sieben Zwergen ein, die im Wald einen gläsernen Sarg behüten, darin eine holde Maid mit geschlossenen Lippen schläft. Den ganzen Tag gehen sie ihrer Arbeit nach, und nur in heimlicher Abendstunde wachen und lauschen sie, ob sich die Wimper nicht regt, ob die Lippen nicht atmen, wie ehedem! Sie regt sich nicht, und dies Schneewittchen ist die deutsche Sprache.

Da wußt' ich es erst, da hatt' ich es erlebt, was die Sprache der Heimat wert ist! — Und wenn ich Ihnen in dieser Darstellung heute auch manches schuldig blieb, ich will mich gern getrösten, wenn Sie darin nur jenes eine fanden, was mir die ganze Seele füllt — den Odem und die Liebe deutscher Heimat!

---

[1] Seit einigen Jahren sind seitens der italienischen Regierung aber auch seitens deutscher Stellen erfolgreiche Bestrebungen im Gange, die cimbrische Sprache zu erhalten und zu pflegen.

Sitte und Brauch im bayrischen Hochland

Ich glaube, nur wenige sind sich heutzutage klar bewußt, was das Volk ist, und vor allem, was es war. Denn der humane Geist der Gegenwart hat gleichsam die Lebenshärte ausgetilgt, die ursprünglich in diesem Worte lag, wir greifen jetzt mit einer gewissen Sehnsucht auf das Gesunde, auf das Natürliche, das im Volksleben liegt, aber wir denken kaum mehr an die Mühsal, womit der gemeine Mann sein Leben durch die Jahrhunderte dahintrug. Da tut sich ein gewaltiger Realismus auf, den vielleicht nur der völlig versteht, der im unmittelbarsten Verkehre mit dem Volke lebt!

Wie mühselig kommt da so manches Kind zur Welt! Bis zur letzten Stunde steht die Mutter an der Arbeit, und nur wenige Tage, dann wartet ihrer wieder die Arbeit. Wie oft sind es fremde Hände, die auf den ersten, zarten Regungen des kleinen Gemütes lasten, und die auf die feinsten Kinderlaute nicht selten nur rauhe Antwort haben! Wer wacht über die endlosen Gefahren, die eine solche Jugend umgeben, wer begleicht hier jene ersten Eindrücke der Ungerechtigkeit, die ja keinem Kindergemüt erspart bleiben? Denn wahrlich, trotz aller Humanität gibt es noch immer mehr Hunger, mehr Schläge und ungesprochenes Herzeleid, als wir „Gebildeten" uns denken.

Dann aber, sobald die erwachsenen Jahre kommen, heißt es selber Hand anlegen fürs tägliche Brot, und zwar harte Hand, man muß bis zu einem gewissen Maße geradezu fühllos werden gegen körperliche Mühe und Schmerz. Sie wissen es ja kaum, was der gemeine Mann physisch aushalten muß und aushält.

Oft geht er fort in fremde Dienste, aber da darf er kein Heimweh haben; er hat auch keine Zeit, um krank zu sein, er schleppt sich eben hin, so lang es geht, und wenn's zu Ende geht, hat wieder niemand Zeit, stundenlang vor seinem Bett zu sitzen und ihm in die stummen Augen zu schauen, die nicht sagen können, was er fühlt. Die andern um ihn herum arbeiten weiter, und wenn sie am Abend nach Hause kehren, dann fragen sie, ob der Bruder oder der Vater noch lebt.

Das ist (und noch mehr das war) in Wirklichkeit das Leben des gemeinen Mannes, es sind Bilder, die ganz im harten Holzschnitt des 16. Jahrhunderts gezeichnet sind, und manchmal sind es selbst Bilder, wie sie Courbet gemalt hat. Das ist das Volk!

Freilich ist in letzter Zeit unendlich viel zum Ausgleich geschehen, nur der Undank könnte dies leugnen, aber das letzte Wort blieb auch hier jenes große Schlagwort, das für alles Leben gilt: Hilf dir selber!

Und dies Volk, dies unverwüstliche Volkstum, dessen Jugendfrische die Jahrhunderte nicht brachen — es half sich selber, auch in schlimmen Stunden ging der ideale Zug seiner deutschen Natur niemals verloren, es umgab die Mühsal seines Lebens mit dem grünenden Kranze tiefsinniger Sitte und wunderschöner Gebräuche. Es fügte selbst zur harten Wirklichkeit die Poesie.

Das ist das Großartige der Volksnatur; sie trug jahrhundertelang so manchen Druck, aber sie verödete, sie verbitterte und verdumpfte nicht; sie hat in der Härte der äußeren Lebensverhältnisse nicht die Weichheit ihres Innenlebens verloren, wie dies dem einzelnen so leicht begegnet.

Die seltene Begabung und die plastische Kraft, die speziell in dem bayrischen Volksstamme ruht, hat sich auch in der Ausgestaltung seiner Sitten und Bräuche aufs reichste bekundet; doppelt reich aber tritt sie uns gerade im bayrischen Hochland entgegen, dessen gewaltige Natur die schöpferischen Keime der Volksseele besonders anregt, und dessen freiere Lebensweise von vornherein auch schönere Lebensformen schuf. Dazu kommt als ein wichtiger Faktor, daß die hundertjährige, tiefe Abgeschlossenheit dieser Gebiete, die ja erst seit einem Menschenalter durchbrochen ist, auch die Erhaltung alter Sitten ganz besonders begünstigte.

Und so darf ich Sie denn wieder dorthin geleiten, wo zwischen den grünen Lindenhagen die braunen Häuser stehen, und wo die Sonne glänzt um die blauen Felsen des Wendelsteins.

Wenden wir uns nun zum positiven Inhalt unseres Stoffes. Wenn wir da zunächst die inneren Elemente aufsuchen, aus denen diese Welt von Brauch und Sitte sich zusammensetzt, so kommen wir unwillkürlich auf den wundersamen Prozeß des Werdens, der sich damals im deutschen Volksgemüt vollzog, als die christliche Lehre zuerst in das altgermanische Leben eindrang. Es war kein vollständiger Sieg, es war ein Vergleich. Sie alle wissen, mit welchem großen, historischen Blicke die ersten Sendboten des Glaubens es verstanden, den alten, heidnischen Gebräuchen, die das Volk nicht preisgeben wollte, einen neuen, christlichen Inhalt zu substituieren; die Örtlichkeit, die Zeit, der ganze Vorgang selber blieb bei so mancher Feierlichkeit fast unverändert bestehen, und nur die Adresse, wenn ich so sagen darf, veränderte sich, bis die Heiligen allmählich unbestritten das Erbe der alten Heidengötter gewannen.

So ging es bei den Opferfeuern, bei den Leonhardsfahrten und dergleichen, und so erstand jener seltsame Doppelklang von strenger, kirchlicher Frömmigkeit und alter, heidnischer Erinnerung, der jetzt noch durch Brauch und Sitte unseres Volkes tönt. Denn mehr als die Hälfte aller Gebräuche, die dermalen im bayrischen Hochlande gelten, ist altgermanischen Ursprungs, unbewußt vertritt der Bauer auch hier das große Element der Stetigkeit, der Erhaltung, und in den Schwielen seiner Hand bergen sich unsichtbar die Fäden des Zusammenhangs mit einer tausendjährigen Vergangenheit.

Das sind die inneren Elemente dieses Stoffes, und wenn es auch unmöglich ist, sie in jedem einzelnen Falle historisch und mythologisch zu entwickeln, so muß ich doch wenigstens die Tatsache in ihrer fundamentalen Bedeutung betonen.

Die äußere Gliederung des Stoffes aber zerfällt von selbst und naturgemäß in drei Gruppen. Die erste Grundlage bildet der Kalender, der Verlauf des Jahres und der Jahreszeiten, deren Bedeutung mit zahlreichen, sinnvollen Formen umgeben ist; die zweite Gruppe bilden die großen Wendepunkte jedes irdischen Daseins: Geburt, Hochzeit und Tod, und als eine dritte Reihe kann man gewissermaßen jene Sitten und Bräuche ausscheiden, die unabhängig von der Zeit erscheinen, und in denen sich mehr der gesamte Volkscharakter als die Bedeutung eines bestimmten Tages ausprägt, wie z. B. der Tanz, das Almenleben, die bäuerliche Wohnung und dgl. Ich mußte sie deshalb auch bereits bei meinem früheren Vortrage über den Volkscharakter im bayrischen

Hochland berühren und darf hier nur gelegentlich darauf zurückkommen.

Gleichwohl erscheint der Stoff, der sich in diesem Gegenstande zusammendrängt, noch so überreich, daß ich beim besten Willen manches nur streifen kann, was wohl eine eingehendere Schilderung verdiente. Ebenso unmöglich ist es, die einzelnen Gebräuche in ihren topographischen Varianten, vom Lech bis an das Salzburger Land zu verfolgen; auch dieser Versuch, so verlockend er an sich wäre, würde einen Zyklus von Vorträgen erheischen, anstatt der Stunde, die mir zur Verfügung steht. Ich betone deshalb, daß ich überwiegend jene Sitten behandle, die in meiner engeren Heimat, wenn ich so sagen darf, d. h. zwischen Isar und Inn, bestehen.

Selbst für dieses engere Gebiet gibt es ein unendliches Material, sogar was die Literatur und die Handschriften anlangt. Am wertvollsten von den letzteren sind ohne Zweifel die Manuskripte des unvergeßlichen Lentner[1], welche seit kurzer Zeit aus dem k. Kabinett an die Hof- und Staatsbibliothek übergeben wurden, und welche Felix Dahn seiner vortrefflichen Darstellung in der „Bavaria" zugrunde legte. In der Zimeliensammlung der genannten Stelle befinden sich auch die ältesten Bauernkalender aus dem 15. Jahrhundert, nur mit Bildern ohne Text, weil der Bauer ja damals nicht lesen konnte. Unerschöpflich erweist sich, wie überall, Schmellers Wörterbuch, eine reiche Fundgrube bietet ferner Leo-

---

[1] Joseph Friedrich Lentner (1814—1852), der erste oberbayrische Dorfnovellist, sammelte im Auftrag des Königs Max II. von Bayern Material für die „Bavaria".

prechtings „Lechrain", und mit Dank seien zudem Panzer und Steub genannt. Für die kirchlichen Gebräuche aber ist das unvergleichliche Buch von Joseph Schlicht zu erwähnen „Bayrisch Land und Volk", welches zwar zunächst Niederbayern betrifft, aber bei der Gleichartigkeit jener Gebräuche auch hier mannigfach einschlägt. Der Verfasser ist Schloßkaplan in Steinach bei Straubing, und sein Werk ist von einer so zwingenden Anschaulichkeit, daß es vielleicht nach hundert Jahren, wenn mancher von uns vergessen ist, als ein Quellenwerk für bayrische Volkskunde gilt. Noch jetzt denk' ich mit Freude an das rührende Erstaunen, womit mir Herr Schlicht erwiderte, als ich ihm diese unmaßgebliche, aber gewiß nicht unbegründete Meinung schrieb.

Was ich auf mündlichem Wege erfuhr, ist nicht unbenützt geblieben, doch erscheint mir gegen die sogenannte Tradition einige Vorsicht geboten, seit ein biederer Landbewohner, der von einem Gelehrten wiederholt um alte Sagen, Bräuche und dgl. inquiriert ward, mitleidig äußerte: „O mein, der Kerl hat mi auf dletzt derbarmt, jetzt hab i ihm halt do a bissel ebbes zsammaglogn."

Seitdem verlasse ich mich mehr auf meine Augen als aufs Ohr, und das meiste, was ich Ihnen hier mitteile, beruht auf eigener Anschauung. Ich habe Wochen und Wochen lang (zu einer Zeit, wo kein Fremder mehr in den Bergen weilt) auf den einsamsten Bauerngehöften gelebt; es gibt keine Bauernarbeit, die ich nicht selber mitgetan, und wenn wir am Abend heimzogen, hab' ich am eichenen Tisch aus einer Schüssel mit Knecht und Magd gegessen und vor der Holzbank kniend den Abendsegen mitgesprochen. Und aus diesem tiefsten Erleben, nicht aus ein paar schmucken Gestalten, die ich sah, oder aus ein paar frohen Liedern, die ich hörte, hab' ich die Liebe zu dem Volk gewonnen, das ich Ihnen schildern will.

Kehren wir nun zum sachlichen Teile unseres Stoffes zurück und folgen wir zunächst dem Kalender. Der Kalender! Für unser überhastetes Leben ist er freilich nur eine Summe von flüchtigen Tagen, für den Bauern aber ist er ein Ganzes, eine Einheit. Dies stille Büchlein, mit seinen langen Reihen von Heiligen und seinen roten Feiertagen, wo am Rand die Mondscheibe steht, daneben die Wetterregeln und manche gute wirtschaftliche Mahnung — es ist der festgeschlossene Rahmen des Daseins für Hunderttausende.

Wir aber wollen nicht mit dem ersten Januar beginnen, wie es die offizielle Weltordnung erfordert, sondern dies stille Bauernleben steht zu mächtig unter dem Einfluß der Jahreszeit, der Arbeit und der Kirche. Den seelischen, eigentlichen Wendepunkt bildet denn nach all' diesen Seiten hin der Beginn der Winterszeit oder, kirchlich gesprochen, der Advent.

Es liegt eine tiefe, ruhige Stimmung über jenen Novembertagen, über dieser Wintersnähe. Die letzte Arbeit im Feld ist getan, und nun fällt langsam der Schnee aufs Dach, selbst der rauschende Brunnen vor dem Haus ist stumm geworden. Nur dann und wann fährt ein klingelnder Schlitten über die einsame Straße, und ein Flachskopf lugt ihm nach durchs Fenster. Bloß die Männer sind noch draußen, um das Holz zu Tal zu bringen, alles übrige Leben konzentriert sich im Hause.

Seine Bauart und seine innere Einrichtung ist seit einem Jahrtausend dieselbe geblieben, langgestreckt steht das stattliche Gehöfte in der Flur, und nur der Unterbau ist gemauert, auf dem Gebiel prangt das Wetterkreuz und die Glocke. Die Fenster sind niedrig, aber traut, über der Tür steht nicht selten ein sinniger Spruch oder doch die Jahreszahl und der Name der Besitzer. Der zurückliegende Teil umfaßt den Stall, über dem der Heuboden und die Tenne liegt, nur der vordere Teil ist bewohnt. Überall ist links von der Haustür die Wohnstube. Wir treten ein und tauchen die Hand in den kleinen Weihbrunnkessel, gegenüber steht der eichene Tisch, und über demselben prangt der kleine Hausaltar mit dem geweihten Palmzweig; zur Rechten und Linken aber hängen die wenigen Bilder, die zum Schmuck einer Bauernstube gehören. Mitunter trifft man noch alte Kupferstiche, Fürstenporträts, Heiligenbilder oder Jagdszenen, die aus den aufgehobenen Klöstern stammen, dann kommen die Lithographie und der Farbendruck und endlich die bemalten Photographien vom Hans und Sepp in Kürassier- und Artillerieuniform. Denn auch der Bauernbursche läßt sich heutzutage, wie ich dies schon früher betonte, mit einer gewissen Passion „portographieren". Davon wußte freilich der Alte noch nichts, der schweigsam und verträumt auf der Ofenbank liegt, auch diese gehört ja zum traulichen Inventar einer Bauernstube. Das Beste aber, was das Haus verwahrt, ist droben in der „guten Kammer"; dort stehen auch jene bemalten Kasten mit flammenden Herzen und jene Tassen, die auf Rosen und Vergißmeinnicht wandeln; in reichen Rollen liegt die Leinwand aufgespeichert, das Feiertagskleid hängt am Nagel, und die roten Äpfel, die der Herbst gebracht, prangen auf dem Simse. Es riecht so feierlich hier, so unbewohnt!

Und doch, welche Fülle von Lebenslust und Lebensschmerz hat Platz in solch einem stillen Hause; wieviel Poesie weht ungesehen durch dies Leben! Besonders ehedem, als es noch die alten Kunkelstuben gab, wo beim schwirrenden Spinnrad Sagen und Lieder sich weitertrugen, da waren in der Tat Urahne, Großmutter, Mutter und Kind vereint. Der alte Kienspan leuchtete, auch die Bursche kamen, und nicht selten beschloß ein Tanz die fleißige Arbeit. Dann ging's freilich manchmal nach Hause, Schulter an Schulter gelehnt, aber wer will auch junger Liebe wehren, — und ich fürchte, das polizeiliche Verbot solcher Zusammenkünfte traf vielleicht mehr die schöne als die schlimme Seite der Sache.

Ebenso erfolglos blieb wohl das Verbot, daß der Bursche in der Mondnacht vor das Fenster seiner Liebsten zieht und mit ihr noch trauliche Zwiesprache hält; auch diese Sitte, das sog. „Fensterln", gehört zu den ältesten und populärsten Bräuchen im bayrischen Hochland. Manchmal findet freilich auch die Komik hierbei ihr gutes Teil, vor allem, wenn der Bewerber weniger erwünscht ist, als er meint. Wir lassen ihn selber zu Worte kommen:

(Der Bua steht beim Fensterl vor seinem Schatz und klopft)
(Ganz staad)
„Deandl — Deandl — sei gscheid, tua auf,
I greil scho a Stund lang beim Fernsterl nauf."
(Spöttisch)
„Allweil hör i di drinna raffeln,
Wart, jetzt steig i dir nauf d'Staffeln."
(Vertrauli)
„Deandl — tua auf — bal i di bitt,
Bin ja dei Seppl, — kennst mi nit?"

(Fuchtig)
„Hörst jetzt heunt gar nit? Du hörst scho — oh mein!
Deandl — i schlag dir d'Fenster ein!"
(Klug)
„Geh, roas außa! Scheugst's Wetter nit,
Tu dei Wasch eina, na nimmst mi mit!"
(Grantig)
„Himmeldonner — hat die an Schlaf —
Deandl — tua auf — i bin scho' brav!"
(Ängstig)
„So, jetzt kimmts Regna — Jetzt werd ma wohl!
Deandl — i han — koa Parasol!!"
(Giftig)
„Deandl, tua auf — Kreuz Sakra jetz!
Auf tua, — sag i, — sei nit so letz!"
(Gschaftig)
„Geh und verstell di net gar a so dumm!
Jesses, Deandl — sie is dir net drum."
(Bittet)
„Deandl — Vom Vater an schönen Gruaß!
Tua auf!!! — I hab so an Wehdam beim Fuaß!"
(Kalt)
„Aber mi friert — aber heunt bist zwider,
Deandl — i reiß dir dei Hütten nieder!"
(Bsinnlich)
„Rührt sich jetzt gar nix da drin — Hoho!
Entweder is gar koa Deandl net do —
(Pfiffig)
„Oder — wenns do is — scheint ma schier,
's hat no koa rechte Liab zu mir."
(Verschmaacht)
„Dös san dir Tröpfein, — dös Warten tuat weh!
De-an-del!!! jetzt steigst mir am Buckel — i geh!"

In diese erste Winterszeit, wenn wir nun wieder dem Kalender folgen, fallen die sogenannten „Gehnächte".

Am 5. Dezember kommt der heilige Nikolaus, von dem grimmigen Knecht Ruprecht begleitet, aber nicht selten kam früher an Stelle des Knechtes Frau Bercht. Sie war dereinst die schöne, leuchtende Gestalt der deutschen Göttersage; nun ward sie langsam herabgedrückt zum Schreckbild störrischer Kinder und träger Mägde, denen sie zur Zeit erscheint, wo die alten Geister freigegeben sind. „Wart, die Frau Bercht kommt", ist noch jetzt ein Drohwort, und noch heute werden im Pinzgau von vermummten Gestalten die alten Berchtentänze aufgeführt, wie mir Graf Lamberg in Salzburg aus persönlicher Wahrnehmung berichtet hat.

Unbewußt fühlt ja das Volk das geheimnisvolle Weben jener Zeit, da es ins Winterdunkel hineingeht. So kommt die St. Thomasnacht heran, die sagenreichste von allen; es ist die erste der vier „Rauhnächte", und nackt stellt sich das jugendschöne Kind des Volkes vor den Spiegel und wirft den Schuh rücklings über die Schulter, um den Liebsten zu schauen, der ihr beschieden ist. Draußen aber, in den Lüften, zieht das Wilde Gejaid, der alte Wodan braust dahin auf seinem Roß mit Feuerhufen, und wehe denen, die des Zuges spotten!

Nur wenige freilich fürchten ihn mehr, und auch nur mehr wenige Tage trennen all' den Heidenzauber von dem Hochfest des Christentums, vom Weihnachtstage. Doch dürfen wir nicht glauben, daß das Christfest für den oberbayrischen Bauern etwa jenen intimen Familiencharakter hat, wie bei uns, denn der Weihnachtsbaum ist bekanntlich eine protestantische Sitte und im Hochland so gut wie gar nicht bekannt. Nur die uralte kirchliche Bedeutung des Tages wird gefeiert.

Der Besuch der nächtlichen Mette ist allgemein, und hoch herab von den einzelnen Berggehöften kommen in der Mitternacht die Männer und Frauen mit ihren Lichtlein durch den Schnee. Auch die folgenden Tage sind noch mit frommen Bräuchen geschmückt; am St. Stephanstag wird um manche Kapellen der alte Umritt gehalten, am Johannistage wird der Wein geweiht, von dem man „St. Hansen Minne" trinkt, und am „Unschuldigen Kindleinstag" dürfen die Bursche die Mädchen mit Ruten „kindeln", wenn sie derselben habhaft werden. Unter dem sogenannten „Kletzenbrote" aber, das man sich in diesen Tagen schenkt, verbirgt sich, kaum verschleiert, der Gebrauch der alten, heidnischen Festbrote.

Auch die schönen tiefsinnigen Weihnachtslieder, über welche uns August Hartmann eine so treffliche Abhandlung geboten hat, leben noch immer im Volke.

Tiefer als jemals erduldet unterdes in diesen Tagen die Natur das große eiserne Gesetz des Sterbens, hoch liegt der Schnee auf Weg und Wald, aber der Mensch versteht die Stimme und das Schweigen der Natur nicht mehr.

> „Der Vogel fällt, das Wild bricht ein,
> Der Quell starrt, und die Fichten beben,
> So ringt den großen Kampf ums Sein
> Ein tausendfaches, banges Leben.
>
> Doch in den Dörfern traut und sacht
> Da läuten heut' zur Welt hienieden
> die Weihnachtsglocken durch die Nacht
> Ihr Wunderlied vom ew'gen Frieden."

Und dennoch will die alte Geisternacht nicht völlig ruhen, sie lebt nicht mehr im Bewußtsein, aber in der Phantasie und Furcht, nicht mehr im Glauben, jedoch im Aberglauben des Volkes weiter.

In den zwölf Nächten von Weihnachten bis Dreikönig haben die Geister „offene Zeit", und besonders der letztere Tag ist bedrohlich. Wie ehedem der Drudenfuß die Gespenster von Haus und Hof verbannte, so tun es jetzt die drei Lettern, die mit Kreide an der Türe stehen, C. M. B., und wo noch der alte Brauch zurecht besteht, geht der Hausvater selbst nach dem Abendläuten durch alle Räume und wirft die Beeren des geheiligten Wacholderstrauches auf die Räucherpfanne.

Nun erst tritt eine gewisse Ruhe ein, das leidenschaftliche, das elementare Moment tritt mehr und mehr zurück, bis eine neue Sonnenwende es neu entfesselt.

Der Winter geht jetzt seinen ruhigen Gang; am Lichtmeßtag werden die Kerzen geweiht, die man während schwerer, nächtlicher Gewitter brennt, und der rote Wachsstock für die Frauen, der in Stunden der Gefahr um Hand und Fuß gewunden wird.

Von der bäuerlichen Arbeit aber ist um diese Zeit vor allem das Dreschen im Gang, und wer draußen auf der Straße zieht, hört weithin von der Tenne den fröhlichen Taktschlag erklingen. Wenn sämtliches Getreide ausgedroschen ist, folgt die sogenannte „Drischelhenk" mit einer stattlichen Mahlzeit, und daß man dabei nicht sparsam verfährt, zeigt schon der Ausdruck „Drischelwürget", der gleichfalls dafür üblich ist. Mancherlei Übermut, vor allem gegen die Nachbarn, die noch mit dem Dreschen im Rückstand sind, knüpft sich von selber an dies Fest.

Der Lichtmeßtag ist auch für den Einstand und Abgang der Dienstboten ein Wendepunkt; „Bauer, wir zwei machen Lichtmeß", bedeutet geradezu die Kündigung. Dann werden die Zeugnisse geschrieben: „hat sich drei und fleißig gedient und beflog eine gute Aufführung"; die paar Tage, welche zwischen Ausstand und Einstand liegen, heißen die „Schlenkelweil", und die letztere ist sogar in der Land- und Polizeiordnung von 1616 ausdrücklich anerkannt.

Die Freude, welche der Bauer an jeder Vermummung oder am „Maskeragehen" hat, prägt sich auch während der Fastnacht in mannigfachen Umzügen aus, doch ist es an den Fastnachtstagen selber, in festo larvarum, wie die alten Codices sagen, ziemlich stille; es wird während jener Zeit nicht selten das vierzigstündige Gebet gehalten. In geringschätzigem Sinne sagt man wohl auch von Frauen und Mädchen, die unordentlich oder zerzaust einhergehen: „Du bist a rechte Fasinacht!"

Am Aschermittwoch geht jung und alt zur Kirche, um sich einäschern zu lassen — „memento homo quia pulvis es", lautet das feierliche Wort des Priesters, am Abend aber wird die geweihte Asche in das Feld verstreut, und das Symbol des Vergehens trägt neuen Segen in die schaffenden Fluren.

Leise regt sich der Frühling, ein Osterzug wird schon in allem fühlbar, was Haus und Sitte uns nunmehr zeigt. Mit dem Palmsonntag beginnt die feierlichste Woche des Jahres; da werden die Palmzweige geweiht, vermischt mit Mistel und Wacholder, denn in beiden wohnt eine altgeheiligte Kraft wider Zauber- und Hexenkunst.

Die Gebräuche des Gründonnerstags und Karfreitags sind allgemein kirchlicher Natur und weichen deshalb kaum von jenen der katholischen Städte ab, dagegen wird am Karsamstag nicht selten vor der Kirchentür ein Feuer entzündet, das uralte Bedeutung hat. Manchmal wird in demselben die Puppe des Judas verbrannt, weil er den Herrn verriet, aber jedesmal nimmt der Hausherr sich ein angebranntes Scheit mit, um den heimischen Herd daran aufs neue zu entzünden.

Ostern selber, das christliche Hochfest, trägt noch den heidnischen Namen, denn Ostara ist die altgermanische Frühlingsgöttin; die Eier und der Hase gemahnen an die erwachende Fruchtbarkeit der Welt, und durch Wasser und Feuer rauscht und knistert wieder ein heimlich-tausendjähriges Erinnern. Die Sitte der Osterfeuer ist bekannt, aber auch das Wasser, das an diesem Tage geschöpft wird — „vor Sonnenaufgang, stromabwärts, ohne Widerwort" — hat eine besondere Heilkraft. In der Kirche prangt unterdessen die Osterkerze, und in schweren Körben bringen die Bauern das sogenannte „Geweihte", womit an diesem Tag das Mahl eröffnet wird. Es sind Eier, Brote, Salz und Fleisch; die ersteren sind nicht selten eingeschlagen, „damit die Weihe auch ordentlich durch kann". Der richtige Bauer freilich (meint Freund Schlicht) schüttelt zu solchen Tüpfeleien den Kopf und sagt kategorisch: „A gute Weich, die geht durch Stahl und Eisen."

Vollständig altgermanisch aber ist der Brauch, den Lentner aus der Jachenau berichtet; dort wird alljährlich von einem der 36 Hofbesitzer ein Widder geschenkt, der im ganzen zur Weihe gebracht wird, mit einem grünen Buchskranz und vergoldeten Hörnern, wie die heidnischen Opfertiere.

Nach alter Sage macht die Sonne am Ostermorgen drei Freudensprünge, und überall spüren wir nun den starken Lebenspuls des Lenzes auch in Sitte und Brauch. Vor allem will der König Mai seine Ehre haben, es ist ein Stolz weitum im Gau, welches Dorf den schönsten Maibaum hat, man fällt ihn im eigenen Walde, Tanz und Schmaus begleiten seine Errichtung, und die steifen holzgeschnitzten Figuren, die zur Rechten und Linken des Stammes prangen, mischen in seltener Weise häusliches und kirchliches Leben. Sie sind zum Teil aus dem Leiden Christi entnommen, dann folgen Bauer und Bäuerin, der Scherenschleifer, der Schmied, Hansl und Gretl und nicht selten nach den vier Winden eine gespannte Armbrust.

Der Bauer ist sich wohl selber des Zusammenhanges kaum mehr bewußt — es war die Waffe, die er einst im deutschen Heerbanne trug, und das Zeichen seiner Wehrhaftigkeit ist es gewissermaßen, das er weithin sichtbar dem Lande weist.

Daß die Polizei niemals mit dem Maien auf besonderem Fuße stand, das liegt eigentlich schon in der Definition der beiden Begriffe. Um so interessanter mag eine Verordnung aus der Montgelasschen Zeit, aus der sogenannten Aufklärungsepoche am Anfange dieses Jahrhunderts, erscheinen, welche folgenden Wortlaut hat:

„Da wir Volksfeste lieben und unsern getreuen Untertanen jede ehrbare Ergötzlichkeit mit wahrer Freude gönnen, so sei es von nun an erlaubt, am ersten Mai eines Jahres in jeder Gemeinde auf dem Lande einen Maibaum zu setzen; wir vertrauen auf die Einsicht und Klugheit unserer Behörden, daß sie dieses an sich unschuldige und wohl zu gönnende Vergnügen dem Landvolke nach unserer wohlmeinenden Absicht wirklich verschaffen."

So kommen wir zum letzten Hochfest des Jahres, zum Pfingsttag, an den sich die uralte Übung des Wasservogels oder „Pfingstls" anschließt.

Ein Bursche, ganz mit Laub und Schilf vermummt, reitet durch das Dorf, auch sein Gefolge, die „Santrigelbuben", sind beritten, und nun wird die Gestalt am nächsten Teich oder Bache vom Roß ins Wasser gestürzt. Manchmal geschieht dies auch nur mit einer Puppe, die dann einen Vogelschnabel trägt, der fürs Jahr hindurch an die Scheune genagelt wird.

Immer blühender entfaltet sich nun das Leben der Fluren, immer gewaltiger greift das Naturgefühl auch in das Volksleben hinein. Ihm gelten jene wunderschönen Umzüge und Bittgänge durch die Markung und durch das „liebselig Getraid", wie es in einer Schilderung von 1583 heißt, von ihm empfängt der Fronleichnamstag jenen stimmungsvollen, duftigen Zauber, den ihm alle Prangerinnen (so nennt man die Jungfrauen, die den Zug begleiten) und Fähnlein nicht geben könnten. Den Höhepunkt aber für dies Naturleben bildet entschieden die Sonnwendzeit. Weithin vom Watzmann bis zur Zugspitze flammen am Johannistage die Bergfeuer, doch auch im Tale soll es leuchten, und singende Knaben zogen ehedem umher und sammelten das Holz zum Feste.

„Heiliger St. Veit — schick uns a Scheit,
Heiliger Hans — a recht a langs,
Heiliger Sixt — a recht a dicks,
Heiliger Florian — zünd unser Haus nit an!"

Wer sich aber weigerte, etwas herzugeben, der konnte leicht die Verse hören:

> „Gebts uns aar a Steuer
> Zu unserm Sunnwendfeuer,
> Wer uns koa Steuer will geben,
> Solls nächste Jahr nimmer derleben."

Ebenso wurden die brennenden Scheiben, die man an diesem Tag einst durch die Lüfte schlug, mit Versen begleitet. Sie waren den verschiedensten Zielen gewidmet, der heiligen Dreifaltigkeit, den Staatsbehörden, sogar dem Teufel, in der Regel aber wurden sie dem Schatz geschlagen, und dann lautete der Spruch gar diplomatisch:

> „O du mei liebe Scheiben,
> Wohin soll i di treiben?
> In d' Mittenwalder Gmoa,
> Du woaßt scho, wen i moa!"

Unbewußt fühlt es ein jeder, daß dies ein anderes Feuer ist, als es tagtäglich brennt; die kranken Tiere werden davon heil, wenn sie durch die Flammen gehen, und jauchzend springt der Bursch mit seiner Liebsten durch die Glut.

Um Johannis oder St. Veit beginnt auch die Auffahrt zur Alm mit der festlich geschmückten Herde, drunten auf den duftigen Wiesen aber fängt die Heumahd an, und eine Zeit schwerer und strenger Arbeit kommt nun für das Bauernleben, wo man selbst die Feiertage bisweilen nur ungeduldig erträgt, aber es ist die schönste Arbeit, die es gibt, sie gilt der Ernte.

Wenn dann alles richtig und rechtzeitig geschehen ist, läßt sich die Kirchweih um so fröhlicher an, und diese ist und bleibt doch eigentlich das populärste Fest des Jahres. Vom Dach bis zur Schwelle wird das Haus gesäubert, in der Küche brodeln die duftigen „Kirdanudl", nun kommt der alte Bauernspruch zu Recht: „Noti is's nit lusti!" Nach dem Frühmahl geht man zur Kirche, wo das weiß und rote Fähnlein vom Turme weht, jeder trägt sein bestes Kleid und eine Blume auf dem Hut, von weit her sind Verwandte und Freunde zu Gast gebeten. Den ganzen Tag kommen die stattlichen Maßkrüge nicht vom Tisch, auch sie sind häufig mit roten Bändern und einem Strauß verziert, und den ganzen Tag ist es ein Kommen und Gehen, denn es ist Nachbarspflicht, sich heute zu besuchen. In der Regel ist auch Musik im Hause, eine Zither oder Mundharmonika, und so wird bis in den Abend hinein getanzt, gesungen und jubiliert. Erst am zweiten Tage, am sogenannten „Nachkirda", gehen die besseren Bauern zum Tanze ins Wirtshaus.

„Und a lustiger Kirda
Dauert Sunda, Monda und Irda,
Und es kann si glei schicka,
Glei gar bis zum Micka."

Früher hatte jedes Dorf im bayrischen Oberland seinen eigenen Kichweihtag, jetzt sind sie alle auf den dritten Sonntag im Oktober vereinigt, aber so viel Übermut damit auch gebannt oder lokalisiert ward, wenn ich mir den Ausdruck erlauben darf, das Wort allein „der Kirda" hat doch noch seinen solennen, übermütigen Klang.

„Was habts denn für an Kirda mitanand?" sagt man zu zweien, die in lauten Wortwechsel geraten sind, und wenn im Sommer auf den Almen getanzt wird, spricht man vom Almenkirda, selbst die Wildschützen machen sich den Tag zu nutze, wo alles daheim beim fröhlichen Gelage sitzt, und wo sie sich doppelt sicher glauben.

„Richt an Rucksack nur her!"

Das Jahr aber neigt sich langsam zu Ende, die Luft ist so durchsichtig und klar geworden, es ist die schönste oder doch die ergreifendste der Jahreszeiten, aber diese Schönheit ist müd zum Sterben.

„Verblaßte Blumen stehn am Wege."

Und den Toten gilt auch das letzte Fest, das in diese Zeit fällt, Allerheiligen und Allerseelen. Ein Kranz vom Grün der Almenrosen schmückt das schlichte Holzkreuz, auf die gelockerte Erde aber sind rote Vogelbeeren gelegt, von jenem Baum, der einst dem Thor geheiligt war.

Am 6. November mustert noch einmal St. Leonhard seine prächtigen Rosse und dann kommt wieder tiefe, tiefe Winterstille, der ewige Kreislauf des Jahres ist vollendet. Aber das Leben des einzelnen steht ja nicht stille, nicht alles ist gebunden an den Tag. Hier tun sich lang erhofft zwei lichte Äuglein auf und lachen ins Leben, dort schließen unverhofft sich zwei müde Augen, und soweit ist es vollends nirgends gekommen, daß der Hochzeitslader „Feierabend machte".

Diese drei großen Wendepunkte irdischen Daseins

wollen wir jetzt noch in Kürze betrachten, und zwar an erster Stelle die Hochzeitsbräuche.

Nicht bloß bei uns, auch draußen auf dem Lande, ist der Gegensatz zwischen Herz und Interesse ein bewußter und manchmal sogar ein recht akuter; je zwangloser man bei Anknüpfung einer „Bekanntschaft" verfährt, desto bedächtiger geht man (wenigstens beim Großbauern) mit dem Heiraten zu Werke. Die Vermittlung, wenn sie sich auch nicht in Inseraten ausprägt, hat doch immer noch im mündlichen Verkehre einen großen Spielraum, damit nicht bloß die Herzen, sondern auch die Summen zusammenpassen. Man geht mit feierlicher Miene „auf die Bschau", bevor man die Sache „richtig macht", und dann erst folgt der feste Verspruch.

Nun gibt es scharfe Arbeit für den Hochzeitslader. Den Rosmarin am Hut, den Rock mit roten Bändern verziert und einen mannshohen Stock in der Hand, sieht man ihn auf der bestaubten Straße steuern, manchmal aber trabt er sogar hoch zu Rosse oder ist von ein paar Adjutanten der beteiligten Familien begleitet. Aus jedem Hause erscheint in der Regel nur ein Gast, wenn nicht persönliche Beziehungen die Einladung mehrerer Familienglieder zur Pflicht machen; schon in halbgewachsenen Jahren versprechen es sich Bursche und Mädchen: „Dir geh i amal in d' Hochzeit." Ein solches Versprechen zwingt; auch die Nachbarn zu laden, erscheint geradezu unumgänglich.

Als offizielle Verlobung aber gilt erst das sogenannte „Stuhlfest" vor dem Pfarrer, wobei es mitunter ein scharfes Examen aus dem Katechismus absetzt. Im Hause der Braut rüstet man unterdessen emsig den „Kammerwagen", der die Aussteuer an den neuen Wohnort bringt. Er ist hochbeladen, die vier Pferde sind mit bunten Bändern geschmückt, und in manchen Gegenden sitzt die Braut selbst ganz zu höchst, wo ihr Spinnrad prangt, oder sie geht hinter dem Wagen mit der Kunkel in der Hand, dem uralten Zeichen frauenhafter Ehre.

„Dort kimmt er, der Wagen,
Die Bräundln, die ziehgn,
Der Flachs und die Kasten,
Und d'Bettstatt und d'Wiegn."

Und in der Tat wird er auch überall mit heller Freude begrüßt, selbst der Übermut hat dabei sein gutes Recht. Man versperrt ihm scherzhaft den Weg, und sogar die Handwerksburschen, die auf der Straße ziehen, dürfen ihn gegen ein kleines Lösegeld zum

Stillstand zwingen. Mit lauten Böllerschüssen wird er an seinem Ziele empfangen, dann wird das Brautbett in der „Ehekammer" feierlich eingesegnet, und endlich kommt der Hochzeitstag.

Es mag hier als erfreuliche Tatsache betont werden, daß die Eheschließung auf dem Standesamt weder dem kirchlichen noch dem volkstümlichen Zeremoniell in unsern Bergen nennenswerten Abbruch getan, und ebenso verdient es als ein Zug schöner Pietät erwähnt zu werden, wie an diesem Freudentag das Andenken der Geschiedenen geehrt wird. Regelmäßig wird da eine Seelenmesse für sie gehalten, nach der Trauung besucht man den Friedhof, und wo die Eltern leben, spricht nach der Morgensuppe der Hochzeitslader den Dank der Braut für alle Wohltaten, die sie im elterlichen Hause genossen.

Um 10 Uhr geht der Zug zur Kirche, voraus die Musikanten, die aus vollen Backen blasen. Mit seltener Gravität schreiten die Würdenträger des Festes einher, unter ihnen Ehrvater und Ehrmutter, sowie die Kranzelherrn und Kranzeljungfern der Braut.

Auch in der Kirche ordnet der Hochzeitslader das Zeremoniell, der Lehrer auf dem Chor tut heute sein Bestes, und glänzend schaut Frau Sonne durch die Fenster, während das junge Paar den Segen empfängt und St. Johannis-Minne trinkt.

Der dicke Wirt aber steht ungeduldig vor der Türe seines Hauses und lauert, ob sie noch nicht wiederkommen; endlich sieht er den Zug von neuem nahen, und nun beginnt sein Element, das schwergeladene Hochzeitsmahl. Manchmal werden vor dem Wirtshaus noch festliche Spiele aufgeführt, so der Braut- oder Schüssellauf. Die junge Frau aber geht zunächst in die Küche zum „Suppensalzen", denn mit dem

Amt kommt der Verstand, und sie muß es nun genau verstehen, ob die Gerichte auch alle richtig zubereitet sind. Am Menü einer sogenannten „guten" Bauernhochzeit würden wohl die meisten von uns ersticken, wenn wir es vollständig absolvieren wollten; es heißt im Dialekte der „Kuchelbrief" und enthält fast alle erdenklichen Fleischspeisen, mit Ausnahme von Wildbret und Fisch, die auch bei der prunkvollsten Hochzeit niemals erscheinen. Hier wirkt unbewußt nach ein uralter Gegensatz — „Wildbret und Fisch sind für der Herren Tisch". Was der einzelne von seinen Portionen nicht bezwingen kann, das legt er in ein eigenes Tüchlein beiseite, und diese Überreste werden „das Bescheidessen" genannt.

Freilich sorgt auch der Tanz, der unablässig zwischen den einzelnen Gängen tobt, für die Erneuerung eines grotesken Appetits. Während der Hochzeit dürfen nur die Geladenen tanzen, nach dem Abdanken, um 7 Uhr, können sich auch andere gegen Bezahlung der üblichen Scharen beteiligen.

Aber bis zum Abdanken hat es gottlob noch gute Weile, zuerst müssen sie die Braut stehlen, ohne daß es der Hochzeiter bemerkt; sie wird dann in der Regel ins Herrenstüblein verbracht, wo man im vertrauten Kreise ein paar Flaschen vertilgt. Oben im Lärm des Festes merken sie es kaum, daß die Hauptperson verschwunden ist, denn von dem jungen Volk ist ja ein jeder sich selbst die Hauptperson. Wer unterdessen die Tische mustert oder die Musiktribüne, findet prächtige Typen. Breitspurig sitzt der Ehrvater dort mit rotglühendem Angesicht und beschaulicher Miene.

„Mitn Kopf gangs no guat,
Aber d' Füßl san schlecht!"

Um so resoluter und unverwüstlicher blickt die Ehrmutter drein mit ihren braunen, klugen Augen, sie ist sich ihrer Stellung voll bewußt — aber — aber —

>„Und dös is wohl was Schöns,
>Wenn ma gschatzt is und alt,
>Aber — schöner is's do
>In die junge Jahr halt.
>
>An Ehrmutter bin i,
>Dös is dir wohl fein,
>Aber — lieber no möcht i
>Glei d' Hochzeitrin sein.
>
>Und so denkt si die Alte,
>Druckt d' Äugerl fein zua,
>Aber — na waars erst lusti! —
>Schneid hätt i no gnua!"

Auch das junge „Basl", das zur Hochzeit entboten ward, scheint von diesem Schlag zu sein. „Dös is a Resche" sagen die Bursche von ihr.

>„Als a Sendrin is s' drobn
>Auf der Grünseer Alm,
>Die kann 's Kummadiern
>Mit die Küh und die Kalm.
>Und die ferchtet wohl koan,
>Der's zum Heiraten nahm,
>Denn die kemmet ihm scho,
>Wenn nur — er amal kaam!"

Da plötzlich füllt ein dichtes Gedränge die Stube, die Lichter werden angezündet, und der Hausknecht, der soeben mit der Gießkanne den Staub gelöscht und das Parkett erfrischt hat, zieht sich respektvoll zurück. Es kommt der Glanzpunkt des Schmauses, das Abdanken oder Ehren. Ein Trompetenstoß verkündet das feierliche Ereignis, und nun beginnt der Hochzeitslader seinen uralten Spruch, der gottestreue Frömmigkeit und kecke Lebenslust in seltener Weise verbindet und zum Schlusse dem Brautpaar ein halb Dutzend Buben wünscht:

„Und a fünf a sechs Dirndln drunter,
Denn wo koane Dirndln san,
San d' Buben aa nit munter."

Dann aber kommt das gesamte Register der an der Hochzeit beteiligten Personen, wobei auch der Pfarrherr und der Wirt an hervorragender Stelle figurieren. Jeder dieser Toaste, wenn man sie so nennen will, beginnt auf die gleiche Weise: „Ferners bedanken sich die ehr- und tugendsamen Brautpersonen bei . . . Herrn Georg Hinterhuber, Knollbräu von Unterberg, als den Hochzeiter sein vielgeliebten Vettern, daß er an ihrem hochzeitlichen Ehrentag erschienen ist." Und dann folgt in der Regel eine kleine Neckerei. „Dös is aa scho a schöner, der is gwiß die Bauern nit guat, weil er gar so viel Räusch allweil in sei Bier einituat."

„Musikanten, ihm zu Ehren,
Laßt eure Instrumenter hören!"

Schallendes Gelächter folgt den einzelnen Reimen (auf ein halb Dutzend Versfüße geht es dabei nicht zusammen), ein gewaltiger Tusch ertönt, und mit Pathos tritt der Aufgerufene nun vor das Brautpaar hin und legt seine klingende Gabe in die Schüssel. Der Bräutigam reicht ihm den Krug zum Trunke, daneben aber wird eine sorgfältige Liste über die einzelnen Gaben geführt, damit man sich die Ziffer im gleichen Falle ad notam nehme.

In den wohlhabenderen Gegenden unseres Oberlandes kann man schwerlich unter 10 bis 20 Mark geben, „das heißt an goldenen Reichsfuchsen", wie der scherzhafte Ausdruck lautet, und die Anzahl der Gäste beträgt bei einer guten Hochzeit wohl zwischen 60 und 100 Personen.

Mit dem Ehren aber hängt auch noch der Ehrtanz zusammen; das junge Paar tanzt zunächst einmal ganz allein, und sodann der Ehrvater mit der Braut und die Ehrmutter mit dem Bräutigam. Denn auf dem Lande heißt es: „Alter schützt vor — Tanzen nicht."

„Ah — der Ehrvater ah —
Wie der blast, wie der schnauft!"

Etwa bis Mitternacht harrt das Brautpaar aus, dann trachten sie unter mancherlei Hindernissen zu entfliehen, aber die Musikanten erspähen sie noch zu rechter Zeit und geben ihnen rauschendes Geleite. Dies „Heimblasen" ist unvermeidlich. Draußen in der kühlen Nachtluft steht der Mond am Himmel, es wird so stille, und während die Musik langsam verhallt, reichen sich zwei Menschen die Hände und denken leise: „Der Tag is halt dengerscht der schönste im Leben!"

Der folgende wird „der goldene Tag" genannt, er ist einer tiefen, beschaulichen Ruhe gewidmet, man freut sich des Hauses und des Besitzes, keine Arbeit darf getan werden. Nur in der Frühe geht man zur Messe und des Nachmittags mit den nächsten Anverwandten zum Wirt, wo die Abrechnung gepflogen wird.

Nach der obligaten Zeit, wenn alles sich korrekt verhält, erscheint der bewußte Sprößling, den der Hochzeitslader mit einem seltenen Scharfsinn prophezeite, und nun kommt der Gevatter zu Ehren. Der Pate oder Göd, wie man ihn oberbayrisch nennt, ist auf dem Lande eine viel wichtigere Person, als in der Stadt, er steht an Autorität dem Vater am nächsten und bekundet auch eine beständige Sorgfalt für das Kind. Von ihm wird der Taufschmaus bestritten, als Geschenk dient meistens eine Schaumünze, und überdies hat er die Verpflichtung, das Kind wenigstens einmal vollständig zu kleiden. Die Taufe selber findet nie im Hause, sondern nur in der Kirche statt, wohin man selbst im tiefsten Winterschnee oft stundenweit fährt. Gelegentlich wirft auch der Schlitten um, im Wirtshaus aber, wo der Schmaus gehalten wird, legt man den jungen Weltbürger ruhig auf eine Ofenbank und fordert nichts von ihm als Schweigen. Der Mythus vom Storch ist auf dem Lande wenig bekannt, und wenn man Bauernkinder fragt, woher auf einmal das kleine Brüderlein gekommen sei, so kann man wohl die Antwort hören: „Ja, ausn Brunnagrand hats ihn auffigschutzt."

Was die Namen anlangt, so sind sie fast nur aus dem Heiligenkalender entnommen. Sepp ist der beliebteste bei den Knaben und Miedei (Maria) bei den Mädchen. Nur aus seltenem Anlasse wird in die alte germanische Zeit zurückgegriffen; so beschloß zum Beispiel im Jahre 1879 das Komitee, welches die Einführung der Glasmalerei in Tegernsee feierte, um die sich Abt Gotzbert sehr verdient gemacht, bei einem Knaben die Patenstelle zu übernehmen, der diesen

Namen bekommen würde und alsbald fanden sich verschiedene junge Gotzberte zur Konkurrenz um diese Ehre ein. Als Kuriosum sei noch erwähnt, daß kürzlich im Tegernseer „Seegeist" unter den Verstorbenen das Kind Anonymus zu lesen war.

Der erste Besuch, den die Verwandten, Freunde oder Nachbarn bei der Wöchnerin erstatten, und das Geschenk, das sie bei dieser Gelegenheit mitbringen, heißt „das Weisat"; eine Bewirtung im Taufhaus ist die selbstverständliche Erwiderung.

Am tiefsten aber bekundet sich wohl die Innigkeit des bayrischen Volkslebens in jenen Gebräuchen, die sich an die letzten, schweren Stunden des Daseins schließen — an den Tod.

Wo ein Sterbefall eintritt, bleibt die Leiche in der Regel im Haus, und Tag und Nacht hindurch lösen sich die Nachbarn ab, um Wache zu halten und bei den brennenden Kerzen zu beten. Nie habe ich diese Pflicht erfüllt ohne ein Gefühl der tiefsten Ergriffenheit. Selbst das Grab wird in der Regel von den Freunden und Nachbarn gegraben, und diese sind es auch, die den geschmückten Sarg tragen. Stirbt ein Kind, so fällt dies Amt den Kindern zu, der Pate aber schickt das Totenhemd und die sogenannte Krone; bei Jungfrauen verrichten die Mädchen des Dorfes diesen letzten Liebesdienst und bei jungen Männern deren Gefährten.

In der Jachenau ward der Sarg offen gelassen und nur das Antlitz des Toten bedeckt; im Berchtesgadener Land, wo viel Armut herrscht, hatten früher, wie die „Bavaria" berichtet, mehrere Gemeinden zusammen nur eine Totentruhe, aus der die Leiche vor der Bestattung wieder herausgenommen ward, sie war in ein Leintuch eingenäht und wurde so der Erde übergeben.

Die Leichenfrau, welche übrigens nur die äußerlichsten Veranstaltungen besorgt, wird mit einem schauerlich realistischen Worte „die Totenpackerin" genannt. Besonders ergreifend sind jene Bestattungen, wo die Leiche im langen Schiffszug über den See geführt wird. Mit Grauen aber denke ich an das Bild einer schönen jungen Sennerin, die auf der Alm verunglückt war und nun aufrecht sitzend auf einem schmalspurigen Wagen, der beim Sonnenschein eine brennende Laterne trug, zu Tal gebracht wurde.

Beerdigung und Gottesdienst fallen unmittelbar zusammen, und nach dem letzteren findet noch mannigfach das alte germanische Leichenmahl statt, bei dessen Schluß ausdrücklich für den Verstorbenen gebetet wird. So hat sich zum Beispiel im Salzburgischen der dialektische Ausdruck erhalten: „Wenn hamma 'n vertrunka?" anstatt „Wann haben wir ihn begraben?"

Am 7. und 30. Tage nach dem Tode werden wieder Gottesdienste gehalten, bei welchen die gesamte Verwandtschaft erscheint, aber auch sonst wird das Andenken der Geschiedenen auf mannigfache Weise geehrt. Sie kennen die schöne Sitte der Martertafeln für jene, die verunglückt sind; auf einer Felswand bei der Kaiserklause waren noch vor kurzem etwa zwanzig solcher Gedenkzeichen angebracht, und der Felsen selber heißt noch jetzt im Volksmund „die Tafeiwand".

Nicht minder wurden die sogenannten Rêbretter (auf welchen man die Leiche zu Grabe getragen), an grüne Waldbäume geheftet, sie tragen die Namen des Geschiedenen und das requiescat in pace, Rê aber bedeutet Leichnam, wie es schon im Parzival heißt: „Gebalsamt ward sin junger Rê".

Während der Trauerzeit, die sich für die Mutter auf ein Jahr, für den Vater und Paten in der Regel auf ein halbes Jahr und für Geschwister auf etwa sechs Wochen erstreckt, tragen die Frauen schwarzes Oberkleid und Halstuch, am Hute darf keine Goldschnur prangen, sie sind „in der Klag", wie der dialektische Ausdruck lautet.

Doch mit den Scheidenden muß auch ich endlich von Ihnen scheiden. Vieles, was ich Ihnen gerne noch berichtet hätte, ist ungesagt geblieben, aber auch aus dem wenigen, was ich in dieser engen Stunde bieten konnte, werden Sie entnehmen, welches mächtige Stück Leben, welche Fülle von Gemüt und schaffender Gestaltungskraft in unserem oberbayrischen Volksstamme wurzelt!

Daß die neue Zeit, und was in ihrem Gefolge auf das Land dringt, auch auf Brauch und Sitte manchen zerstörenden Einfluß übt, daß auch hier die große Nivellierung ihr Werk versucht, das könnte freilich nur der Unverstand verkennen, aber ein Bollwerk bleibt doch noch immer gegen diesen Niedergang, und dies ist das Herz des Volkes, aus dem seine Sitte entsprang. Die Liebe zur Heimat wird auch hier noch lange manches köstliche Eigengut beschirmen, und die schönste Frucht aller Forschung ist ja neben der Wahrheit — das Vertrauen. Ich aber vertraue schrankenlos auf den gesunden Sinn unseres Volkes.

> Wie auch die Welt sich wandeln mag
> Rastlos in Weben und Streben;
> Bergvolk und grüne Bergeswelt
> Sie haben ewiges Leben!

Franz Defregger und seine Bilder

Es ist um die Dämmerstunde. Das ist die Zeit der Atelierbesuche, und da ziehen wir die Glocke an dem reizenden roten Hause in der Königinstraße zu München, wo man hinabsieht in die beeisten Zweige des Englischen Gartens und in die wogenden Novembernebel.

Ein großes eisernes Gitter öffnet sich, wir blicken in ein winterlich geschütztes Gärtlein; bellend springt uns der Hund entgegen, und nach wenigen Schritten stehen wir vor der breiten Ateliertür, wo mit Kreide angeschrieben steht: „Modelle von 8—9". Das ist die Heimat eines Künstlers, der jetzt zu den gefeiertsten europäischen Namen zählt; das ist die Wiege jener sonnenfrischen Bilder, die Tausende von Herzen in der alten und der neuen Welt entzücken.

Ein bunter Lärm, der fast das „Herein" verschlingt, klingt uns von drinnen entgegen; Kunsthändler, Kunstkritiker, Kunstfreunde führen da das laute Wort. Der eine hält einen ästhetischen Monolog mit der Pointe: „Na, wissen Sie, Sie sollten eigentlich in Berlin leben!" „Aber bitte", ruft entsetzt der Wiener dazwischen; — „nicht wahr, Sie schließen nicht ab, ohne mir die Vorhand zu lassen", spricht halblaut der Prinzipal, der im mächtigen Pelzrock an der Staffelei vorüberstreift.

Und mitten in dem Gedränge steht hochgewachsen und schlicht der bildschöne, schweigsame Mann, den sie alle umwerben, und wirft nur dann und wann ein Wörtlein in den Redestrom seiner Gäste. Er trägt die graue Joppe als Arbeitskleid und hat die Palette abgelegt, weil es zum Malen doch schon zu finster ist; seine tiefklaren Augen streifen noch einmal träumend das Bild, und ein halbverlegenes Lächeln gleitet über die ernsten Züge, wenn er die Flut von Lobsprüchen, von Weisheit und von glänzenden Offerten vernimmt. Dann aber, wenn der Schwarm der Bewunderer sich verlaufen, dann atmet er leise auf, sachten Schrittes gehen wir in den kleinen Erker, der dicht an die Werkstatt stößt, und dort erst reicht er mir nochmal die Hände — „Grüß di Gott!" Nun erst ist aus dem Herrn von Defregger (er ward vor kurzem erst geadelt) und aus dem Herrn Professor wieder der Franzl geworden.

Aus dem trauten, holzvertäfelten Winkel sieht man hinaus in die dämmernde Werkstatt, wo sich der Efeu ums Fenster schlingt, man sieht gerade auf ein Landschaftsbild, das die Heimatberge unseres Meisters darstellt. Leichtes Gewölk streift über die blauen Gipfel, auf dem felsdurchwachsenen Boden steht eine braune Hütte, man glaubt in den verwitterten Fichten den Wind zu hören. Er hat es selbst als flüchtige Skizze gemalt, aber in der flüchtigen Skizze liegt der Schlüssel zu all jenen gewaltigen vollendeten Bildern, liegt das Geheimnis von all dem Zauber, der sein Schaffen und seine Persönlichkeit umgibt. Denn all das wurzelt in der Heimat.

Wohl nur wenige bedeutende Menschen haben es verstanden, die Kraft ihrer Herkunft, das Originale, das Persönliche, das ihnen damit gegeben war, in dieser Unversehrtheit festzuhalten, wie Defregger. Er ist noch heute in seinen letzten Tiefen das Bergkind von ehedem, und er wollte niemals etwas anderes sein, als er ist. In der kernigen Wirklichkeit des Bauernlebens gewann er kein Bewußtsein dessen, was man in der großen Welt den Schein nennt, und diese innere

Wahrhaftigkeit, diese Unschuld seines Denkens und Schaffens, wenn ich so sagen darf, hat ihm die spätere Bildung nicht zerstört und sein früher Ruhm nicht weggeschmeichelt. Nie hat er mit den Verhältnissen sein Wesen geändert oder der Welt ein Zugeständnis an seinem inneren Ich gemacht, und das gibt seiner künstlerischen und menschlichen Persönlichkeit jene geschlossene Einheit, die uns so wohltut neben der hastigen Vielseitigkeit, die wir ringsum erblicken.

Und doch wie wunderbar und vielseitig waren die Wege und der Wechsel dieses Lebens!

Sie alle wissen wohl soviel von Defreggers Jugend, daß er als Bauernkind heranwuchs, in der Abgeschiedenheit eines einsamen Tirolergehöftes, aber Sie wissen vielleicht nicht so im vollen Maße, was das heißt, was das Leben eines Bauernkindes bedeutet. Diese stumme, hart umgrenzte Welt, die nur sich selber kennt, dies Dahingehen in einem uralten tausendjährigen Geleise, diese ewige Zwiesprach mit der unverschleierten Natur! Es läßt sich nicht sagen, was die Sonne herniederscheint in das Gemüt des lauschenden Knaben, der da am Berghang auf dem Felsen sitzt, während die Herde um ihn weidet, was die stöhnenden Bäume dem Mann entgegenrauschen, der nachts durch den Wald zieht mit seiner Last auf der Schulter, kurzum, es gibt kein Wort für das, was der Bauer in der Natur erschaut, erlauscht, erlebt. Er wird sich selber dessen oft kaum bewußt, aber das Elementare, das in diesen Eindrücken liegt, verwächst gleichsam mit seiner ganzen Seele und legt die Hand auf sein ganzes Leben. In der Jugend sammeln wir das Bestimmende, das Unvergeßliche für unser Dasein, und bis zum fünfundzwanzigsten Jahre ist Defregger nicht einen Fußbreit aus dieser Bergwelt, aus diesem Bauernleben hinausgetreten.

Die Gemeinde, die er seine Heimat nennt, heißt Dölsach, der engere Ortsname aber ist Stronach, nicht fern von Lienz im Pustertale. Fast eine Stunde weit ist es von der Kirche des Dorfes hinauf bis zu dem mächtigen Einödhofe, wo sein Vater und dessen Väter gehaust; auf dem grauen Dach liegen die Steine, man sieht die Felsen der Dolomiten, und über den grünen Berghalden erhebt sich langgestreckt der dunkle Wald.

Dort ward unser „Franzl" am 30. April 1835 geboren, seine eigenen Erinnerungen reichen zurück bis ins dritte Jahr, und unwillkürlich hielten sie immer das am festesten, was am bildlichsten vor seine Seele trat. So weiß er es noch genau, wie einst ein Zug von Jägern oben am Gangsteig vorüberzog und mit der Mutter in Zwiesprach kam, und wie er sich fürchtete, sie möchten ihr etwas zuleide tun; wie er am Brunnen stand, wenn in der Abendkühle die Herde kam, wie sich die vier Schwestern um ihn drängten, der ihr einziger Bruder war.

Als er fünf Jahre zählte, verlor er die Mutter, der Typhus wütete im Hause und er selber lag schwer darnieder. Manchmal kam wohl der Arzt in das einsame Bauerngehöft und griff nach der Hand des fiebernden Knaben; er gab ihm Arzneien, aber Hoffnung gab er ihm wenig. Gleichwohl siegte die kräftige Natur; er erinnert sich noch an den wohligen Schauer, als ihn der Vater das erstemal hinaus in die Sonne trug. Doch blieb er bis zum siebenten Jahre kränklich und schwach.

Dann ging sein Knabenleben in den herkömmlichen Bahnen weiter. Im Winter war Schule, die ein alter Bauer für die Kinder der umliegenden Höfe hielt, während der Schnee fußhoch in den Bergen lag; im Frühjahr aber flog der ganze junge Schwarm auseinander, und gleich den andern zog auch der Franzl als Hüterbub auf die Alm. Vor ihm kletterten die Ziegen, und er kletterte ihnen nach, barfuß, mit der Spielhahnfeder auf dem verwaschenen Hütlein; droben aber legte er sich in die Sonne und sah hinaus in die Welt.

Wieviel erspäht man nicht auf solcher Lagerstatt, es fällt mir immer der Spruch eines alten Bauern ein, welcher sagte: „Die Leute meinen alleweil, man müßte recht umeinandergehn, damit man recht viel sieht, aber wenn man fest auf ein' Platz bleibt und dort recht aufpaßt, na sieht ma noch viel mehr." Und so war es auch hier, da kam das Wild, es flogen die Geier, die Steine rollten, und die Alpenblumen blühten; er aber lag da, und über ihm zogen Wolken, Windesrauschen und Träume.

Der Vater war ein strenger Mann, aus dem harten Holze des alten Bauernschlages; er hatte eine besondere Vorliebe für Pferde, und wenn dieselben auf die Weide getrieben wurden, dann setzte er gern den Jungen aufs Roß, damit er behend und schneidig werde. Oft fiel er unter die tollenden Füllen, einmal erhielt er sogar einen schmerzenden Hufschlag auf den Mund. Gern hätt' er den Schlag verschmerzt, wenn's nur nicht gerade am Kirchweihtag gewesen wäre, wo die fetten Krapfen gebacken wurden, und nun war er inkapabel, auch nur einen einzigen zu verzehren! Alljährlich einmal ging der Alte ins Pinzgau über die Tauern, um Vieh zu kaufen, und dann durfte ihn der Knabe in der Regel begleiten. Es war jener uralte Bergweg, der schon im XI. und XII. Jahrhundert begangen wurde; schon damals wurden Unterkunftshütten errichtet und

Stiftungen gemacht, um allabendlich durch Hornsignale die Wanderer auf den rechten Weg zu führen, die sich in den Tauern verirrt hätten. Das alte „Valwild", der Steinbock nämlich, war herdenweise dort heimisch, und heute noch faßt jener wundersame Pfad gewaltig unsere Phantasie.

Das war aber auch der einzige Wechsel in dem stummen Einerlei des abgelegenen Hofes. Allein gab es denn nicht noch ein anderes bedeutsames und schöpferisches Moment in diesem jungen Leben — die Kunst? Wie dämmerte zuerst ihre Ahnung auf, wie zeigten sich ihre ersten Regungen im Stillen?

Der Franzl hatte noch nie das Wort gehört und noch kein anderes Bild gesehen als die paar Heiligenbilder in Stube, Haus und Kirche, aber dennoch tastete die innere Gestaltungskraft unbewußt nach ihrem Ziele. Aus den Kartoffeln, die er vom Herde nahm, schnitzelte er menschliche Gesichter; aus dem Teig, der im Backtrog lag, knetete er die abenteuerlichsten Figuren und in die leeren Blätter des Bauernkalenders kritzelte er Roß und Rind, wie er sie draußen am Brunnen gesehen. Allein er hatte weder Vorlagen noch Unterricht. Nur einmal erhaschte er einen österreichischen Guldenzettel und kopierte ihn so getreu, daß die kaiserlichen „Finanzer" (wie man in Tirol sagt) beinahe wegen Banknotenfälschung interpellierten!

Dies Experiment war nicht ermunternd; keine führende Hand, kein scharfes Auge kam dem schlummernden Talent entgegen, und wenn auch der Herr Pfarrer von Dölsach gelegentlich mit dem Vater sprach, so schüttelte dieser trotzig den Kopf und sah hinaus über Feld und Wald. Das war das richtige Erbteil für seinen Buben.

Mit fünfzehn Jahren war Defregger vollständig erwachsen, und nun war die Idylle vorüber, nun galt es die harte, schwere Arbeit des Bauern. Aber auch die ganze „Lustbarkeit", die in diesem Dasein liegt, ward nunmehr wach, um ihn war eine Schar von fröhlichen Kameraden, und zu sechst und siebent zogen sie in lauer Mondennacht in die benachbarten Dörfer zum „Gasselgehn", wo die alten fröhlichen Reime klangen. Und doch — in all der kernigen Lebensfrische ging ein wundersamer idealer Zug durch die Tiefen seiner Natur; wenn er die Glocken des Dorfes hörte, wo sein Schatz daheim war — von fern, fast eine Meile weit — dann durchrieselte es ihn leise, die zartere Welt in seiner Seele regte sich, ehe er wußte, daß er sie besaß. Dennoch wäre es unrichtig, wenn wir uns etwa den jugendfrischen Defregger als Träumer dächten, den das Erwachen seiner künstlerischen Kraft und die Gebundenheit seines äußeren Daseins bedrängte. Kein Gefühl des Nichtverstandenseins bedrückte ihn, kein innerer Konflikt entfremdete ihn den Genossen, auch hier zeigte seine Persönlichkeit ihre ganze herzgesunde Unantastbarkeit, die noch heute der Grundton seines Wesens ist.

Es schien ihm selbstverständlich, daß es jetzt, wo er ganz in der harten vollen Arbeit steckte, mit dem Zeichnen vorbei war; die Kirche von Dölsach war damals abgebrannt, und die einzelnen Bauern trugen zum Aufbau Holz und Steine herbei. Auch er half mit, er ahnte es nicht, daß er dereinst derselben kleinen Kirche das herrliche Altarblatt bringen werde, welches jetzt ihren Schatz bildet.

Noch ehe er 23 Jahre alt war, starb sein Vater, und als der einzige Sohn mußte er nunmehr den großen Hof übernehmen. Nur wer das ländliche Leben kennt, weiß, welch einen Wundepunkt dies bedeutet. Kräftig, freudig und glücklich führte er anfangs das Regiment, überall ging es gedeihlich vorwärts, so daß er selbst einige Ersparnisse zurücklegen konnte. Und noch jetzt in der Erinnerung ist dieser Ehrgeiz lebendig; es ist keine drei Wochen her, daß Defregger zu mir sagte: „Siehst, das ärgert mich, daß die Leut allweil meinen, i wär kein richtiger Bauer gwesen."

Aber so gut es auch im Hause, in Stall und Scheuer ging, so kam doch bald noch ein zweiter, entscheidenderer Wendepunkt. Welches seine inneren Wurzeln waren, vermag Defregger auch heute nicht anzugeben, er kennt nur das Ergebnis, daß der Boden mit einmal unter ihm zu wanken begann, daß es ihn mit unwiderstehlicher Gewalt aus der Heimat forttrieb, daß er sich unbewußt vor die Notwendigkeit eines neuen Lebens gestellt sah. War es der Drang nach einem neuen, großen Schaffen, nach einem edleren Berufe? Defregger gesteht, daß er nicht die leiseste Regung davon empfand. Es war jene Zeit nach dem Kriege von 1859, eine tiefe Erschütterung und Entmutigung lag über dem Lande, und jener Pessimismus, der in Österreich der Lebenslust so nahe steht, begann die Luft mit seiner Schwüle zu erfüllen. War das der Grund, übte dies Element vielleicht einen Einfluß selbst auf die stillen Täler und auf die jungen Bursche im Dorf? Defregger verneint es; er selbst war als einziger Sohn vom Militärdienst freigeblieben, und auch die andern hätten in der einsamen Berglust nichts von einer Verstimmung gespürt — aber die Tatsache bleibt, daß mit einmal ein wahres Wanderfieber erwachte, daß man sich zusammentat und von einer neuen, schöneren Heimat munkelte, die drüben über dem Meere liegt. Eine leidenschaftliche Unruhe war über das junge Volk gekommen, und wenn der Bauer einmal unruhig wird, dann ist er unendlich schwerer zu beschwichtigen als der Gebildete.

Amerika war die Losung, Amerika war der Zukunftstraum des Mannes, der den goldenen Reichtum und den ganzen Zauber der Heimat ahnungslos in der Seele trug. So seltsam kreuzen sich manchmal Ziele und Wege!

Die Mehrzahl der Genossen verwirklichte den Plan; zum Glücke für ihn konnte er sich nicht mit allen verständigen und ließ sie vorerst allein ziehen. Aber der Entschluß, die Heimat aufzugeben und seinen Hof zu verkaufen, stand unweigerlich bei ihm fest, er wollte fort, er mußte fort, um jeden Preis. Warum? — war ihm ein Rätsel, aber das Rätsel forderte seine Lösung.

Daß es dabei nicht ohne Kämpfe abging, versteht sich von selber. Von allen Seiten ward der junge Bauer bestürmt, während die Kaufsverhandlungen schwebten; er mied die Menschen und ihre fröhlichen Zusammenkünfte, und als er nach Wochen wieder einmal ins Wirtshaus kam, erschien mit einemmal der Herr Kaplan und rief ihn hinaus vor die Türe. Ohne auf seinen Widerspruch zu achten, führte er ihn geraden Wegs in den Pfarrhof, wo die ganze Verwandtschaft versammelt war, um einen letzten Sturm auf ihn zu versuchen.

Der Pfarrer sprach ihm zu Gemüt, die andern weinten und drohten; man ließ es ihn fühlen, was denn dann werden solle, wenn er sein Geld verbraucht und später einmal der Gemeinde zur Last fallen würde.

Dies Wort hat harten Klang im bäuerlichen Leben. Er fieberte vor Erregung, mit Reden konnte er sich nicht wehren, eine Ohnmacht stand ihm nahe. So stürzte er hinaus, stieg in den Wald und antwortete damit, womit der Bauer allein antwortet: mit der vollzogenen Tatsache.

In wenigen Tagen war der Hof wirklich verkauft, er zahlte den Geschwistern ihr Erbteil aus und erklärte, er wolle nun nach Innsbruck gehen und Bildhauer werden. Als solcher hoffe er sich ehrlich fortzubringen, ohne jemandem zur Last zu fallen. So war in der Stunde äußerster Not der Gedanke der Kunst in ihm durchgebrochen und gleichsam der Lichtstrahl seiner Zukunft in sein Herz gefallen.

Dann schnürte er das Bündel und ging; 48 Stunden ging er zu Fuße durch das grüne Bergland hin; zwei Maurer, die auch in Innsbruck Arbeit suchten, waren seine Begleiter auf diesem Lebenswege. Es war am 11. April 1860.

Als er dort ankam, noch in Bauernkleidern, ging er zu dem Bildhauer Stolz, der Heiligenbilder für die Kirche schnitzelte, bestellte ihm einen Gruß vom Herrn Pfarrer und bat, ihn in die Lehre zu nehmen. Dann mietete er sich ein kleines Zimmer, nahm sich Vorlagen mit nach Hause und zeichnete, bald anatomische Figuren, dann wieder Erinnerungen aus der Heimat, die Gesichter der alten Bekannten, die er verlassen und an die er doch noch immer dachte; gelegentlich half er wohl auch dem Meister in der Werkstatt. So ging der Sommer vorüber, vorwärts aber ging es dabei nur wenig. Wie Stolz mit richtigem Blicke meinte, sei Defregger überhaupt weit mehr zum Maler als zum Bildhauer berufen, und da er selber im Herbst durch München reisen mußte, so sagte er ihm kurz und gut: „Weißt was, Franzl — geh mit, na gehn wir zum — Piloty."

Und so geschah es. Der Name des gefeierten Lehrers war damals eben im höchsten Aufschwung, und der Eindruck, den Defregger von dieser Begegnung gewann, gehört wohl zu dem Mächtigsten, was er bisher erlebt.

Beklommen pochte er an die Türe des ungeheuren Ateliers, und als er eintrat, fiel sein Blick auf das Riesenbild „Nero"; vor dem Bilde aber stand Piloty selbst, die hagere Gestalt im braunen Samtrock, mit seinen energischen Zügen und seinen funkelnden Augen, mit seiner stockenden und dennoch so hinreißenden Beredsamkeit. Man muß seine Erscheinung kennen, man muß ihn im Verkehre mit der Jugend gesehen haben, um zu wissen, welche Macht er über dieselbe gewann, wie er jedem in die Seele sah und aus der Seele sprach, wie er in dem Gesamtgefühl für seine Kunst und seine Schule das individuelle Gefühl des einzelnen zu treffen und zu fassen wußte. So hatte der junge Bauer von Dölsach noch niemals reden hören, wie Schuppen fiel es ihm von den Augen, was ein Künstler sei. Dazu dies Bild, diese Plastik der fremdartigen Gestalten, — „und weißt, die Farben", setzte er tiefatmend dazu, als er von jener Stunde erzählte.

So sehr indessen Piloty in den mitgebrachten Blättern das verborgene Talent erkannte, so wenig hielt er dasselbe doch für reif, schon jetzt in eine Komponierschule einzutreten. Er lud ihn ein, so oft er nur wolle, ins Atelier zu kommen, aber zuerst galt es, ordentlich zeichnen zu lernen, dann werde das andere sich wohl finden. So trat denn der junge Tiroler in die Kunstgewerbeschule ein, wo er unter der Leitung Dyks bald bedeutende Fortschritte machte; noch jetzt dient eine Zeichnung, die er dort gemacht, als Vorlage. Aber gleichwohl war seine Stellung keine leichte; „schau", sprach er manchmal, „es waren lauter blutjunge Leut da, — und ich allein — der große Lackel!"

Anderthalb Jahre waren auf diese Weise vergangen, dann kam er an die Akademie in die Malklasse zu Anschütz. Doch auch hier wollte ihm die trockene, schulmäßige Art nicht recht behagen; die reiche Anregung, welche das Münchner Leben sonst in geistiger und künstlerischer Beziehung bot, blieb ihm durch seine Zurückgezogenheit fast völlig verschlossen, und so zog immer tiefer ein leises Unbehagen, wenn wir es auch nicht Heimweh nennen wollen, in sein Herz. Wie wär's, wenn er wieder einmal ein wenig nach Hause ginge (dachte er sich bisweilen), nicht in sein Heimatdorf, sondern nach Lienz, in die Nachbarschaft?

Und so geschah's. Dort mietete er sich ein und malte, was ihm unter die Hände kam: Wirte, Honoratioren, Touristen, alles nach festem Preis; das war die gute alte Zeit, wo man einen echten Defregger um 4 fl. erwerben konnte. Als der Sommer kam, zog er auf eine Alm und malte dort seine Studien weiter; Bergluft und Sonnenschein hatten wohl ihren alten Zauber, aber die Ruhe von ehedem konnten sie ihm noch nicht wiedergeben. Denn schon hatte ein anderer Zauber ihn zu mächtig angerührt: der Geist des Schaffens und der großen Welt.

Es ist eine wundersame Entwicklung. Man möchte meinen, daß von der Stunde ab, wo Defregger in die Münchner Schule trat, sein Weg vom Schüler zum Meister nur eine kurzgeschlossene Reise darstellt, auf der es kaum mehr einen Schritt vom Wege geben könnte. Und doch brach diese Entwicklung wiederholt ganz plötzlich ab, um stillzustehen oder Umwege zu machen; denn ein doppeltes Element Eigenwillens lag eben in dieser Natur, der Eigensinn des Künstlers und der des Bauern waren hier in einem Herzen vereinigt.

Es war so einsam auf der Alm, da schnürte er eines Tages sein Bündel und ging nach — Paris.

Ein paar Landsleute, die dort wohnten, hatten ihm geschrieben von dem wogenden Leben und den prächtigen Ateliers der dortigen Meister, und so zog er denn in die weite Welt, wie ein junger Siegfried oder Parzival, waldgewohnt, unerfahren, unkundig der fremden Menschen und der eigenen Kraft.

Als er ankam, wurde eben der Napoleonstag gefeiert; was nur erdenklich war an Glanz und Lärm, an Pracht und Lebensglut, rauschte an seinen Blicken vorüber, strahlende Karossen, Männer voll Selbstgefühl und schmeichelnde Frauen — das war in der Tat die leuchtende Hauptstadt der Welt, wie sie Heinrich Heine genannt hat.

Aber als nun das Leben und die Wirklichkeit ihr Recht verlangten, da fühlte er erst die Härte dieses Daseins. Auf der Akademie konnte er keinen Zutritt finden, da man keinen Schüler annahm, welcher über 25 Jahre zählte, mit knapper Not gelang es ihm, daß er am Aktzeichnen teilnehmen durfte; die Ateliers der großen Lehrer, wie z. B. Yvon u. a., lockten ihn zwar, aber er war viel zu schüchtern, sie jemals zu besuchen. So lebte er denn als voller Fremdling in der riesigen Stadt, deren herrliche Museen seine einzigen Lehrer waren; um sich den Unterhalt zu sichern, malte er kleine Genrebilder aus dem Tirolerleben, die er an Kunsthändler verkaufte, und damals war der Preis eines echten Defregger bereits auf dreißig Franken gestiegen. Ja, eines dieser Bilder fand sogar Aufnahme in den Pariser Salon.

Aber nachhaltig fördern, innerlich befreien und sicherstellen konnte ihn auch das nicht, es blieb ihm das Gefühl, daß er nicht am rechten Orte war, daß sein Schaffen in diesem Boden nicht wurzeln konnte. Manche Stunde der Entmutigung kam damals über seine sonst so unantastbare Natur, ja, er fühlte mitunter sogar die Versuchung, sich ganz von der Kunst zurückzuziehn, und sah mit Neid dem Holzhauer auf der Straße zu, der das Problem seiner Arbeit gelöst hatte, wenn die Klafter vor ihm gespalten war.

Anderthalb Jahre lang hatte dieser Pariser Irrtum bereits gewährt, dann zog er mit einem Freunde zurück in die deutsche Heimat. Von der Schweiz ab ging er zu Fuß bis München, wo er Piloty aufsuchen wollte, der schon so vielen in schwankender Stunde Halt gab, aber leider war derselbe in Karlsbald, und so ging er denn in seine Berge, um dort die Rückkehr des Meisters und die Gestaltung seiner Zukunft zu erwarten. In der Zwischenzeit entwarf er die Skizze zu dem späteren Bild „Der verwundete Jäger", und als er nun damit vor Piloty hintrat, da faßte dieser mit stürmischer Wärme seine Hand und meinte, jetzt sei es recht, nun möge er nur kommen. Denn obwohl ja an Zeichnung und Farbe noch manches fehlte, so war doch der scharfblickende Lehrer förmlich verblüfft, wie Defregger das Entscheidende, das Charakteristische zum Ausdruck gebracht, wie er selbst mit dieser unvollkommenen Sprache genau das sagen konnte, was er sagen wollte.

In die erste freie Stelle, welche sich an der Schule ergab, rückte Defregger ein, und nun erst geht seine Laufbahn in festem Gefüge und im raschen Schritt. Von nun ab wird ja sein Leben und seine Persönlichkeit immer bekannter; mir aber schien es eine lockende Pflicht, gerade jenen Teil seines Lebens ausführlicher zu beleuchten, über dem noch ganz der Zauber der Einsamkeit, die Schwüle innerer Entwicklung ruht.

Wir stehen nunmehr, chronologisch genommen, im Jahre 1867, und Defregger selbst steht als ein rühriger Genosse mitten in dem fröhlichen Arbeitstreiben der Pilotyschule. Unter Makarts tollen Amoretten, unter Grützners Pfäfflein und den bleichen Märtyrerinnen von Gabriel Max saß er geduldig vor seiner Staffelei und malte seine Tiroler Bauern. Ein neuer, ungemein charakteristischer Zug war durch seine Persönlichkeit in die bunte Physiognomie der Schule hineingekommen. Er gab auch hier nichts von seinem Wesen preis, nichts konnte ihn blenden oder verwirren, so fest war er innerlich auf sich selbst gestellt, aber der warme Zusammenhang, der feurige Korpsgeist, der die ganze Schule zusammenhielt, erfüllte auch ihn mit klarem Wohlgefühl.

Wie gerne möchte ich Ihnen das Bild jenes farbigen geistvollen Treibens, jenes prächtige Zusammenleben der Schule eingehender schildern, wenn ich nicht fürchten müßte, mich allzuweit von der Persönlichkeit, die wir betrachten, zu entfernen. Nur soviel sei gesagt, daß auch ihm gegenüber Piloty jene weise Einsicht bekundete, die zwar beim Lernen strenge und gleiche Disziplin hält, aber überall das eigenartige Talent des einzelnen sorgfältig schont, um ihm nach erlangtem Können die eigenen Wege zu sichern. Er wollte nicht mehr lehren, als man lernen kann, und nur auf diese Weise war es möglich, daß aus ein und derselben Schule ein Makart und ein Defregger, ein Lenbach und ein Gabriel Max hervorging.

Das erste Bild, welches Defregger malte, war jene Skizze, die er in die Schule mitgebracht, und schon dies erste, das vom Münchner Kunstverein ausgestellt und angekauft wurde, machte gewaltiges Aufsehen; man bewunderte die schlagende Charakteristik, die

Natürlichkeit der Anordnung und Bewegung, man fühlte: gerade so muß es gewesen sein. Kurzum, es war bereits der ganze Defregger in diesem Bilde, dem nur noch die technische Vollendung fehlte, wie Friedrich Pecht treffend bemerkte. Wenige Tage, ehe das Bild zur Ausstellung kam, klopfte es eines Abends an meiner Tür, und herein trat unser junger Maler, den ich in den Ateliers der Schule wiederholt gesehen, und sprach: „Ich hätt' eine Bitte. Jetzt is mein Bild fertig worden und kommt auf den Kunstverein, wenn S' halt so gut wären und täten mir einen Titel sagen". Darüber waren wir bald im reinen, dann fuhr er fort: „Jetzt hätt' ich noch eine Bitt', wenn S' mir ihn halt auch aufschreiben täten".

Noch viel wuchtiger war der Eindruck des folgenden Bildes, mit welchem Defregger bereits in das volle hochbewegte Herzensleben seines Volkes griff. Es behandelt die Zeit von 1809 und führt uns in das Hauptquartier der aufständischen Bauern. Unter Speckbachers Leitung wird Kriegsrat gepflogen; als er auszog, hatte ihn sein Knabe gebeten, daß er mitgehen und auch die Waffen tragen dürfe, allein der strenge Vater hatte es nicht gestattet. Nun war der blutjunge, schneidige Bursch heimlich von Hause fort- und dem Vater nachgezogen, wir sehen den Augenblick, wo er mit der Büchse in den kleinen Händen ihm entgegentritt.

Der Alte hat sich vom Tisch erhoben und schaut ihm fest ins Gesicht, aber kann man denn ob solchen Ungehorsams zürnen, wo heimlich das Herz vor Stolz schlägt? Ein eisgrauer Alter, der den Kleinen hereingeführt, ist mit seinem treuherzigen Gesicht ein beredter Fürsprecher, und all' die Waffengefährten ringsum strahlen vor Freude. Mit wahrhaft packender Gewalt ist der psychologische Konflikt in den äußeren

Vorgang hineingewoben; eine Frische der Begebenheit und eine Gesundheit des Empfindens schaut uns hier an, der man sich bedingungslos ergibt.

Im Sturm gewann dies Bild alle Herzen und verwandelte die Beschauer in Bewunderer. Es trägt die Jahreszahl 1869 und befindet sich jetzt im Museum zu Innsbruck. Defregger hat es noch in der Pilotyschule gemalt, aber unvermerkt war er selber aus dem Schüler zum Meister geworden.

Auch die nächstfolgenden Werke, die stets mit Jubel von der kunstsinnigen Welt begrüßt wurden, zeigen uns diese Meisterschaft in wachsender Kraft und Entwicklung; wir erinnern nur an den prächtigen Ringkampf in einer Scheune, oder an die beiden „Brüder", wir meinen jenes Bauernstudentlein, das in den Ferien nach Hause kommt und welchem der inzwischen eingetroffene Säugling präsentiert wird.

Alles lacht und lebt und blüht in diesen Gestalten, eine glänzende unerschöpfliche Schaffenskraft schien aufgeschlossen, da kam mit einmal eine schwere unverhoffte Prüfung, die Glück und Stern für immer zu verschleiern drohte! Seine eiserne Natur begann plötzlich zu wanken, die Füße versagten den Dienst, und eine Krankheit meldete sich, welche die Ärzte weder zu deuten noch zu heilen vermochen. Aufs Sofa gebannt, zum Teil selbst liegend, malte er weiter — jene Bilder, die von Gesundheit und Leben strotzen. Wer möchte es glauben: den „Ball auf der Alm" hat ein regungsloser Mann gemalt, auch das prächtige stampfende „Preispferd" ist damals entstanden, ebenso das edle, tiefempfundene Madonnenbild, das er der Kirche seiner Heimat als Altarblatt geschenkt.

Man hielt die Krankheit für ein Rückenmarksleiden, und die Schauer dieses Wortes sagen genug; kurz vorher hatte er sich vermählt, aber auch die liebevollste Pflege der schönen, jungen Gattin vermochte nur zu trösten, nicht zu helfen. Als die Truppen im Jahre 1871 in München einzogen, war es ihm unmöglich, von dem nahen Bade Bruck hereinzukommen. Im folgenden Winter ließ er sich nach Bozen bringen, und während er dort in Schmerzen lag, kam eine Deputation zu ihm, die ihn zum Ehrenbürger seines Heimatdorfes ernannte. Da war auch der alte Obersteiner dabei, der viel im Lande herumkurierte und ihn aus bäuerlichen Tagen kannte; betroffen sah er auf den blassen, gequälten Mann, aber zuletzt schüttelte er den Kopf und meinte: „Franzl, ich glaub, ich könnt dich doch wieder zsammrichten."

Wer nichts mehr zu verlieren hat, kann alles wagen, in acht Tagen kam der alte Obersteiner wieder, der damals mit dem Baunscheidtismus auf vertrautestem Fuße stand, und unternahm seine Kur. Wer kann es sagen, wie sich Ursache und Zufall in solcher Stunde verketten. Tatsache bleibt es, daß nach vierzehn Tagen die Gäste der Villa Moser auf einmal den jungen Maler im Garten gehen sahen; nach vier Wochen war er vollkommen gesund.

Er war nicht nur für sich, er war für Tausende genesen, und das Leben, das er wieder gefunden, blühte nun erst ganz in herrlichen Gestalten auf.

So stehn wir denn vor dem letzten Jahrzehnt, das die großartigsten und berühmtesten Bilder Defreggers umfaßt. Es war ihm nichts von jener entzückenden Anmut und Frische verloren gegangen, aber er hatte sich zugleich in die innersten Herzenstiefen seines Volkes hineinversenkt und in den eigenen stummen Schmerzen die Sprache tragischer Gewalt gefunden. Sie ist es, die aus jenen drei Bildern spricht, welche den großen Volksaufstand von 1809 behandeln, „Das letzte Aufgebot", die „Heimkehr der Sieger" und „Der Todesgang des Andreas Hofer". Da waltet nicht mehr jenes sonnige Idyll, denn das Einzelleben und das Einzelgefühl ist aufgegangen in der beredten Ergriffenheit eines ganzen Volkes, nicht mehr der Mensch, sondern die Zeit schaut uns hier ins Auge; der Schritt dieser kühnen Bauern und Jäger wird zum ehernen Schritt der Geschichte.

Aber selbst hier, in dieser höchsten Steigerung, die höchste Wahrheit, kein Hauch von einem falschen Pathos, kein Atemzug, der nicht lebendig aus der Brust steigt. Nur wer diese Bilder Defreggers kennt, der weiß es erst, wie groß er ist, der weiß, daß nur eine Riesenkraft solche Gestalten erschaffen kann. Und neben dieser Leidenschaft blüht unverkümmert die zarteste Innigkeit und der sonnigste Humor; wie weit ist die Seele, die sich hier vor uns erschließt!

Die Fülle des Inhalts, die produktive Kraft, die in allen Defreggerschen Bildern liegt, habe ich erst voll empfunden, als die Aufgabe an mich herantrat, dieselben mit Gedichten in der Mundart unserer Berge zu begleiten. Solche Aufgabe ist stets ein schwieriges Problem; der Dichter soll sich streng an den Inhalt des Bildes anschließen, und doch muß das Gedicht selbständig für sich bestehen, es darf nicht zur Umschreibung des Bildes herabsinken, es darf nicht bloß gesagt werden, was schon gemalt ist.

Je vollendeter nun ein Bild ist, je erschöpfender es seinen Stoff zum Ausdruck bringt, desto weniger bleibt auf den ersten Blick für den Dichter übrig, aber wenn man dann tiefer und länger hineinblickt, dann empfindet man das Gegenteil. Dann fühlt man erst, welcher künstlerische Fond in einem solchen

Motive liegt, wie sein Inhalt förmlich zur Ausgestaltung und Weiterbildung drängt. Defreggers Bilder fangen von selber zu sprechen an.

Sie alle kennen wohl das reizende Bild, das den Titel trägt „Der Liebesbrief", jene beiden Mädchen, welche die Köpfe zusammenstecken und lachend den Brief lesen, den der Schatz der einen aus der Kaserne in die Heimat gesandt. Man hört es leibhaftig, was die beiden zueinander sagen:

> „Jetzt hat er do gschrieben,
> Der Schlanggl — ja mein!
> Ja les nur grad, Moidel,
> Ja schaug nur grad rein!"

> „Und alls hat ers aufgschrieben —
> A sellene Freud!
> Und woaßt, bis von Innsbruck —
> Dös is dir fein weit!

> Sie geht ihm recht guat
> Und nur oans feit dabei:
> An d'Nudeln und d'Gretl
> Da denkt er allwei."

> „Und vom Scheck schreibt er aa,
> Und vom Nachbarn sein Hund. —
> Und nachst ham s' 'n — eingsperrt,
> Ah — dös is ihm gsund!"

> „Abr am Kirda da kimmt er:
> Da kimmt er na glei! — —
> Und i soll nur a Bussel
> Herrichten derwei!"

> „O mei — nit grad oans!
> Der kriegt Bussel grad gnua — —
> Gel, Moidel, er is do
> A sakrischer Bua?!"

Aber selbst in den kleinsten, anspruchlosesten Bildern, wo nur die einzelne Figur vor uns steht, liegt jene innere Beredsamkeit, wie ich es nennen möchte, das Denken und Empfinden dieser Menschen liegt gleichsam offen vor uns da. Sie sprechen uns an, nicht nur im übertragenen Sinne (weil sie ansprechend sind), sondern wörtlich und wirklich.

Wie schlicht, wie stofflich geringfügig ist jenes frühe Bild Defreggers, wo ein lachender kleiner Bauernbursche einen jungen Hund, den Waldl, abrichten will, den er vor sich auf dem Tische hin und her zerrt — aber auch dieser Fall hat seine unbewußte Philosophie.

> Der Waldl, dös is halt
> An Toni sei Schatz;
> A kloanwunzigs Hundei,
> Und schiech wier a Ratz!
>
> Und dös is a Eifer,
> Den die zwoa jetzt ham!
> Zehnmal stellt er 'n auf,
> Und zehnmal fallt er zsamm.
>
> Er moant schier, er müßet 'n
> Ziehgn und ranschiern —
> Denn a Bua braucht halt ebbes
> Zum rumkummadiern.

No, Toni — paß auf,
Wies dir spater passiert:
Na werd der Stiel umkehrt
Und du werst ranschiert!

Aber da werst na schaugn
Wies „aufwarten" hoaßt!
Du woaßt halt no nixen — —
Sei froh, daß d' nix woaßt!

Noch kräftiger tritt jene sprechende Lebendigkeit natürlich in den größeren Gruppenbildern zutage, z. B. im „Preispferd", das wir schon oben genannt haben. Es ist ein junger brauner Hengst, der auf dem landwirtschaftlichen Feste den ersten Preis gewonnen; nun wird er mit der eroberten Fahne heimgeführt. Wir sehen die reizende Dorfgasse mit ihren Häusern, die Bauern drängen sich herbei, und der Schmied führt als Kenner das große Wort. Auch die Schuljugend steht gaffend am Wege.

„Was hab i denn gsagt?
(Schreit der Hiesl, der Schmied)
Dös Roß kriagt an Preis —
Aber glaubt habts mas nit!"

Und wies ihn mi'n Fahna
Halt einigführt ham,
Jetzt lauft dös ganz Dörfel,
Und d' Köpf stecken s' zsamm.

A jeder muaß schaugn,
Und a jeder möchts sehgn —
An Teufel sei Leibroß
Is gar nix dagegn.

Und d' Schulbubn san aa da;
Der groß sagt zum kloan:
„Siehgst, der hat an Preis kriegt...
Und — mir kriegn koan."

In all den erwähnten Stoffen überwiegt der Schalk; von den reinen Stimmungsbildern, in denen nur das schweigende Gemüt sich sonnt, ist mir jenes stets besonders lieb gewesen, welches „Wiegenjahre" betitelt ist: eine blutjunge Mutter, die mit der einen Hand ihre Arbeit tut und mit der andern hinunterspielt in die Wiege zu ihren Füßen.

Am Tisch sitzt d' Mutter dort
Mit blaue Augn;
Es gaab wohl Arbeit gnua,
Und do muaß s' schaugn:

Wie halt dös Kindei lacht
In seiner Wiegen,
Wies d' Handln auffihebt —
„Geh, bleib nur liegen!

Du möchst wohl außi gern,
Was hast heraußten?
Da geht erst d' Mühsal an
Im Leben draußten."

Und d' Mutter schaugt so fein:
„Geh, bleib nur liegen —
Dös is dei schönste Zeit
In dera Wiegen!"

Daß es natürlich am schwersten ist, mit den enggebundenen Mitteln und Tönen des Dialekts einen großen historischen Stoff zu fassen und die Leidenschaft der Volksseele vollgültig auszuprägen, brauche ich Ihnen kaum zu sagen, ich fühlte das am deutlichsten bei den großen Geschichtsbildern Defreggers, vor allem bei dem „Letzten Aufgebot", welches wohl das ergreifendste von den dreien ist.

> Derschossen san d' Junga,
> Koa Klag werd nit laut—
> Aber 's werd nimmer gsunga,
> Koa Feld werd nit baut;
>
> Denn alls is verloren;
> As Herz druckts oan a! —
> Nur die Kinder und d' Alten
> Alloa san no da.
>
> Vor die ausgstorbna Häuser
> Da sitzen s' und lahn s';
> Koa Gwehr is mehr da,
> Nur mehr d' Sichel und d' Sans.
>
> Dös packen die Alten,
> Dös is die letzt Rach!
> In der Tür stehgna d' Weiber
> Und schaugn ihna nach.
>
> Ihre Buben ham s' hergebn —
> Und nachher ihrn Mann —
> Und jetzt ihren Vadern —
> Dös alles ham s' tan!!

Denn alls is verlorn;
Aber klagen hörst nie. — —
Dös san jetzt die letzten:
Vielleicht gwinnens die!

Sie san wier a Wald
Voll verwetterte Baam;
So ziehgn s' dahin — —
Da kimmt koaner mehr hoam!

Es mögen etwa dreißig bis vierzig Bilder sein, die Defregger in dem letzten Jahrzehnt geschaffen, doch kann es natürlich nicht in meinem Zwecke liegen, Ihnen ein vollständiges Verzeichnis derselben darzubieten, denn ich möchte Ihnen ja ein Lebensbild, nicht einen kunsthistorischen Katalog geben. Der Grundzug aber, der durch all diese Bilder geht, ist eine wunderbar gleichmäßige Frische, auch nicht ein einzig Mal verfällt Defregger in das, was wir Manier nennen. Er hat nur Originale.

Eines der prächtigsten Bilder, die im Jahre 1875 entstanden, ist das „Tischgebet", jene herzige Kindergruppe, die um die dampfende Schüssel versammelt ist.

„Kemmts, Kinder! — Zum Essen!"
Ja, da saumen s' net;
Da kraxeln s' zum Tisch nauf...
Aber zerscht werd fein bett!

Und as Lenei bet für,
Und die hebt si pfeilgrad;
Und der Kloane, der Schlanggl,
Is aa mäuslstaad.

Aber 's Gretei, die dicke,
Die kann halt alloa
Nit as Lachen verzwicka,
Bals schaugt auf den Kloan.

Und der Hansei mi'n Löffel
Spitzt allweil so hin;
Der spitzt grad auf d'Suppen — —
„Koane Knödel san drin".

Und die Große sogar
Hat die Handln aufgreckt:
Denket nur halbet an Herrgott!
Und halbet — wies schmeckt!

Oh mei, unser Herrgott
Verdenkts Enk wohl nit!
I moanet — da esset er
Selber gern mit!

Noch im gleichen Jahre entstand der „Besuch", der auch wohl zu den populärsten und liebenswürdigsten Bildern Defreggers gehört. Es sind jene beiden Mädchen mit den hohen grünen Hüten, die bei ihrer verheirateten Schwester, bei der Vroni, Visite machen. Sie tritt ihnen mit dem Kind auf dem Arm entgegen, triumphierend steht der junge Vater daneben.

„Ja, Vroni (sagn d'Schwestern),
Du hasts wohl schön gnua:
Der Mann so viel brav,
Und a so feiner Bua!"

Und der Vater und d' Mutter
San schier voller Glanz;
Der Bua hat d' Regentschaft
Im Häusl schon ganz!

Und 's Häusl so sauber,
Und d' Felder so grean —
Der Vater schaugt drein
Wie der Kaiser in Wean.

Jetzt locken s' dös Bübei:
„So trau dir nur fein,
So nimm nur dös Gutei,
So beiß nur fest 'nein!"

Es kemmant die Schwestern
Schier nimmer vom Platz —
Und am Weg denkt a jede
An'n ihrigen Schatz:

„Ja mei — 's is halt dengerscht
(Ma sollts schier nit moan)
Ebbes Schöns um die Bubn —
Um die großen und kloan!"

Weit berühmt ist auch die „Brautwerbung" geworden (1877), wo der Vater seinen dummen dicken Sohn begleitet, um für ihn ein stattliches Mädchen zu freien. Mit bäuerlicher Gravität hat sich die Mutter erhoben und rüstet sich eben, den beiden Bewerbern Bescheid zu geben, aber wie wird der Bescheid wohl lauten?

Bei diesem Bilde zeigt es sich so recht, mit welcher Unbefangenheit Defregger malt, denn als ich mich eben mit dem Texte zu demselben trug und ihn eines Tages fragte: "Also wie steht's, kriegen sich die zwei?" da sagte er mir ganz verblüfft: "Ja, das weiß ich nicht!" Für ihn besteht nur der künstlerische Moment, die Wahrheit und die Wirkung der augenblicklichen Situation, er knüpft keine berechnende Erwägung daran, was nachkommt. So mußt' ich mich denn allein mit dem Gegenstande abfinden.

"Wer klopft draußt?" — As Dirndl,
Die druckt si an d' Wand, ...
"Oh jesses, jetzt kemmen s'" —
Sie lacht scho und spannt.

Glei zwoaspanni kemmen s';
Der Alt und der Jung!
Und der Alt sagt sei Sach
Und die ganz Moanigung,

Was er hat, was er kriegt,
Daß ers alls übergibt —
Und der Jung, der sagt gar nix,
Der is grad verliebt!

Aber d' Mutter steht auf;
Und die steht dir scho da
Wie an oachener Hackstock,
Der bricht nit leicht a.

Dös is jetzt a Metten,
Da werd disputiert,
Und die Kloan spannens aa scho
Was da jetzt passiert! ...

> „No, Mutter, wie is's jetzt?"
> Hat der Alte zletzt gfragt.
> „Ja, Vater — a so is,
> Daß's — nix is", hat s' gsagt.

So gibt er auch jetzt noch nur selten einem Bilde den Namen, und wenn er je einmal davon spricht, so beschreibt er es wohl und setzt dann ganz arglos dazu: „Ich weiß nicht gleich, wie sie's genannt haben." Im übrigen spricht er fast nie von seinen eigenen Werken, es wird ihm fast unheimlich, wenn er sich auch nur von ferne loben hört. Er ist ein Mann der stillen Beschaulichkeit im tiefsten und edelsten Sinne des Wortes. Dieser Grundzug seiner Natur kam vielleicht in keinem seiner Bilder so sehr zum Ausdruck, als in dem kleinen Gemälde „Wie der Vogel singt". Ein erwachsenes Mädchen und zwei Kinder horchen an einem Frühlingsmorgen einer singenden Amsel zu, es ist ein Nichts, wenn man es stofflich analysiert, und es ist das Höchste, wenn man die seelische Belebung des Gegenstandes betrachtet.

> Luus, wie der Vogel singt!
> 's is halt a junga —
> So schön, wie der heunt singt,
> Hat er nia gsunga!
>
> D' Sunn scheint beim Fenster rein,
> Ma gspürt an Mai scho schier;
> Dös kloane Dirndl spielt,
> Und d' Sunna spielt mit ihr.
>
> Der Bua hört aa gern zua
> Und denkt dabei:
> Wie er am Kerschbaum steigt
> Und hupft im Heu.

Und 's große Dirndl denkt:
Wenns jetza Summer werd,
Na gehts auf d' Alma nauf ...
Mei Feuerl brennt am Herd,

Und wenn der Mond so scheint,
Na klopfts ans Fenster o
Und kimmt der Bua zu mir,
Der z'Haus nit kemma ko.

Und is do gwiß a Bua,
A schöna, junga ...
Wie heunt dös Vögei singt,
Hats nia no gsunga!

Noch einmal in den letzten Jahren (1881) hat Defregger einen großen historischen Stoff ergriffen, als er für die Münchner Pinakothek den Schmied von Kochel malte, jenen sagenhaften Heros der Sendlinger Bauernschlacht von 1705; aber das ist vielleicht das einzige Bild, mit welchem er selber jemals zu kämpfen hatte. Er war unzufrieden damit, und es war schon beinahe völlig vollendet, als er es ganz von vorne noch einmal begann.

Die heiteren Motive, die in der letzten Zeit entstanden, wie z. B. die „Ankunft beim Tanze", der „Salontiroler" usw. stehen in Ihrer Erinnerung so nahe, daß ich sie nicht zu beschreiben brauche. Das letzte aber, was Defregger malte, war ein Weihnachtsgeschenk für den König von Bayern, welches bisher wohl nur wenige gesehen — eine fürstliche Dame bringt in einer Bauernstube armen Kindern das Christgeschenk. — Dazwischen malte er wohl Porträts, vor allem reizende Kinderbilder, von denen ich nur das Bild seines eigenen Knaben im Bauernkostüm erwähnen will. Es bildet das Schlußblatt in unserem gemeinsamen Opus „Von Dahoam", während Defreggers eigenes Porträt an der Spitze steht.

Wie lange habe ich Ihre Geduld nun in Anspruch genommen und doch wie viel hätte ich noch zu erzählen aus dem Hause, aus der Werkstatt, aus dem täglichen Leben dieses gottbegnadeten Menschen!

Doch genug, mein Zweck ist erfüllt, wenn ich Ihnen den Freund und Meister, dessen Werke Ihrem Herzen so nahe gehen, auch persönlich ein wenig näher brachte. Ist er doch in seiner stillen Bescheidenheit der Freund jedes deutschen Hauses geworden, und wem tät es nicht wohl, einmal das Bild eines vollendet glücklichen Menschen zu sehen!

Das ist er, und das, was er geschaffen, wird unvergänglich sein, wie die Sonne und die Felsen, aus denen es genommen ist.

Natur- und Lebensbilder
aus den Alpen

Die Bittgänge im bayrischen Hochland
(1868)

Der katholische Kultus, wenn man ihn von der menschlichen Seite betrachtet, hat ein sehr großes Verdienst. Dies liegt darin, daß er zu einer Zeit der Barbarei mit wahrem Genie die Bedürfnisse des Gemüts erkannt und auf ihnen die Entwicklung seiner gottesdienstlichen Formen begründet hat. Darauf, auf ihrem Sinn, beruht die Macht der Form, ob wir derselben im Tempel oder auf freiem Feld begegnen. Wirkt im ersteren die Macht auf uns ein, welche die Geschichte auf jedes Menschenherz, ihm unbewußt, ausübt, so auf letzterem die Macht der Natur, die jener andern völlig ebenbürtig ist. Das haben die geistlichen Führer des Volkes wohl begriffen, und die Einrichtung der sogenannten Bittgänge, der Prozessionen, ist auf diesem Grundgedanken erwachsen. Unwillkürlich öffnet sich das Herz, wenn Berg und Tal vor unserem Blick sich öffnen, unwillkürlich wachen Hoffnung und Glaube in unserm Herzen auf, wenn so die Wunder der Natur vor unseren Augen liegen. Die Psychologie der Religionen ist ihre Stärke, und darum finden wir auch diese Bittgänge nirgends so sehr verbreitet, wie gerade in schönen Gegenden und in der schönsten Jahreszeit.

Einen weiteren Anteil daran hat ein anderer Zug, der nun einmal aus der Menschennatur nicht herauszubringen ist.

Wir sind geborene „Malcontents" und haben die fixe Idee, daß draußen alles besser zu erhalten ist als daheim — auch der Segen, auch die Gnade. In den höchsten Schichten und in den niedersten begegnen wir diesem Hang; er schuf die Sehnsucht der Kaiserin

Eugenie nach Rom, er beseelt die kleine Landgemeinde, die aus ihrem Bauerndörflein fort und zur Kirche des nächsten Bauerndörfleins hinzieht.

Am weitesten verbreitet und gewöhnlich auch die erste von allen Prozessionen des Jahres ist jene am Fronleichnamstag, der im Gebirge ausschließlich als „Antlaß" bezeichnet wird. Wenn auch schon Pfingsten vorüberging, ist's doch noch Frühling in den Bergen. Zwischen hohen, schwankenden Halmen wandert der bunte Zug hindurch; wie die roten Wimpel der Fähnlein wehen, wie das goldene Kreuz im Sonnenlichte glitzert! Und dazwischen der Kindergesang und die feinen Glöcklein, die den Baldachin begleiten, wo die blauen Weihrauchwölkchen gen Himmel fliegen!

Drüben vom spitzen Kirchturm schallt das Läuten herüber, so klar, so melodisch, jeder Ton ein Friedensgedanke.

Und über dem allen glänzt die Morgensonne, glänzt dies Himmelsblau, das so siegreich in unsere Seele dringt. Da sinkt das Mütterlein ins Knie, das auf dem Wege wartet, und segnet das Leben, ihr müdes Leben. Ja, eine solche Stunde ist allmächtig; da muß man an die Zukunft glauben, und von allen Worten, die den Frühling preisen, ist keines tiefer gedacht, als das Wort „Frühlingsglaube".

Auch ich stand am Wege, an einer alten Linde, wo das Sonnenlicht mit den Blättern spielte. Ein Lebensdrang lag in den Zweigen und in der Erde, es war, als tönte durch alle Lüfte das selige Lied:

„Nun muß sich alles, alles wenden!" (Uhland)

Hinter dem Himmel, wo das Sanktissimum getragen wird, schreiten die Würdenträger des Dorfes. Kein

Hofmarschall mit goldenen Tressen, kein Zeremonienmeister ordnet ihre Reihe, denn manchmal treffen Alpha und Omega derselben in einer Person zusammen. Auch die landesüblichen Heiligen und die Standbilder der Ortskirche begleiten den Zug, vor allem das Marienbild, das von Mädchen getragen wird. Doppelt so schön wie sonst glänzen heute das silberne Geschnür am Mieder und die goldene Schnur am spitzigen Hut — aber schöner als alles wär wohl der Jungfernkranz!

An vier Stellen des Weges sind Altäre aufgerichtet für die Evangelien; einer steht auch am Feldkreuz, wo die dichten Buchenzweige den Waldrand bekränzen. Dort wird der Segen gegeben mit der leuchtenden Monstranz; die Gebirgsschützen aber mit blanken Stutzen und grünem Federhut bilden die Ehrenwache, und von den Bergeswänden hallt das Echo der Freudenschüsse hinein ins Alleluja.

Wenn die Fronleichnamszeit vorüber ist, beginnen die sogenannten Kreuzgänge zu allen möglichen Zwecken. In Tirol werden sie insbesondere zu Ehren des heiligen Isidor und der heiligen Notburga gehalten, welche die Schutzpatrone der Dienstboten sind; bei uns in Bayern sind die Ernteprozessionen geläufig, um den Schutz der Früchte gegen Hagelschlag zu erflehen. Darauf halten die Bauern auch heutzutage noch immer viel, und die Hauptfrage, wenn ein neuer Pfarrer kommt, ist, ob er auch „wettergerecht" sei. Das heißt etwa so viel: ob er ein drohendes Gewitter von der Gemeinde wegbeten und der Nachbargemeinde auf den Hals laden kann. Auch das „Schaueramt" (ein Hochamt zur Abwendung des Hagelschauers) wird in den meisten Gemeinden alljährlich gehalten. Die geistlichen Herren selber hüten diesen Rest ihrer Prophetenwürde sehr eifersüchtig, und man hat es einem alten Heißsporn nicht wenig verübelt, als er einst in der Gemeindeversammlung mit der Faust auf den Tisch schlug und ausrief: „Mein Herrgott für dös Fach ist der Hagelverein."

Ganz besonders verbreitet in den Bergen ist auch der Marienkultus; sechzig Prozent aller Mädchen heißen Miedei (Maria), wenn sie schon in der Regel nichts als den Namen (und hie und da das Kind) mit der Jungfrau gemein haben. Der Maria sind auch die meisten wundertätigen Stätten geweiht, und unter diese zählt in erster Linie Birkenstein. Weit und breit bekannt ist die kleine Kapelle am Fuße des Wendelsteins, und man könnte einen ganzen Menschen zusammensetzen aus all' den Gliedmaßen, die dort in Wachs gegossen aufbewahrt werden zum Andenken an wunderbare Errettungen. Decken und Wände sind mit Votivtafeln tapeziert, welche in geheimnisvoller Bilderschrift und in verwegenen Hieroglyphen „viel wundersame Mär" berichten. Man kommt in wahren Schrecken, wenn man da erst sieht, was einem alles passieren kann! Damit dies nicht geschehe, gehen alljährlich zahlreiche Bittgänge aus den Gemeinden des Oberlands zwischen Isar und Inn nach Birkenstein, und wenn der geneigte Leser etwas auf dem Herzen hat, dann braucht er sich nur anzuschließen. Er braucht nicht zu befürchten, daß allzuviel gebetet wird, denn der bunte Tumult eines solchen Kreuzgangs stellt kein Bild der Andacht dar. Der Weg über die Berge ist viel zu weit und mühsam, und eine gewisse Feierlichkeit hält der Mensch nicht lange aus.

Wenn es dämmert, zwischen zwei und drei Uhr morgens, versammeln sich die frommen Pilgrime in der Mitte des Dorfes. Das alte Mütterlein trippelt herbei mit dem Rosenkranz zwischen den dürren Fingern, die schmucken Mädchen drehen und wenden sich, um zu sehen, ob sie (Gott) wohlgefällig seien. Wie ein Wespenschwarm schwirren die Buben, welche überall sind, wo „etwas los" ist, durch die versammelte Menge. Der echte Bauer hat seinen roten Regenschirm unterm Arm, so oft er auf die Reise geht, und wenn's auch nicht regnet, so sieht man wenigstens, daß er einen hat. Das Regendach gehört nun einmal zur vollständigen Ausstaffierung und wird mit seinem „deutschen Namen" Parapluie oder Parasol genannt. Auch der griechisch-germanische Bastard „Paradachl" hat im oberbayrischen Dialekte das Bürgerrecht. Wer den Bittgang ganz besonders feierlich nimmt, der erscheint im Mantel, denn dieser ist das wahre Festtagskleid der Männer. Daß es Juli ist, tut nichts zur Sache, in der Physik des Bauern heißt es: was gegen die Kälte gut ist, ist auch gut wider die Hitze.

Endlich kommt der Herr Benefiziat im Chorrock, das Brevier in den Händen. Mit dem ganzen Gewicht seiner Erscheinung (einhundertundsiebenzig Pfund) tritt er unter die Menge und ordnet seine frommen Schäflein. Auch die Knaben, die ihm ministrieren, machen sich wichtig, denn sie hüten gewöhnlich die Ziegen, und heute sind sie Adjutanten des Himmels! Fahnen und Bilder bleiben bei diesem Gang zu Hause, nur ein schlichtes Kreuz wird vorangetragen; ein Vorbeter ist ernannt und beginnt die Litanei zu Ehren der allerseligsten Jungfrau. Im Anfang ist wohl noch innere Sammlung da, und wer dem Zuge begegnet, der bleibt mit entblößtem Haupte stehen. An jedem Hause drängen sich die kleinen, goldköpfigen Kinder im Hemdlein ans Fenster, und die Mutter zeigt ihnen

mit der Hand hinauf zum „Himmelvater". Das sind Augenblicke der Weihe, aber es sind nur Augenblicke.
— Wie der Zug bergan von der Straße abgeht, lockert sich die Disziplin; das Beten wird nun programmäßig eingestellt und beginnt erst, wo die Häuser wieder beginnen. Unwillkürlich erinnert dies an die Truppenmärsche, auf denen auch die Musik nur spielt, wenn sie durch Dörfer zieht.

Je höher der Zug auf den waldigen Bergrücken emporsteigt, die von drei Seiten das Leitzachtal abschließen, desto mehr steigt die allgemeine Heiterkeit.

Die Buben machen athletische Übungen und fangen an, sich durchzuprügeln, denn das ist von alters her die Form, in welcher Buben ihrer Begeisterung Luft machen. Bursche und Mädchen, welche anfangs so prüde taten, werden galant, weil die Hindernisse des Weges sie herausfordern. Mancher Seufzer quillt aus der Brust der alten Mantelträger, auf deren Glatze der neckische Sonnenstrahl herumgaukelt.

Wenn der Zug über den „Kühzagelberg" talabwärts geht, dann bietet sich auf halber Höhe ein reizender Ruhepunkt. Dort öffnet sich unvermerkt der Wald, und durchs schimmernde Buchengehäng schauen Wendelstein und Breitenstein herüber. An ihrem Fuße aber leuchtet ein weißes Türmlein, das gehört der kleinen Marienkirche, dem gebenedeiten Ziel unseres Weges.

Hier dacht' ich so oft, wenn ich als Knabe den Zug begleitete, an die Pilger von Jerusalem, von denen der Lehrer in den Geschichtsstunden erzählt hatte, wie sie aufs gelobte Land hinunterschauten. Ich sah es nicht im Eifer der Begeisterung, daß die unsrigen Nagelschuhe statt der Sandalen trugen und Haselstöcke statt der Ritterschwerter; ich glaubte nicht, daß die

Kuppel des „Heiligen Grabes" schöner glänzen könne als das stille Kirchlein in Birkenstein.

Was doch die Phantasie nicht tut, wenn sie einen besessen hat! „Paris en Amérique" — Jerusalem in Birkenstein!

An dem Sträßchen, das ins Fischbachauer Tal führt, steht eine einsame Wirtschaft, „zum Neuhaus" geheißen. Dort führte lange Zeit der „Bocksteffel" das Regiment, der seinen Namen von dem Tiere trug, welches er so gern mit dem Wildbret verwechselte, wenn seine Gäste solches bestellten.

Dort hielten die Kreuzfahrer zum ersten Male Einkehr. Wie die Heuschrecken über Ägypten, fielen sie über die Küche her; umsonst waren Schürhaken und

Feuerzange, mit welchen die resolute Köchin das Hausrecht verteidigte; jeder nahm, was er erwischen konnte.

Auch des „Springquells flüssige Säule" stieg aus den braunen Fässern auf, und da war bald die Mühe vergessen, die man erlebt hatte und noch erleben sollte. Der gewichtige Benefiziat ging mit gutem Beispiel voran und bewährte eine unermeßliche Langmut, ehe er die erfrischten Himmelsbürger zum Weitermarsche in die Höhe trieb.

Nun mußte wieder gebetet werden, und auf dem kleinen Sträßchen, das sich von Neuhaus nach Birkenstein schlängelt, schlängelten sich die frommen Wünsche der Wallfahrer empor. Ob es wirklich lauter fromme waren? Nach der Ankunft, die noch zeitig genug statthat, wird das Amt in der kleinen Kirche gehalten, und diesem folgt, was man in höhern Sphären ein „Festdiner" zu nennen pflegt.

Es fehlt zwar manches an der vollen Freiheit des Begriffs, zum Beispiel Messer und Gabeln, Tische und Bänke, Toaste auf die deutsche Einheit und ähnliches. Aber die Hauptsache ist doch da, und das ist — die Begeisterung. Wer sie bezweifeln wollte, der müßte sie auf dem Heimweg gewahren, welcher von Sachverständigen als die Krone des Tages bezeichnet wird.

Die volkswirtschaftliche Agitation, welche gegen die vielen Feiertage eifert, richtet sich auch gegen diese Buß- und Kreuzgänge, und zwar mit vollem Rechte. Ein eigentliches Interesse daran hat ja nur der Klerus.

Es ist zwar die gemeine Meinung, daß unser Volk mit diesem unbedingt sympathisiere; allein gerade für das bayrische Gebirge läßt sich dies keineswegs so allgemein behaupten. Den Schild der Pietät, hinter dem sich so viel Wust und Wüstlinge verbargen, haben die letzten Dezennien zertrümmert. Der scharfe Luftzug der Kritik, der durch unsere Zeit geht, ist auch in die Täler gedrungen, von denen wir sprechen, und hat den Leuten Mut zum „Schimpfen" eingeblasen. Eine angeborene Dialektik kommt zur Gelegenheit hinzu und richtet sich in erster Linie gegen den Klerus. Der Pfarrer ist nicht mehr exlex, wie er war, seine Predigt wird nicht mehr nacherzählt, sondern kritisiert und ist vor dem Volkswitz keineswegs sicher.

Mit dem Respekt vor den Personen ist selbst der Respekt vor der Sache ein wenig geschwunden, und auch der Boden der Berge spürt, wenn freilich in kleinerem Maße, die Prozente der Frivolität, welche im Boden der Städte wuchert. Die junge Generation ist besonders gelehrig für solche Traditionen, die reiferen Männer aber merken, daß hinter der religiösen Stellung der Priester die politische allzu dreist sich breit macht. Unbedingten fanatischen Respekt vor der körperlichen Erscheinung des Klerikers haben fast nur noch die alten Weiber. Da kann es wohl passieren, daß der begeisterte Regenschirm einer solchen bäuerlichen Matrone mit dem interkonfessionellen Zylinder des harmlosen Fremdlings zusammentrifft, der am Wege steht und meint, man schaue einen Bittgang etwa gerade so an wie ein Regiment Soldaten.

Das Fingerhackeln
(1868)

Später Herbst ist es; um die Nachmittagszeit.

Draußen im Isartal, in den oberbayrischen Bergen, steht die riesige Benediktenwand und schaut herein durch die angelaufenen Scheiben — drinnen, in der Wirtsstube, ist tiefe, behagliche Ruhe. Jetzt kann mans schon leiden, wenn tüchtig eingeheizt wird. Lustig knistert das Feuer im dicken Ofen, und daneben sitzt der dicke Wirt und denkt an die — Weltgeschichte. Wenigstens liegt der „Volksbot" da drüben, die Nummer von vorvorgestern, und er nickt so ernsthaft mit dem Haupte! Es ist eine Ruhe voll Anstand und Würde.

Nicht viele Gäste stören seine Muße. Nur ein paar Flößer, die heut Blaumontag machen, sitzen am „grünen Tisch" und spielen. Doch es ist nicht Roulette; der Tisch ist nur grün angestrichen, und daneben steht ein Croupier mit der Heugabel.

„Jesses — der Hansei!" rufen die Spieler, als auf einmal die Tür knarrt. Nachlässig und stolz schlendert eine hohe Gestalt herein, und nachdem sie ringsum genickt, kauert sie schweigend am kleinen Tische nieder. Der Hansei mag nicht lange warten, „das ist ein scharfer Regent", und deshalb hat er noch kaum mit den Augen geblinzelt, so stellt schon die Kellnerin den schäumenden Krug vor ihn. Der rote Jörgl von der Jachenau, der gegenüber sitzt, läßt sich auch nochmals einschenken, der hat gern „an Haingart" (ein trauliches Beisammensitzen), und der Hansei war schon lang nicht mehr sichtbar. 's ist nicht deswegen, weil ihm der Wirtshausbesuch von oben verboten ist; darum schmeckts ihm nur um so besser, aber vielleicht

„leidets sein Madl nicht". So denkt sich wenigstens der schlaue Jörgl, und in neckendem Ton beginnt er:

„No, Hansei, mich freuts nur, daß dich dein Dirndl doch alle Monat einmal ausläßt, denn so lang ists bald, daß wir dich nimmer gesehen haben. Aber die hat dich am Bandl!"

Hansei rückte den Hut auf die Seite, und das war ein schlimmes Zeichen. Die Stellung des Hutes ist beim Bauern ein Barometer der Stimmung, und man kann nach den Winkelgraden berechnen — wanns losgeht.

„Ich hab mir mein Dirndl schon besser dressiert", erwiderte er trotzig, „die geht aufn Pfiff, da gschieht, was ich will!"

Dem Jörgl aber wars nicht genug. Er sah, daß der Hansei sich ärgerte, und langsam eröffnete er jenen kurzen ominösen Dialog, in welchem die Helden der Bierbank streiten, und der so deutlich und handgreiflich wird.

„Aber neulich haben s' was Schönes erzählt", begann der Jörgl wieder. „Da sollst du gsagt haben, sie soll dir a Bussel geben, und dann hätt sie dir — a Watschen geben!"

Hansei rückte zum zweitenmal den Hut. „Dich gifts halt, Jörgel", sprach er, „daß das Dirndl dir auskommen is, bei dir is nix als der schielige Neid."

Doch der Jörgl war schnell mit der Antwort fertig. „Um so eine", erwiderte er höhnisch, „braucht man niemanden neidig sein, die einen doch nur zum Narren hat. O mein, Hansei, dich zieht ja dös Dirndl beim Finger fort."

„Ich will dirs gleich sagen, wer mich beim Finger fortzieht", fuhr Hansei grimmig auf, „du einmal nicht. Geh her, wenn du Schneid hast, ob du dich hackeln traust — und wenn du mich hinziehst, dann darf mich der Teufel holen auf freier Weid, noch heut aufm Heimweg."

Hansel streckte den Arm über den Tisch, und Jörgl hackte sich blitzschnell in den gekrümmten Zeigefinger ein.

„Aufgeschaut!" —

„Himmelherrgottsakrament!" —

Diese Parole dröhnte durch die stille Stube, wo nun das sogenannte „Fingerhackeln" erprobt wird. Die Sitte ist alt und allgemein in Ober- und Niederbayern. Wenn die Gegner sich mit den Zeige- und Mittelfingern eingehackt haben, dann beginnen sie zu ziehen und versuchen einander zum Wanken zu bringen oder zur Erde zu reißen. Wer ein besonderer Virtuose ist, packt mit dem einen Finger bisweilen zwei Gegner — und zieht sie über Tische und Bänke weg. Der Charakter dieses Brauchs ist indessen niemals ein

ernsthafter, und der Zweck bleibt immer der des Spieles. Das versteht sich bei der ungefährlichen Natur dieses Angriffs eigentlich von selbst, wenn man an die engere Heimat desselben denkt und dann erwägt, wie leichtfertig dort die schrecklichsten Waffen gehandhabt werden. Denn am stärksten ist das Hackeln doch auf jenem urwilden Fleck zwischen Isartal und Inntal zu Hause, wo's schon die Schulkinder miteinander probieren und wo der kleine Hüterbub den Geißbock zu Boden hackelt. In diesem Revier bayrischer Heldenkraft passiert es nicht selten, daß einer dem andern ein Auge ausschlägt und sich dann damit entschuldigt: „Ich hab ja nur Spaß gemacht!" Da ist natürlich das Hackeln zu harmlos, wenn man einem ernstlich beikommen will. Ein Holzknecht, der „warm wird", beschränkt sich nicht auf einen so partiellen Angriff, wie auf den Finger des Gegners, und auf eine so partielle Waffe, wie auf seinen eigenen. Im wirklichen Treffen da kommt die Faust, und auch die ist häufig noch zu wenig. Für was sind denn die eisengespitzten Bergstöcke, die Holzhacken und Messer auf Erden? Die kommen zum Zuge, wenn sich's um die Theorien von „Blut und Eisen" handelt. Diese harmlosere Art des Kampfes setzt stets einen gewissen Grad von Verständigung voraus. Ein blutiger Kampf wird häufig unaufgefordert begonnen, das „Hackeln" kann aber nicht ohne Herausforderung unternommen werden. So hat es denn auch am meisten in den Fällen statt, wo einer so gereizt ist, daß er sich Luft machen möchte, und doch noch so vernünftig, daß er das Totschlagen meidet. Da ist dann jene Rivalität gerade recht, denn im Hackeln steckt ein großer Ehrgeiz, und die Niederlage des Gegners schmerzt diesen oft mehr als die bittersten Prügel.

Nicht selten wird auch auf den Erfolg gewettet; das Bezirksgericht in Straubing hat vor Jahren einen Fall entschieden, in welchem es eine Summe von nicht weniger als tausend Gulden galt.

Auch in den Strafverhandlungen, wo die rauflustigen Missetäter oft in langen Prozessionen aufmarschieren, kommt „das Hackeln" vor. Wenn Seine Gestrengen finster die Brauen rollen, wenn der Gendarm von Ruhestörung und der Staatsanwalt von Körperverletzung donnert, dann erwidert der Bauer lachend: „Wir haben ja nicht gerauft, wie haben ja bloß gehackelt." Der Mangel jeder gefährlichen Absicht spricht sich vielleicht in nichts so deutlich aus, wie in diesem herkömmlichen Einwand. Auch der Holzknecht hat seinen „Sport", und als solcher muß eigentlich das Hackeln definiert werden.

Ein lautes Stampfen dröhnt durch die Stube, und wir finden das ritterliche Paar, das erst am Fenster saß, bereits in der Mitte des Schauplatzes. Der Tisch, der Maßkrug, die Karten — alles ist mitspaziert.

Auch der Wirt hat sich jetzt erhoben. Er ist aus seiner Ofenecke hervorgetreten — aber nicht aus seiner Neutralität — denn auch in der Bauernstube gilt das Prinzip der Nichtintervention. Wir leben in politischen Zeiten, und wenn sich zwei Burschen heutzutage balgen, so wollen sie nach völkerrechtlichen Grundsätzen behandelt werden.

Mit verschränkten Armen, so etwa in der Stellung des alten Napoleon, überschaut der Wirt den Kampfplatz. Wer von den beiden wird zu Boden kommen? Jedenfalls am nächsten der Maßkrug, denkt er sich, aber ihm ists gleich, denn einer von beiden muß ihn doch bezahlen. Der eichene Tisch hat wohl seine sechzig Pfund und geht so schnell nicht „aus dem Leime".

Wenn sie sich in die Uhr verwickeln — ists auch nicht schad, die geht seit Jahresfrist gar nicht oder falsch — und im übrigen werden die beiden weiter keinen Durst kriegen, wenn sie noch eine Weile so fort machen. Also denkt sich der Wirt ...

Dreimal rasten die Kämpfenden noch durch die Stube, dann hat halt doch der Hansei „hingezogen" und den Jörgl mitsamt dem Tisch zu Boden gerissen. Er hat ums Auslassen bitten müssen, und wie er gebeten hat — wars wieder gut.

„Ja, umsonst macht keiner dem Hansei sein Dirndl schlecht", und der Wirt packte ihn drum auch bei dem Halstuch und sprach:

„Du bist ein Kerl, wie dem Teufel sein Leibroß."

Solche Sprüch tun dem Hansei wohl, und lachend sang er das Schnaderhüpfel:

> „Und der Teufel hat Hörndl,
> Und ich hab mein Dirndl,
> Und dös Dirndl mag mi,
> Weil i a Hauptspitzbua bi."

Auch der Jörgl lachte, aber seine Gurgel war so trocken, und weil ihn der Hansei so gnädig anblickte, so schlug er ihn auf die Achsel und erwiderte:

> „Gegrüßt seist du, Bruder,
> Der Herr ist mit dir,
> Du bist voll der Gnaden,
> Geh — zahl a Maß Bier!"

Und so geschah es.

Der Schuhplattltanz

Von jeher waren die Gebirgsvölker im Tanze ausgezeichnet; aus ihrer eigenartigen Lebenssphäre, aus charakterstsichen Naturerscheinungen sind die Vorbilder für denselben genommen. Dies gilt auch von dem berühmten Tanze des bayerischen Hochlandes, dem Schuhplattltanz.

„Es liegt eine starke Sinnlichkeit darin", sagt ein norddeutscher Schriftsteller in seiner Schilderung; aber diese Sinnlichkeit ist eine „schöne". Und wo sie nicht ins Gebiet des Schönen reicht, da ist sie wenigstens gesund, denn ihr Boden ist die Kraft und ihr Ziel die Grazie.

Das Vorbild des Schuhplattltanzes ist dem Jägerleben entnommen. Es stammt vom Spielhahn und von der Auerhahnfalz.

Wenn sich das Frühjahr regt, wo das Eis noch tief in den Bergen liegt, wenn die erste Dämmerung graut, dann schleicht der Jägerbursch hinauf — lautlos zwischen den kahlen Bäumen. Dort kreist auf dem flachen Schnee der schwarze riesige Auerhahn um die flatternde Henne. Er springt heran und flieht, er schnalzt und zischt und überschlägt sich in tollen Sprüngen. Ich finde kein anderes Wort — er tanzt.

Daß dies Gleichnis auch im Bewußtsein des Volkes lebt, das zeigen am besten seine Lieder:

„Wenn der Spielhahn d' Henna kleinweis zu ihm
                                          bringt,
Wenn er grugelt, wenn er tanzt und springt,
Und dann lern i's von dem Spielhahn droben halt,
Was im Tal herunt die Diendln gfallt.

Denn die Diendln die san
Ja grad nett, wie die oan,
Wer nit tanzt und nit springt,
Der bringts nindersdit zu koan."

Und der Jägerbursch nimmt sich das gute Beispiel zu Herzen, wenn er „im Tal herunt" auf den Tanzplatz geht.

Beim Schuhplattltanz sind die Rollen der beiden Geschlechter streng geteilt und zwar in der Weise, wie sie die Natur geteilt hat. Das eigentlich aktive Prinzip ist der Mann, ihm steht die Leitung, ihm steht das Ergreifen zu. Das Mädchen hat die Rolle des Erwartens. Der Beginn ist sachte; denn wenn die jubelnden Triller des Ländlers in die Höhe steigen, tanzen sämtliche Paare einigemale mit großer Gelassenheit herum. Plötzlich aber verlassen die Bursche[1] ihre Mädchen. Sie dürfen sie nicht stehen lassen, denn das wäre selbst nach Bauerngalanterie eine Grobheit; sie müssen ihnen entschlüpfen — unbehindert, unversehens. Die Leichtigkeit, mit der die Mädchen sich unter dem erhobenen Arm des Tänzers durchwinden, mit der die Paare sich plötzlich lösen, macht diesen Moment ganz reizend. Dann kommen wilde, rasende Augenblicke. Während die Mädchen sich sittsam um die eigene Achse drehen, springen die Bursche jählings in die Mitte und bilden dort einen inneren Kreis. Die Musik wird stärker. Sie beginnen zu stampfen und mit den braunen Händen auf Sohlen und Schenkel zu schlagen. Ein schrilles Pfeifen tönt dazwischen; man muß diese baumlangen Kerle, man muß diese zolldicken Nagelschuhe gesehen haben, um zu ahnen,

---

[1] Damals „die Bursche", statt der heute üblichen „Burschen".

was das für ein Getöse wird. Der Boden dröhnt und die Decke zittert; die Musik wird stürmisch wie die Posaunen von Jericho — aber man hört sie kaum mehr. Hören und Sehen vergeht einem ganz. Mitten im Gewühl schlägt einer ein Rad, als müßt' er den Kreuzstock in Splitter schlagen; ein anderer springt zu Boden, als sollte alles in der nächsten Sekunde parterre liegen.

Allmählich wird die Musik wieder mäßiger; die frechen Trompeten holen Atem — Piano — Pianissimo, und die Bursche kehren zurück zu ihren Mädchen. Jetzt kommt der Auerhahn. Schnalzend, pfeifend springt jeder der Seinen nach, während das Diendl in ununterbrochenen Kreisen ihm entflieht. Wie der Hahn die Flügel, hat er die Arme ausgespannt; bald duckt er sich vor ihr zur Erde, bald springt er sie in wildem Bogen an. Endlich hat er doch das Diendl „gfangt" . . .

Wenn der Tanz zu Ende ist, dann führt der Bursch sein Mädchen zum steinernen Kruge und läßt sie trinken. Dieser Trunk ist ebenso obligat als das stumme Kompliment, womit der befrackte Tänzer seiner Dame dankt. Er wird niemals abgewiesen und keine entsetzte Mama stürzt herbei und ruft: „Kind, um Gotteswillen, du bist echauffiert!"

Drinnen beim steinernen Krug im Nebenzimmer sitzen auch die Alten und disputieren, dieweil die Jugend außen tobt. Hier wird geplant für die Zukunft und geschimpft auf die Gegenwart — köstliche Genrebilder für den, der sie malen könnte! Auch das Orchester zeigt drollige Figuren, wenns einmal tiefer in die Nacht geht. Da fallen dem müden Spielmann die Augen zu, und wenn er Nerven hätte „wie die Groschenstricke". Immer tiefer, immer zärtlicher sinkt sein Haupt auf die Baßgeige herunter, in deren Saiten er verzweifelt wühlt. Den Hornisten muß man zu jedem Tanz erst wecken, und selbst dann greift er gewöhnlich in der Eile zuerst nach dem Maßkrug statt nach dem Instrument. Nur die Bursche und Diendln „lassen nicht leicht aus", bis der Morgen graut. „Das ist ein guter Nachtvogel", heißt es beinahe von jedem, „wenn er sechs Näct nit schlaft, treibt ers die siebente noch ärger." . . .

Vom Haberfeldtreiben

In dem löblichen Ländchen, das zwischen Isar und Inn liegt, ist auch die alte Sitte daheim, die das Haberfeldtreiben benannt wird. Auch hier geht es mir ähnlich, wie in einem vorigen Kapitel, das heißt der gesamte Brauch ist schon so massenweise, so zahllos beschrieben worden, „daß mir zu tun fast nichts mehr übrigbleibt." Um den verehrten Leser aber doch einigermaßen zu entschädigen, will ich einen anderen Streich hier wagen.

Nach einem der größten Treiben, die jemals stattfanden (wo? sagt die Redaktion), erhielt ich einen langen Brief von einem Bauernburschen, der Augenzeuge gewesen war und den ganzen Hergang berichtet. Dieser Brief folgt hier in wörtlicher Wiedergabe.

Was den Stil betrifft, so muß ich allerdings meinen jungen Freund vor dem Leser entschuldigen, da er noch nie etwas hat drucken lassen und diese Entschuldigung dürfte sich auch auf die Orthographie erstrecken.

Für meine eigene Person aber hoffe ich nur, daß er nichts davon erfährt und mich nicht etwa dafür durchprügelt, weil ich seinem Ruhm die Wege bahne.

Lieber Karl und Freind!
Du weißt schon von selber, das es bei einen Bauernmensch, wie mich, nicht vüll heist mit der Schreiberei; wenn ich Ahles mit dem Maul verzählen könnt, wär mir wohl leicht lieber.

Gestern hat'ts geschnackelt bei uns beim Haberfelldreiben. Denn die Haberersach ist ja ein alter Brauch aus der Revallazion (Revolution) oder Karl dem Grosen, wodurch man die Obrigkeit und anderen Leute, die man sonst nicht ankahnn, ordentlich abstrafft wegen der Lumperei. Weil es aber jetzt mehr Spitzbuben giebt, wie friherszeit, so giebt es auch mehr Haberfelldreiben und war gestern ein wunderschener Dag dazu. Alle Laken und Dreck war bei der Nacht verfroren und so stockfinster, das man sein Nebensmann nicht einmal sehen konnte, wann man nichts davon weiß. Um elf Uhr die Schandaren haten ihren Paterol (Patrouille) gemacht, da herte Man aufeinsmal hinter dem großen Higel hint einen graussamen Spidagl (Spektakel) Sonsten war ahles ruhig und Stiehl, wie es sich auf eine so finstere Nacht gehört. Nun aber bald entstand sich auch am Wald ein Licht mit grosem Geschrei. Die Schandaren liffen vor aber ein Wachsbosten, den sie gar nicht gesehen haten rieff — „Halt oder es schnalt." Da die muthigen Schandaren nicht hint bleiben wollten, so schoß der Wachsbosten loß und zwei Kügel pfipfen ihnen zwischen dem Köpfen durch. Wo sich aber das Licht entstanden hatte, kamen nun viele hundert Menschen zum Fürschein, lauter Haberfelldreiber mit ihrer ganzen Rüstung und Maschkra (Maskerade). Auf den grosen Hügel sie nahmen Stand, liesen Rageden (Raketen) auffahren, leideten mit alle Glocken und fingen an ihre Vorwürf zu ruffen.

Zum ersten backten sie den dicken Wirth, weill daß Birr so schlecht ist und mit der essenden Sach ist's auch nichts Gutes. Auch der Unterbögner ist verschandtelt worn „denn der hatt Geld und wird einesmalst ein warmer. Aber dum ist er hinfür, wie ein Roßkopf, kann er freilich nichts daffür, daß ihm sein Hirnkasten so kurz zugeschnitten ist.

Und erst das schöne Lisel haben sie spöttisch gemacht! Daß der ganze Fensterstock schon zerkratzt ist von den Liebhaber und daß sie gleich zwei Kindt auf ein Jahrgang zügelt hatt, auf Lichtmeß ein Buben und auf Weihnächten das Diendl.

Wahr iß aber schon auch, daß ein Schand iß mit der Lisel ihre böse Tugenden. Wie des Ahles mit der Verkündigung vorbeigewest ist, gieng der Spidagl von Neun (Neuem) an, alte Häfen und anderes Geraffel wurte zusammengeschlagen, auch die grose Trommel aus dem russischen Krieg oder sonst einem Alterthum war dabey. Zuletz schosen sie ahle Bixen ab, spülten einen Tanz auf und backten dann schnel zusammen, und lieffen in den Wald hinein. Wie sie davont waren, kammen die muthigen Schandaren sehr zahlreich herbei, allein es war Ahle schon lengst entwitscht. Groser Schaden wurde keiner angestifft, nur im Hintermaier sein Saustahl haben sie die Wand hineingedruckt und sind ihm auch zwei Stück Geißvieh verloffen. Aber am andern Früh war das Geißvieh von unsichtbare Hände schon wieder angehankt und die eingedruckte Summe lag in Stahl daneben. Das Feuerwerchk und die Musik war sehr schön, das ist Ahles, die Neuigkeit von der Burgl schreib ich Dir das nächstemal. Gestern haben wir ein scheckiges Kalb bekommen und der Schusterhansel ist auch gestorben.

Ich beschliese mein schreiben mit dem Wunsch auf ein langes glückseliges Leben und Wohlauf
und bin Dein bereitwüliger Freind
Egidius Steinberger

Soweit die „Originalkorrespondenz" unseres Berichterstatters. Schon sein Brief verrät es mit großer Naivität, daß es weit mehr auf den „Spektakel" als auf ein moralisches Rügegericht hinausläuft, wenn jetzt ein Haberfeldtreiben gehalten wird und wer jemals Gelegenheit fand, einem solchen persönlich beizuwohnen, der wird diesen Eindruck in verstärktem Maße gewinnen. Vor Zeiten hatte wohl diese Volksjustiz ihre innere Berechtigung, in jenen feudalen Zeiten nämlich, da die Welt in Herren und in Hörige geteilt war und nur jener Recht erhielt, der schon die Macht besaß. Wie die meisten Sitten oder doch fast alle Unsitten, die zur Stunde im Hochland bestehen, ihre letzte Wurzel in den früheren bäuerlichen Grundverhältnissen haben, so ist es auch mit dem Haberfeldtreiben der Fall; es war das empörte Rechtsgefühl, das sich unter dieser Maske Geltung verschaffte und jenen die Strafe gab, die man mit legitimen Mitteln schwer erreichen konnte. Daher die tiefe Vermummung, die nächtliche Stunde und das verschworene Geheimnis, das über dem ganzen Bunde waltet.

Faßt man die Sache unter diesem Gesichtspunkt auf, so weiß man auch, was man von der Zukunft des Haberfeldtreibens zu halten hat. Seine innere Bedeutung ist weggefallen und damit kam auch die äußere Übung in Zerfall, die letztere mag noch eine Zeitlang fortdauern, aber sie besteht dann wie eine Form, der der Inhalt genommen ist, sie vegetiert noch eine kurze Zeit, wie der Baum, dessen Wurzeln durchschnitten sind.

Es ist wohl länger als fünf Jahre her [etwa 1865], seit das letzte Haberfeldtreiben im bayerischen Gebirge gehalten wurde und die Behörde ließ es damals nicht an „Maßregeln" fehlen, um auch ihrerseits dem Unfug Halt zu gebieten. Zwar gelang es ihr nicht, das Geheimnis des Bundes zu entschleiern, aber seine Wirksamkeit ward dadurch bedeutend gelähmt, daß sofort alle militärpflichtigen Burschen des Bezirkes eingerufen und eine fremde Garnison in die betreffende Gemeinde gelegt wurde. Doch das alles waren nur momentane, mehr zur Strafe als zur Hilfe verhängte Mittel, die letzte und gründliche Abwehr gegen dies schwarze Treiben kommt von innen heraus; es muß in den Überzeugungen absterben und durch die bestehende Ordnung der Dinge gegenstandslos gemacht werden.

Daß dem schon jetzt so ist, das fühlen die „Alten" selbst am besten, wenn sie wehmütig den Kopf schütteln und vom Haberfeldtreiben gerade so sagen, wie von der Wilderei: „'s geht nix mehr zsamm".

In einem bayrischen Stellwagen
(1870)

Es gibt eine Phrase, daß nur der Land und Leute kennt, der zu Fuße wandert. Allein das ist da nicht richtig, wo das Fahrzeug zum charakteristischen Gepräge der Gegend gehört, wo sich im Fahren selbst ein Stück Kulturgeschichte abrollt. Wer Italien ganz kennen will, muß mit dem Vetturino gereist sein, und wer Altbayern verstehen soll, muß auch auf der Folterbank eines Stellwagens gesessen haben. Davon läßt sich nicht dispensieren. Wenn man verschämte Touristen fragt, mit welcher Gelegenheit sie weiter reisen, so sagen sie: „Mit dem Omnibus." Das ist wenigstens ein lateinisches Wort und klingt nicht so plebejisch.

Im Wesen sind natürlich beide gleich. Denn die Pferde sind mager hier wie dort, der Kutscher ist in beiden Fällen gleich grob und der Wagen gleich enge. Es ist nur ein verschiedener Name für dasselbe Leid, und für diese Verschiedenheit zahlt man sechsunddreißig Kreuzer mehr. Zwischen den einförmigen Pappelalleen des Flachlands und zwischen den grünen Bergen des Hochlands trollen Stellwagen und Omnibus des Weges. Sie sind dort die Seele des Weltverkehrs, sie sind die Träger der Neuigkeiten und des Fortschritts.

Den Sinn für Präzision hat man den Eisenbahnen überlassen; wer mit dem Stellwagen fährt, darf mit den Minuten nicht so knauserig sein. Darum ist es unsäglich schwer, ihn flott zu machen. Wenn er um drei Uhr vom Wirtshause abfahren soll, so liegt der Kutscher gewöhnlich um halb vier Uhr noch im Stall und schläft. Dann trampelt der Hausknecht mit schweren Stiefeln herein und spricht ihn freundlich an: „Wia, Hansei, Spitzbua fauler, steh auf, die Leut sind da zum Fahren." Mit einem Gähnen, das zehn Zoll im Durchmesser hat, hebt sich der Angeredete hinweg und brummt: „Schau, schau, daß die Tröpf immer zu früh kommen!" Alsdann füttert er gemächlich die Pferde und ruft hinaus: „So, jetza fahren wir nachher bald!" Schlimmer ist es noch, wenn er statt im Bett in der Schenke liegt und zecht; denn dann muß der Hausknecht nicht bloß die Pferde, sondern auch den Kutscher hinausführen, und das „bald" dauert noch um eine Stunde länger.

Hierauf beginnt die Verpackung, die dadurch große Schwierigkeiten leidet, daß die Sitzplätze des Wagens nicht immer in räumlichem Einklang mit dem Sitzplatz der Fahrgäste stehen. Am tollsten geht es natürlich bei jenen Stellwagen zu, die an Bahnhöfen stehen, um die Passagiere über Land zu verfrachten. Denn im Galopp stürzt alles aus dem Wagen, die einen stolpern über die Schienen, die andern verlieren ihr Gepäck — es wird geflucht und gesucht, geeilt und geheult ohne Ende. Da die Menschen an äußerem Umfang ebenso verschieden sind wie an innerem, so gibt es hier in der Tat ein diffiziles Rechenexempel, dessen Lösung schließlich nicht der Kunst, sondern nur der Grobheit gelingt.

Alltäglich ereignen sich diese Szenen zum Beispiel in Holzkirchen, wenn der Hochsommer kommt und die Epidemie der Gebirgsreisen alle Münchener ergriffen hat. Mancher der verehrten Leser ist vielleicht selbst das Opfer solcher Momente gewesen und kann bestätigen, daß nicht gelogen wird.

Betrachten wir nun das Publikum, welches diesen Wagen füllt, ein wenig näher. Im Sommer sind es, wie gesagt, die „Lustreisenden", die den großen Städten entfliehen wollen und die Gebirgsstraßen nach allen Seiten durchkreuzen. Außerdem findet man nur solche, die ihr Geschäft auf Reisen führt, aber auch diese sind bunt zusammengewürfelt. Kinder des Geistes und Kinder der Welt sitzen nebeneinander, der Pfarrer und der Gendarm, der Holzknecht und die

Hochzeiterin. Die Disziplinargewalt über alle handhabt der Kutscher, und wenn die Gegensätze platzen, wenn es Spektakel gibt, dreht er sich um und ruft durchs Fenster hinein: „Wollts a Ruh geben, ihr Sakra, oder nit, sonst wirf ich euch gleich alle in Straßengraben 'nein."

Wer erkennen will, wie das Volk fühlt und denkt, der kann keine bessere Studierstube wählen, als den verruchten, gelben Kasten. Über Liebe und Politik, über die Lebendigen und Toten wird hier verhandelt, als wäre ein förmlicher Kongreß berufen. Manches schlagende Wort springt über die wulstigen Lippen, manche feine Bemerkung fällt unter die rasselnden Räder; im ganzen aber ist das Publikum sehr dankbar — weil es Langeweile hat.

Nicht immer freilich ist der Stil zierlich und der Inhalt zahm. Die größten Virtuosen sind in dieser Beziehung die Flößer, welche auf der Isar nach München fahren und über Holzkirchen im Stellwagen heimkehren. Als Pertinenzen führen sie eine große Axt und einen Zentner Seile bei sich, die sie dann ihrem Gegenüber auf den Schoß legen. Da sie müde sind, schlummern sie gewöhnlich auf der Schulter des Nachbars ein, und alle Versuche, solche holde Last von sich abzuwälzen, sind vergeblich. Und doch ist es vielleicht besser, sie schlafen, denn ihr Gespräch betritt gar leicht einen schlüpfrigen Boden, gegen den nur solche Wasserstiefel unempfindlich sind.

Vorn auf dem Bock thront der Kutscher als eine Macht. Er weiß alles, er besorgt alles, er schimpft und protegiert ganz nach Befinden. Wer ihn milde stimmen will, muß ihm eine Zigarre geben; und je schlechter sie ist, desto besser wird er sie finden, desto näher wird sie seinem Verständnis sein. Bedenklicher als jedes andere Hindernis aber wirken die Wirtshäuser, für die der Stellwagen eine unverbrüchliche Anhänglichkeit besitzt. Denn wer hat jemals gesehen, daß ein Stellwagen an einem Wirtshaus vorüberfuhr? Und wer hat es je erlebt, daß ein Kutscher seine Pferde tränkt, ohne selbst ein Glas Bier zu trinken? Wehe, wenn einer der Gäste sich beigehen ließe, hierüber zu murren! Solche Einreden beantwortet der Lenker höchstens damit, daß er sich noch ein zweites Glas einschenken läßt. Unter diesen Umständen kann man allerdings nicht behaupten, daß der Stellwagen ein Kulturfahrzeug ersten Ranges sei. Aber trotzdem kann man bisweilen ganz vergnügte Stunden darin verleben, ja, sogar manchmal schöne und poetische.

So gedenk ich noch immer gern einer Fahrt, die ich einmal bei Nacht gemacht; es ging auf den Herbst zu, und tiefe Dämmerung lag schon auf der Landschaft, als wir wegfuhren; am Himmel glänzten die ersten Sterne, in den Häusern die ersten Lichter. Unter der Tür saßen die Leuten und riefen uns ihren Gruß, als wollten sie sagen: „Ei, wer wird so spät noch fortreisen; wir sind froh, daß wir daheim bleiben können!" Die Straße führte am See entlang; man hörte, wie die Wellen eintönig anschlugen, wie das Schilf sich regte im Nachtwinde. Der Postillon knöpfte sich den Mantel zu, die Passagiere drückten sich in die Ecke, und die kühle Nachtluft flog mir um die Schläfe. Ich saß draußen auf dem Bock. Stückweise ging es dahin unter hohen Buchen, daß die Zweige das Dach des Wagens streiften; dann ward die Straße wieder frei und stieg mäßig bergan. Jetzt ergriff der Postillon sein Horn mit der blauweißen Schnur und blies in die Nacht hinein. Anfangs waren es lustige Weisen, dann kam das alte schmerzensreiche Lied:

„Du hast mich zu Grunde gerichtet!
Mein Liebchen, was willst du noch mehr?"

Kein Wanderer begegnete uns, nur der Widerhall antwortete auf die stille Weise. Immer glänzender wurden die Sterne; es war, als ob das Firmament sich wölbte vor unseren Augen, als ob man den kühlen Nachttau fallen sähe. Dann und wann scholl fernes Gebell zu uns her, und wenn wir an Häusern vorbeifuhren, sah man wohl ein verliebtes Paar, das unter der breiten Altane stand, Arm in Arm oder verstohlen flüsternd. Da knallte der Postillon mit hellem Lachen; doch wenn wir vorüber waren, nickte er still und dachte: „Cosi fan tutte". Auch er hatte einst ein Lieb gehabt, das seinen Weisen lauschte; er erzählte die lange Geschichte, aber es war nichts davon übrig geblieben als das alte Lied:

„Du hast mich zu Grunde gerichtet!
Mein Liebchen, was willst du noch mehr?"

Die Musik in den bayrischen Bergen
(1873)

Wenn wir die Charakterzüge des bayrischen Südens betrachten, so tritt uns einer vor allen anderen entgegen: das ist die Vorliebe, die der Hochländer für alle Melodie hat. Der Alte, der in seiner Austragstube kauert, pfeift sich sein „Liedl", und der kleine Enkel, der von dem hohen Berggehöft zur Schule herunterklettert, hat auch das seine. Wenn der Knecht am Abend vor dem Hause sitzt und mit hallendem Hammer die Sense dengelt, so begleitet er die schneidige Waffe mit seiner schneidigen Weise; wenn der Hüterbursch die Herde heimtreibt, tönt über die kühlen, taufeuchten Matten sein heller Jodler. In alle Arbeit klingt ein Stück Melodie hinein; während die Hände belastet sind, ist die Seele doch befreit. Man wird natürlich heutzutage ausgelacht, wenn man das alte, ehrliche Wort zitiert, daß böse Menschen keine Lieder haben, und deshalb wollen wir auch dies Kapitel beiseite lassen, aber etwas Wahres bleibt eben doch daran. Denn diese Lust zum Sang, dies leichte Finden der Melodie, ja, dies Bedürfnis nach hellen Tönen ist doch der schlagendste Ausdruck für die unbezwinglich-frische Lebenskraft, die in unserm bayrischen Hochland waltet, für den Drang nach Freiheit, der dort in allen Herzen pocht, für den Frohsinn, der sich trotz aller Mühsal erhalten hat.

Die gestrengen Herren vom Amte, die vor Zeiten gar schlimm in unseren Bergen hausten, sahen freilich mit grämlicher Miene auf die „Singerei", ihr Streben war ja darauf gerichtet, den verwegenen Geist, der dort regierte, zu beugen, und sie witterten wohl, daß in diesen Jodlern und Almenliedern noch ein ganz anderes Geheimnis stecke, als das musikalische ABC. Sie fühlten mit einem Wort das schaffende Kulturelement, das in den Liedern eines Volkes liegt; sie merkten, daß das ein heimlicher Ersatz für die verpönte „Redefreiheit" sei, und meinten, man könne unmöglich so lustig und dennoch recht brav sein!

Darum erhoben die „Gestrengen" bald einen systematischen Krieg gegen Zither und Fiedelbogen, gegen Ländler und Schnaderhüpfel.

Noch bis zum Beginne dieses Jahrhunderts ward allen Musikanten, die nicht in dem Amtsbezirke ansässig waren, der Eintritt in denselben verboten; wer sich gleichwohl einschlich, mußte für jeden Tag fünf Kreuzer Strafe zahlen. Die Eingeborenen aber wurden wie Spitzbuben unter strenger Aufsicht gehalten und durften kein anderes Instrument berühren, als das eine, für welches sie ihr Patent besaßen; das sträfliche Tanzen, Springen und „Juchezen" aber ward völlig untersagt. Man nannte solche Gewohnheiten im Amtsstil eine „Insolenz".

Doch selbst in neuester Zeit ward nach diesem Systeme fortgefahren, noch vor 20 Jahren boten sich Pfarramt und Landgericht die Hand, um der kecken Singerei ein Ende zu machen. An manchen Orten, wie z. B. in Bayrischzell, das als die Hochschule der Jodler galt, ist dies auch gelungen, im ganzen aber führte das Mittel nur selten zum Ziel. Es ward wohl im Wirtshaus und vor dem Kammerfenster ein wenig stiller, aber man hatte ja die weiten Berge, die grünen Almen:

„Den stockfinstern Wald,
Wo's Jodeln schön hallt."

Und wenn auch dem Herrn Landrichter die „Trutzgesangeln" verhaßt waren, dem Dirndl waren sie um so lieber; kurzum, die Jungen sorgten, daß es beim Alten blieb.

> „Zum Dirndl auf d'Alm
> Bin i oft auffi grennt,
> Und da hats mi von weit scho
> Am Juchezen kennt.
>
> Und bal i amal stirb, stirb, stirb,
> Spielts mir an Landler auf,
> Na tanzt mei Seel, Seel, Seel
> Pfeilgrad in Himmel nauf."

Das populärste Instrument im Gebirge ist offenbar der — Schnabel; den hat jeder bei sich, den läßt man singen, wie er gewachsen ist. Und er macht von diesem Rechte reichlichen Gebrauch, zwanglos klingt das Lied ins Weite, die Leute lernen es nicht, es geht von selber — weil's von Herzen geht.

Die meisten lassen es dann auch bei dieser Vokalmusik bewenden, die sich vom einfachen Juhschrei bis zu den gefährlichsten Koloraturen ausdehnt; aber trotzdem haben sich doch auch alle möglichen Instrumente im bayrischen Gebirge eingeschlichen, ja manche sind sogar die eigene Erfindung der Berge.

Wer sonntags auf den Chor einer Dorfkirche steigt, der findet schon ein ganz respektables Orchester, in dem sich beleibte Kontrabässe und dicke Trompeten breit machen, auch ein Waldhornsolo bricht häufig aus dem Hinterhalt. Die Fiedel ist so populär geworden, daß fast in jedem Orte fünf bis sechs Personen dieselbe geläufig spielen, und Mittenwald, das braune, verwitterte Bergdorf, das unter den Felsen des Karwendels liegt, ist weit berühmt durch seine Geigenmacher. Das Holz dazu wird aus dem Gebälk der ältesten Häuser genommen, die schon über 500 Jahre stehen, an denen Kaiser Ludwig der Bayer vorüberritt, wenn er zur Bärenjagd in die Berge zog. Daß man von „Heimgeigen" spricht, wenn man jemand tüchtig abgefertigt hat, zeigt am besten, wie nahe dieser Begriff dem Bewußtsein der Leute steht, aber das eigentliche, nationale Instrument war doch die Fiedel nie, sondern das sind Zither und Schwegelpfeife. Diese beiden sind die Träger und die leibhaftige Verkörperung all' jener heiteren Jodler, sie sind die eigentliche Hausmusik der Berge. Nur der Vollständigkeit zuliebe soll noch die Mundharmonika genannt werden, die freilich im Range sehr zurücksteht. Eine Guitarre sieht man bei den eigentlichen Eingeborenen nur selten, das Klavier aber gucken sie vollends an wie die Wilden. „Was ist denn dös für a groß Kanapee?" frug mich ein Tegernseer Bauer ganz erstaunt, als er zum ersten Male einen Flügel sah.

So muß sich der freundliche Leser denn wohl mit einer etwas bescheidenen Auswahl begnügen, denn in der kleinen Bauernstube, in die unser Bild uns führt, schlagen Nagelschuhe den Takt; da gibts nur Ländlerweisen, keine Symphonien. Wems nicht recht ist, der soll draußen bleiben, die johlenden Paare da drinnen könnens auch „ohne seiner".

Das ist das echte richtige Zitherspiel, wie es der braune Kerl da treibt, das sind die richtigen Ländler, bei denen die Beine unter dem Tisch von selber unruhig werden. Schaut nur, wie ihm der Übermut aus den Augen lacht, wie die halbgeöffneten Lippen das rechte Wort erhaschen.

„Unds Dirndl, die draht si gern,
Müd kunnts halt gar nit wern,
Wenn ich fünfzehnmal möcht,
Is ihr sechzehnmal recht.

Und die richtigen Dirndl
Dös san halt die kloan,
Die wickeln sich gar a so
Umi um oan.

Und in meiner Revier
Da ghört jeder Hirsch mein,
Und es wird mit die Dirndln
Scho auch a so sein."

Und wie keck, wie „landlerisch" klingt erst die Melodie zu diesen Weisen! Es meint wohl mancher, er hätte echte Ländler gehört, weil er einmal jener Menschenrasse in die Hände fiel, die sich Alpensänger nennen, aber die „echten", die lassen sich nicht exportieren, die gehen auf dem Transporte zugrunde wie Alpenrosen, die man nach Berlin schickt. Selber pflükken heißt es da.

Bei den großen Festlichkeiten des Jahres, am Kirch-, weihtag, bei Hochzeiten und Jahrmärkten, dominiert die Geige, wenn es zum Tanzen geht, und hier schleichen sich auch schon bisweilen moderne Walzer ein, im Wirtshaus aber, an den Sonntagsnachmittagen oder in den Bauernhäusern, wenn es Feierabend ist, herrschen unumschränkt die Zither und der Ländler.

„Geh, Hansei, mach oan auf!" heißt es von allen Seiten, wenn sich ein Kundiger im Kreis befindet, und ohne sich zu zieren, wie es Virtuosen ziemt, greift der Hansei in den Rucksack und holt sich „sei Musi".

Dann kommt mit einmal ein neuer, schneidiger Zug in das bunte Treiben, der eine fällt mit einem Trutzlied drein, der andere hat schon die Antwort auf den Lippen, und der dritte faßt die schmucke „G'sellin", die eben an ihm vorübergeht, beim Mieder. Im Hui ist die rauhe Diele zum Tanzboden verwandelt. „Oan noch, oan noch", tönt es von allen Seiten, sowie der erste Landler zu Ende ist, und wenn dann ein tiefer Trunk geschehen, beginnt der Spektakel aufs neue, bis etwa die Saite springt und der Hansei flucht: „Herrgott-Element, eh war 's E a und jetzt ist A aa a." (Erst war die E-Saite abgerissen und jetzt ist das A auch ab.)

Der Bauer sagt nicht leicht Zitherspielen, viel lieber ist ihm das prägnantere Wort „Zithernschlagen", „ein Landler abizupfen", „abischleifen" und, wenn alles drunter und drüber geht, „ein abireißen". Noten sind nur den wenigsten bekannt — „die Hennafüß, die Schwollköpf mag i nit."

Natürlich spielt die Musik auch auf den Almen eine große Rolle; der Juhschrei ist nicht bloß ein Pläsier, wie die Herren von der Stadt es meinen, sondern es ist das mächtigste Mittel, worüber die Sennerin gebietet. Dem Verirrten dient er zum Führer, er ist der Ruf nach Hilfe und das Zeichen der Freude, er ist der Telegraph in diesen einsamen, weitschichtigen Regionen, wo sich die Menschen ja viel leichter mit dem Gehör als durch das Gesicht entdecken. Eine Sennerin, die nicht „juchezen" kann, ist nahezu unmöglich, und selbst diejenigen, die schon der reiferen Jugend angehören, bei denen man kaum vermutet, daß sie noch so verwegen auf der Tonleiter herumklettern, sind nicht davon dispensiert. Nur wenn ein Unglück passiert ist, wenn die Mutter gestorben oder der Liebste untreu geworden ist, dann verstummt jeder Juhschrei, und alle Versuchung vermag es nicht, ihn hervorzulocken. Dieselbe Empfindung, die uns Städtern in Trauerfällen jeden lärmenden Laut verbietet, herrscht unbewußt auch dort; es ist gewissermaßen die Form der Trauer, die in den Bergen herrscht.

Zum „Unglück" auf den Almen aber gehört auch jedes Mißgeschick, das der Herde begegnet; die Tiere sind dort oben nicht etwa Sachen, sondern Personen, jedes hat seinen Namen und seine Geschichte, und es hat mich oft die Naivität gerührt und die Klugheit gewundert, womit die Sennerinnen jedes nach seiner Eigenart behandeln. Wenn sich ein Kalb erstürzt oder dergleichen, so ist dies nicht bloß ein Schaden, sondern ein Herzenskummer, und wie sie es nicht wagen würde, nach einem solchen Unglücksjahr die Herde zur Heimkehr zu bekränzen, so wagt sie es nie, in einem solchen Sommer auch nur einen Juhschrei zu versuchen. Es steckt zu viel Lebensfreude, zu viel laute Kraft in diesem Rufe, als daß er sich für belastete Herzen schickte.

Der Juhschrei ist ein einziger, aber reichgegliederter Klang, das lange Trällern in hohen Jodeltönen nennt man „galmen". Hier wird bereits ein bestimmtes musikalisches Thema variiert, aber immer noch sind es Lieder ohne Worte. Dann erst, in dritter Reihe kommt der Almensang, der der Stimmung nicht bloß durch Melodien, sondern auch durch Worte Ausdruck leiht, bald in der schneidig-knappen Form des Schnaderhüpfels, bald in der lyrischen Weise unseres deutschen Liedes. Zu beiden Sangesweisen aber ist die Zither und Schwegelpfeife das rechte begleitende Instrument, und wer die beiden gut zu spielen weiß, der ist bei den „Dirndln" noch einmal so hoch „geschatzt" als ein stummer Geselle. Solche Lieder gibt es in zahlloser

Menge; sie tauchen aus der Laune des Augenblicks hervor und fallen wieder in die Vergessenheit zurück; manche aber sind hundert Jahre alt, doch die meisten werden allezeit auf den Almen und über die Almen gesungen. Ja, die Almen mit ihrem grünen Parterre und ihren Felsenkulissen, mit ihren samtgrünen Sitzen und ihrem mächtigen Wolkenvorhang, sie stellen doch die eigentliche Bühne für das musikalische Talent unseres bayrischen Hochlandes dar. Kein anderes Haus der Welt ist so akustisch gebaut wie sie, und jeder, der da will, hat freien Eintritt, wenn auch bisweilen der Aufgang etwas unbequem ist. Ohne die Almen gäbe es schwerlich jenen fröhlichen Gesang, der jetzt ein Schmuck und ein tiefer Charakterzug des bayrischen Bergvolks ist: sie sind es, die dem Wanderer fast unbewußt das Wort aus der Seele locken und seinen Gedanken zum Ton gestalten. Wir merken es ja an uns selber, wenn wir so hoch im Blauen über den steilen Grat hinziehen und dann an einem Felsenvorsprung stille stehen und tief hinein in Berg- und Wäldermassen blicken, wie es uns da verlockt, etwas ins Weite hinauszurufen. Selbst der gemessene Philister kann es sich schwer versagen, ein ungeschlachtes Hoi-dideldum herauszustolpern, selbst der Berliner unternimmt das Wagestück und jodelt in solchen Augenblicken — daß es „Stein erweichen" könnte. Man kann, mit einem Wort, nicht stille sein; wie muß es denen von den Lippen fließen, denen wirklich Gesang gegeben ist!

Die Eingebornen wissen es wohl, was sie in diesem Sinne ihren Bergen schuldig sind, fast all' die schöneren Gipfel haben ihr eigenes Loblied; überall werden die Almen und der Almengesang gefeiert. Der beste Tag ist der Samstag. Das ist der wahre jour fixe für alle Konzerte, denn da steigen die Bursche, wenn es mit der Arbeit vorbei ist, hinauf, um ihr Schätzlein aufzusuchen. Der Hüterbub, die Sennerinnen aus den Nachbarhütten und das lustige Feuer sind Gesellschaft genug, um bald das Leben zur lauten Lust zu entfachen und das Bild aus der Erde herauszustampfen, das Defregger den „Ball auf der Alm" genannt hat.

> „Und am Samstag, verstehst mich,
> Da kimmt auch mein Bua,
> Und er jodelt so fein
> Und schlagt Zither dazua."

Freilich kommt er zum großen Leid nicht immer, und gar oft, wenn er kommt, dann „mag er nit".

„Geh, mei Hansei, nimm dei Pfeifen (Schwegelpfeife),
Tu mir ebbes abaschleifen (aufspielen),
Geh, mei Hansei, wenn i dich bitt!"
„Na, mei Gredl, heut schleif i dir nit."

Da aber wird es selbst dem Schatz zu viel, denn in den Bergen gilt der Satz: „Unser Mutter hat uns ja nit grad für an einzigen aufzogen." Trotzig ruft sie dem schweigsamen Hansei die Worte nach:

> „Wenn d' nit magst, so laßt es bleiben,
> Plag di nur nimmer mit 'n Auffisteigen,
> Glaub nur net, daß i di nochmal bitt,
> So a Bübei — das taugt mir nit."

Also Krieg und Friede wird musikalisch in Szene gesetzt, Festtag und Werkeltag haben ihren eigenen Klang, und wenn wir in später Abendstunde durch ein Bergdorf wandern, wenn nur mehr ein einziges Fenster am Wirtshaus erleuchtet ist, so schallt doch durchs Fenster noch eine bekannte trillernde Melodie; die letzten Zecher, die sich längst von aller Polizeistunde emanzipiert haben, sitzen hier beisammen; sie disputieren nicht mehr, sondern sie singen. Und selbst der allerletzte, der das verschlafene Haus verläßt, jodelt sich noch langsam heim und trällert seinem Gewissen einen beruhigenden Monolog:

> „Vom Bürschlinger-Hansei
> Wird alleweil gredt,
> Doch man redt bloß vom Saufen,
> Vom Durst redt man net."

Wie manche ausgelassene Stunde, wie manchen hellen Sommerabend hab ich im Kreise solcher jodelnden Holzknechte verbracht am Königssee, an der Wurzelhütte, in der Kaiserklause; das dumme Zeug, das wir dazumal den Lüften anvertrauten, hat doch kein Verstand des Verständigen übertroffen.

Dann aber, als die tollen Studentenjahre verwichen waren, trat ich als ehrsamer Praktikant in irgendein Landgericht, natürlich ein solches, das zwischen den hohen Bergen liegt.

„Oh, ich kenne Sie schon", sprach der Chef desselben mit würdevoller Stimme, „Sie sind mir bereits vor zwei Jahren angezeigt worden wegen Absingens sehr bedenklicher Schnaderhüpfeln."

Und als die Tage wuchsen, als ich in den hohen Aktengestellen allmählich ebenso vertraut war als in den Felsen des hohen Wallbergs, da fiel mir einmal ein finsterer Bericht in die Hände, wo es leibhaftig im Gendarmenstil geschrieben stand, daß beim —wirt eine Singerei von Holzarbeitern und andern ledigen Burschen stattgefunden habe, die fast an Ruhestörung grenzte: der Tonangeber und Rädelsführer aber war ein gewisser, der Polizei bisher ganz unbekannter —
Karl Stieler.

Hahnfalz im bayrischen Hochland
(1885)

Wenn sich im Hochland der Frühling regt und die Anemonen aus dem welken Waldlaub lugen, wenn der erste Fink schlägt — da geht ein Zug von wunderbarer Kraft durch das Leben der Berge. Man spürt ihn ja allerorten, den schönen Lenz, aber so fühlt man ihn nirgends, wie in den Bergen, wo der Winter so eisern-gewaltig, und wo das Wesen der Menschen mit der Natur so innig verwachsen ist.

Auch die Jagd, dies Lebenselement der Berge, hat teil an dieser Frühlingskraft. Wenn der Jägerbursch des Abends nach Hause kommt, mit den ersten Veilchen am Hut und dem spürenden Dachshund an der Seite, und wenn sie dann beisammen sitzen in der Försterstube beim Lampenschein, dann gilt ihr Gespräch wohl unvermeidlich der „Hahnfalz". Mit diesem Wort nämlich wird in den Bergen die Balzzeit des Auerhahns und später des Spielhahns bezeichnet, und auch die Jagd auf dies herrliche Federwild trägt den gleichen Namen. „Am Hahnfalz gehen", das ist die ganze Leidenschaft und das Weidmannsziel dieser Wochen; sie verschwinden ohnedem zu rasch, denn sobald die Buchenknospen einmal ausgeschlagen, ist es mit dem Auerhahn vorbei.

Und in der Tat muß man gestehen, daß es kaum eine zweite Jagd gibt, die so feine, landschaftliche Reize bietet, und die der kühnen Kraft, wie sie nun einmal im Charakter unseres Bergvolkes liegt, so vollen Spielraum gewährt. Denn der Weg ist weit im Morgengrauen über die schneeigen Halden, und alle Sinne müssen sich schärfen, um Herr zu werden über dies Zwielicht; ein unsicherer Schritt, ein Laut zur

Unzeit, und der Hahn streicht sofort von dannen. Kurzum, es ist ein Waidwerk, das in ganz besonderem Grade das erfordert, was der Bergbewohner am höchsten stellt — „die Schneid".

Natürlich ist die Zeit, wo die Hahnfalz im Hochland beginnt, verschieden, je nachdem sich ein zeitiges Frühjahr einstellt; manchmal spürt man die Hähne schon zu Anfang April, und manchmal schüttelt der Jägerbursch lange nach Ostern unmutig den Kopf, denn „die Berg san ja noch kugelrund vor Schnee". So plastisch drückt das Volk sich aus, um zu bezeichnen, daß all die feinen Zacken, Kanten und Schluchten, die sonst die Form eines Berges bestimmen, unter der eintönigen, windverwehten Schneefläche formlos geworden sind.

Aber endlich kommt doch die Zeit, wo die Höhen für einen kecken Schritt wieder gangbar werden, sieben oder acht Hähne falzen im Revier, und morgen in aller Früh gehts hinaus auf den Wallberg.

Der Abendtrunk vor einem solchen Tage ist kurz gemessen, allein ganz läßt es sich doch nicht auf denselben verzichten. So sitzen wir denn in der Wirtsstube des Försterhauses, wo die rußige Hängelampe den eichenen Tisch bescheint; an den Hirschgeweihen hängen die grünen Hüte und die Wettermäntel von braunem Loden; das goldhaarige Töchterlein aber trägt geschäftig die Speisen auf und nestelt am Zopfe, wenn etwas erzählt wird, das ihre Neugier weckt. Dann huscht sie zur Tür hinaus und kehrt mit einer Handvoll steinerner Krüge zurück, die sie bedächtig vor die Zecher stellt. Die aber stützen die Ellbogen auf den Tisch, daß man die breiten Rücken sieht, und sind ganz vertieft in ihren „Disputat", wie die Bauern; sie achten des blonden Mägdleins kaum, das abseits auf der Bank an ihrem Strickzeug nadelt und dabei an ihren Schatz denkt.

Wohl wär der Schatz ganz in der Nähe, es ist der schmuckste von den drei Bursche, die hier am Tische sitzen, und sie bringt ihm immer den frischesten Krug, aber er sieht sich niemals nach ihr um. „Heut hat er wieder ganz die Jagerei im Kopf", denkt sie mit einem leisen Seufzer, „oder" — und dann lächelt ihr Antlitz leise — „oder er will sich halt nix merken lassen."

„Lisei, noch a Maß!" schallt es vom Tisch herüber.

„Ja freili, so muß mas machen, damit die Kugel danebengeht", brummt eine tiefe, mürrische Stimme von der Ofenbank; es ist „der Alte", der Vater des Försters, der hier im Austrag lebt und sich ausstreckt wie ein alter, verwitterter Baum. Nun erhebt er sich langsam und blinzelt aus den dunklen und noch immer scharfen Augen auf das junge Volk.

„Saufts nur brav, ein Maß um die ander, bis ihr all mitnand damisch werdt, na wird der Auerhahn a Freud habn, denn er steht im nächsten Mai aa noch da. Ich hab dös ganz Jahr koa Bier gsehn bis auf die heiligen Zeiten, aber koa Stückl Wildbret hab i a nit gsehn, dös mir ztrunna waar. Jetzt is ja d'Welt nix mehr nutz, lauter junge Leut, lauters Glump."

So spricht der Alte und legt den Kopf wieder aufs warme Kissen. „Aber heut is er grandig", flüstert einer der jungen Burschen. „Ja, i glaubs gern, weil halt er nimmer naus kann", setzt der zweite hinzu.

„Na, na, er hat scho recht, der Vater", meint schließlich der dritte, „gscheider is's wir legen uns noch a Stündel nieder", und mit jener Bestimmbarkeit, die für den Bauern so charakteristisch ist, wird nunmehr der Aufbruch beschlossen. „Gut Nacht, gut Nacht!" klingt es von allen Seiten; einer hinter dem andern verschwindet auf den Hausflur, wo die Gewehre am Nagel hängen und die schweren Bergstöcke in der Ecke lehnen; und dann gehts polternd die Treppe empor, bis es wieder tiefe Stille wird. Nur einer hat sich noch zu schaffen gemacht vor dem Schlafengehen; es raschelt leise auf dem Gang, wie wenn zwei Lippen einander streifen, und kaum hörbar klingt es noch einmal: „Gut Nacht, gut Nacht!"

Die Sprache des alten Hausknechts klang deutlicher, als er um ein Uhr nachts mit Dröhnen an die Tür schlug und polterte: „Aufstehen! Rührt si wieder gar nix? Raus aus der Bettstatt! Oans is!"

Eine Viertelstunde später verließen wir die Tür des einsamen Försterhauses. Alles rundum war noch dunkel und lautlos, eine schneidende Kühle floß durch die Luft, und die kahlen Zweige der Buchen regten sich im Mondlicht, während die silberne Sichel über den Felsen stand. Lautlos stiegen wir bergan, mit jenem leisen und doch so mächtig greifenden Schritte, den das Wandern in den Bergen gibt; alle Sinne sind geschärft, jeder einsame Laut, der durch dies Nachtleben klingt, bald schrill, bald heimlich stöhnend, trifft Aug und Ohr mit spannender Gewalt.

Endlich gehts hinein in die breiten, schwarzen Massen des Tannenwaldes. Über den Weg zieht Wurzelwerk, und nur manchmal blitzen die Sterne durch die hohen rauschenden Wipfel, im Rinnsal der Schluchten hört man das Wasser quellen, das der Frühling gelöst hat und das von den Höhen zu Tal rieselt.

Bald aber teilt sich der Weg zu den verschiedenen Standplätzen; stundenweit gilt es noch für jeden einzelnen emporzusteigen bis an die Almenmatten, und nun erst, in diesem einsamen Gehen, kommt uns der Zauber nächtlicher Bergeswelt ganz zu Gefühl.

Wie ein Wildgarten der Natur liegt zuletzt die weite Lichtung da, in die man plötzlich aus dem Walde hinaustritt. Senkrecht steigen die Felsen an mit ihren bleichen, zerklüfteten Wänden, der kleine, tannenbegrenzte See, der ihnen zu Füßen liegt, ist hart gefroren, und in den tiefen Wiesenmulden lastet allenthalben noch verwehter Schnee. Gewaltige Felsblöcke liegen zerstreut über dem welligen Wiesengrund, aus dem sich nur hier und dort eine verwitterte Fichte erhebt; dort ist der Standplatz des Hahnes, wo er sich am liebsten „einschwingt" und „aufbaamt", um der Hennen zu warten, die sein Lockruf unten versammelt.

Unhörbar geht es jetzt dahin, bis auf sechzig, fünfzig, dreißig Schritt Nähe; jeder Stein, der auf der Erde rollt, jedes Knacken eines Astes, auf den wir treten, genügt, um den riesigen und doch so scheuen Vogel zu verjagen. Nur während er falzt, ist er vollständig taub und blind, dann geht es in gewaltigen Sprüngen näher, aber im Augenblick, wo der Lockruf endet, muß der Jäger wieder regungslos stille halten, wie er eben steht. Es ist ein unbeschreiblicher Laut, dies Schleifen und Grugeln, dies Wetzen des wuchtigen Schnabels — ein Laut, dessen erregende Kraft nur der Weidmann versteht. Nun gilts — dort auf dem abgesplitterten Aste steht der Hahn, mit geblähten Flügeln und ausgebreitetem Stoße — Schußweite wärs, aber die Dämmerung des grauenden Morgens läßt nur die Umrisse erkennen. Welch ein Fieber pocht durch die Hand, die sonst so ruhig ist! Nun wird es höchste Zeit, denn sowie es heller wird, geht der Hahn von dannen.

Atemlos horcht der Jäger — da falzt der schwarze Vogel aufs neue, die Büchse liegt an der Wange — es kracht, und das Echo des blitzenden Schusses hallt weithin über die Felsenwand. Auf dem Boden aber tönt ein dumpfer Schlag, und der riesige Hahn liegt regungslos unter dem Fichtenstamm.

Gegen acht Uhr morgens sind wir wieder in dem stillen, schmucken Försterhaus versammelt, und das blonde Töchterlein mustert die Beute und die langen Gesichter derjenigen, die leer nach Hause kamen. Und während wir nun beim Frühmahl sitzen, gehts an ein Erzählen und Necken, denn die Hahnfalz war ja von jeher ein Hauptvergleich für die Fährlichkeiten der Liebe, so daß der Dialekt manch keckes Schnadahüpfel von ihr gewann.

Der erste aber, der mit seiner Beute wieder daheim war, war jener „letzte", der aus der Stube ging, und sein Hahn ist auch der prächtigste von den dreien, die wir heimgetragen. Mit ihren lustigen Augen blinzelt das Mädchen ihm zu, wenn er so waghalsig spricht, und es sieht aus, als ob ihre Lippen halten wollten, was die Augen versprechen.

Auch die Dirndln im Tal wollens ja so haben, heißt es im Gsangl, daß man um sie werbe mit Locken und Springen:

„Wer nit falzt und nit springt,
Der bringts nindersdt zu koan."

Hochdeutsche Gedichte

An Sophie Kaulbach
(1883/84)

Ein buntes Spiel (gleich wie sich die Verzweigung
Von Arabesken um ein Bauwerk schlingt),
Sind diese Lieder, die Dein Freund Dir bringt,
Die luft'gen Blüten einer ernsten Neigung.
Du kennst sie längst — nun wird der Wunsch mir rege,
Daß ich zur Blüte Dir — die Blätter lege.

Zwölf Handbilletts

Verwettet

Carissima! So also galt die Wette:
Das nächste Dutzend meiner Handbillette,
Das soll das Staatskleid glatter Verse tragen;
Ich soll im Reim Dir Ungereimtes sagen
(Denn manche Predigt contra Kopf und Herz
Birgt die Gardine unsres Briefcouverts).
Doch Du willst Verse, seltene Manie!
Du hast gewonnen — und ich mache sie.
Allein, was mußtest Du für Dein Gewinnen
Die lyrischste der Bußen mir ersinnen?

Läßt sich doch leichter solcher Zweck erreichen:
Zwölf Küsse, Rosen ... oder sonst dergleichen.
Und wärs nicht an der Poesie genug,
Die durch mein Herze schwebt mit stillem Flug,
Wenn ich im Zauber Deiner Nähe bin;
Warum noch Verse? — Nun denn, nimm sie hin!
Gut sind sie kaum, denn auch die Muße schmollt,
Sie ist ein Weib und läßt sich nicht befehlen.
Das weißt Du selbst, ich brauch Dirs nicht erzählen,
Doch wie sie seien — denk: Du hast's gewollt.
Und jetzt leb wohl! Lies sie des Abends spät,
Wenn Schlummer schon um Deine Schläfen weht,
Sinn nicht lang nach — denn wenn Du Dich besonnen
Glaubst Du wohl nimmermehr — daß Du gewonnen!

Arm in Arm

Wie seltsam war's — ich hab Dich heimgeleitet
Vom Stadtbesuch, man fürchtet sich, man gleitet,
Und so gesteht wohl auch ein Moralist,
Daß solche Höflichkeit natürlich ist.
Hell klang der Schritt hin auf den breiten Steinen
Und stille legst Du Deinen Arm in meinen.
Wir sprachen kaum ein Wörtlein dann und wann,
Da kam entgegen uns ein fremder Mann,
Und leise zogst Du Deinen Arm hernieder.
Er ging vorbei ... da nahmst Du meinen wieder.
Bei andern tatest Du das nie. Sag an,
Warum hast Du's bei mir getan?

Soiree

Du fragst mich, wo ich gestern abends war,
Als ich auf einmal aus der lauten Schar
Verschwand, die sich gedrängt an Deinem Tische.
Ich ruhte aus ... in der verhängten Nische,
Wo ich Dich ungesehen sah.
Und hört es schweigsam, wie Du so voll Hast
Mit fremden Menschen fremd gesprochen hast,
Und wie Dein Wort sich farbenspielend wand,
Gleichwie Dein Fächer in der weißen Hand.
Wie Du gelächelt — wie Du ausgestreut
Brosamen ringsum kleiner Eitelkeit.
Dies alles sah ich. Was ich dabei dachte?
Ich dacht' gar viel, ich wundert' mich und lachte,
Daß es ein Weib gibt in dem deutschen Land,
Das einen Falken hält in ihrer Hand,
Dem still die Fittiche vor Flugkraft zittern
Und die's gelüstet — Sperlinge zu füttern.

Am Donnerstag

Du bist mir bös — ich hab's mit Gram vernommen —
Bös, weil ich gestern nicht zu Dir gekommen,
Und 's war doch Donnerstag. Ich seh es ein,
Der Tag gehört nach altem Rechte Dein.
Verzeih, mein Kind; es tut mir selber Leid,
Doch hatt' ich wirklich keine freie Zeit.
Schon nahm ich Hut und Stock und unser Buch,
Da klingelt es: Besuch, Besuch, Besuch.
Auch lauter Räte haben mich besucht
Und ratlos sann mein armes Herz auf Flucht
Aus der lebendgen, wohlgebornen Kette —

Glaub, daß ich jeden gern zerrissen hätte!
Man heuchelt ja: so heuchelt ich Erfreuung,
Doch meine Miene glänzte vor Zerstreuung.
Ich sprach so töricht, wie ich's nur vermag —
Sie gingen nicht! Und 's war doch Donnerstag
Und der ist Dein! Gewiß, drum sei gescheit
Und denk Dir dies, um Deine Stirn zu klären:
Schau, wenn es nur die Donnerstage wären,
Dann hätt' mein Herz wohl viele freie Zeit.

Im Streit

Du liebst es nicht, wenn wir nach hartem Streit
Versöhnend wieder uns gereicht die Hände,
Daß ich noch einmal Blick und Worte wende
Auf den Gedanken, der uns hat entzweit.
„Es ist vorbei, laß es vergessen sein",
So sprichst Du hastig, doch ich sage: „Nein,
Vorbei ist erst, wenn wir im Worte klar
Das überwunden, was uns feindlich war.
Für's Herz genügt des Grolles Endigung,
Doch der Verstand will die Verständigung!
Und solche Worte, warmbeherzt und frei,
Sind nicht umsonst, sie sind die stille Erde,
Womit man eindeckt, was vergangen sei,
Daß es in Friede ganz begraben werde.
„Glaubst Du das nicht?"
Du nickst und sprichst mit Glühen:
„Und daß auf's Neue Blumen blühen."

Tannenzweige

Vom Berg, aus weißem Weihnachtswalde
Bring ich Dir diesen grünen Gruß;
Tief stand im Schnee dabei mein Fuß,
Denn pfadlos lagen Steig und Halde.
Der Specht nur hämmert' kurz und hart,
Der Springquell war im Sprung erstarrt;
Des Waldes Odem war so kalt —
Und nur ein einzger Steig im Wald
War frei von Schnee und schutzgeborgen:
Der Steig, wo wir am blauen Morgen
Einst täglich wandernd uns gefunden,
Wo Dir mein Gruß den Tag geweiht —
Ist's noch der Zauber jener heißen Stunden,
Der ihn vor Schnee und Winter feit?

Vor dem Balle

Ein ehrlich Wort vergeß ich Dir wohl nimmer.
Du weißt es kaum mehr; denn man hat nicht immer
Sein eignes Wort. Ich aber hielt es fest.
Wir zehrten plaudernd eines Stündleins Rest,
's war ein Gespräch schon im Andanteton,
Denn ich mußt' gehn, „Du kommst wohl zum Baron
Heut auf den Ball?" riefst Du mir nach,
„Kommst Du?"
Ich sagte ab. O weh, ich sagte zu.
„Da wirds wohl viele Menschen geben heute?"
Doch lächelnd nicktest Du: „Sag, viele Leute..."

Bazar

So, so — am Sonntag also ist Bazar.
Auch Du bist unter den Verkäuferinnen,
Wie reizend! Ein Kiosk, da sitzt man drinnen
Und rings umher wogt bunt die Menschenschar.
Man ruft, man winkt; denn frei sind Wort und Blick
Zum guten Zweck. Im Saal Konzertmusik,
Und über all dem fröhlichen Getriebe
Der weite Mantel reinster Nächstenliebe.
Da ziemt sich's freilich, daß auch all die teuren
Hausfreunde willig ihre Gaben steuern.
Ich soll deshalb drei meiner Bücher schicken,
Drei Fächer auch mit einer Inschrift schmücken,
Und hätt' ich noch ein größres Autograph,
So wär das wohl besonders lieb und brav.
Ich schick Dir's gern, mein Kind, nur fürcht ich sehr,
Wer Dir dies abnimmt, dem gefällst Du mehr
Als meine Schriften. Schau, ich meine nur ...
Nicht Konkurrenz ... Du bist ja „hors concours!"
So nimm denn alles — hier in dem Paket,
Ich aber seh's, wie's in der Welt ergeht:
Wenn man sich sicher längst geborgen hofft,
Riskiert man doppelt erst Gefahr zu laufen;
Ja, ja! Verraten hast Du mich schon oft,
Nun willst Du mich auch noch verkaufen!

Ein Regenschirm

Ei, wie charmant! Da kommt in aller Früh,
Was ich recht spät vergaß — mein Parapluí.
Ein kleiner Brief liegt überdies dabei
Und schilt mich aus, wie ich vergeßlich sei.
Es war so schön ... O schelt' mich nicht deswegen!

An unser Fenster schlug der gute Regen,
Der traulich stimmt und fremde Gäste bannt.
Wir aber saßen plaudernd Hand in Hand.
Du warst so ganz daheim — und wie ins Licht
Sah ich verzückt Dir in das Angesicht.
Der Regenschirm blieb freilich stehen. Mag sein!
Wem wäre solch Vergehen nie begegnet?
Schau, liebes Kind, in Deinem Sonnnenschein
Hab' ich's ... vergessen, daß es draußen regnet.

Dein Buch

Heut hast Du's eilig mit der Wissenschaft!
Ich soll „sofort" das gelbe Buch Dir senden.
Heischt man so kräftig mit so feinen Händen?
Doch es ist Dein — und gutes Recht gibt Kraft.
Hier hast Du es, Dein trautes Buch, das gelbe.
Gar lang behielt ich's und ich las dasselbe
Wohl sechsmal durch — 's kann auch noch öfter sein:
Ist's doch ein unsichtbares Stelldichein,
Das sich in solchem Buch zwei Menschen geben,
Die einig sind im Denken und im Leben.
Wenn ich so hinlas durch der Blätter Zahl,
Die Du so lieb hast, spürt' ich's allemal,
Was Du empfunden, wo's Dich still durchleuchtet,
Und wo mit Tränen sich Dein Aug' gefeuchtet.
All die Gedanken, die Dir aufgeblüht
Im Leben aus dem wogenden Gemüt —
Ich fand sie hier; bei dem, bei jenem Spruch,
Gleich wie man Blumen einlegt in ein Buch.
Und manche Blume lag auch wirklich da
Vom grünen Waldweg, der uns wandeln sah.
Hier eine Feder aus der Rabenschwinge,
Dort Rosenblätter, lauter traute Dinge.

Und viele Striche von erregter Hand,
Die ich gar wohl als stillen Gruß verstand,
Der sich gehüllt ins Kleid der Dichterworte.
Sie standen alle an dem rechten Orte.
Nun nimm Dein Buch! 's ist nicht mehr unversehrt,
's ist stark vernützt — und doch nicht wen'ger wert.
Und liest Du's wieder einst in Abendstunden,
Dann find mich drinnen — wie ich Dich gefunden.

Patrona Sophia

Denk Dir nur, neulich kam von fremder Hand
Ein zarter Brief, weit her aus Norddeutschland,
Von einem Fräulein: Sie belehre sich
An meinen Versen, und verehre mich,
Und weil nun eben Polterabend sei
Von einer Freundin, wäre sie so frei
etc. — ein Lied mir aufzutragen:
Ich soll es dichten, und sie wollt' es sagen.
Still las ich weiter, und ich schwur mir zu:
Das kriegt sie höchstens, wenn sie heißt wie Du.
Und richtig, auf der zehnten Seite stand
Der Name, der so oft mich schwach erfand.
So sandt ich ihr denn das Gewünschte gestern,
Das ist das Vorrecht Deiner Namensschwestern.
Doch seit ich diesem Brauch mir zugetan,
Ist es beinah um meine Ruh getan.
Die Manuskripte, die ich sichten soll,
Die Hochzeitslieder, die ich dichten soll,
Sie kommen alle unter Deinem Namen,
Als wärst Du Schutzpatron der lyr'schen Damen
In weiter Welt. So läßt Du mich nicht ruhn —
Ich hab genug mit Dir allein zu tun!
Geht das so fort, muß ich aus trift'gen Gründen
Dein Patronatsrecht, schönes Kind, Dir künden.

Fertig

's war gestern zwölf! Wir saßen lang zusammen,
Still knisterten in dem Kamin die Flammen,
Indes die Stürme durch den Schornstein murrten.
Nun klagst Du doch, daß wir nicht fertig wurden.
Ich sollt' entweder etwas länger bleiben,
Sonst könnt' nichts helfen als ein Nachtragsschreiben.
Ei! Ich bin fertig! — Nun heißt's: „Help yourself!"
Denn auch der Zeiger dieser billets-doux zeigt zwölf.
Doch Scherz beiseite. War denn „fertig werden"
Für volle Herzen je ein Ziel auf Erden?
Ist denn die Blume fertig, weil ihr Blühn
Im Herbste endet mit dem Sommerglühn,
Indes die Wurzel tausend Keime hegt,
Die sie von Lenz zu Lenz hinüberträgt?
Ist es der Strauch, der sich entblättert zeigt?
Und ist der Vogel fertig — weil er schweigt?
Und eine Menschenseele soll es sein
Im geist'gen Weben zwischen Dein und Mein?
Bei treuen Herzen endet nur das Wort;
Und muß ich gehen — nur die Gestalt geht fort.
Doch spinnen weiter leis und wundersam
All die Gedanken, die ich gab und nahm.
So bleibt uns stets, was uns verbunden hält,
Wir werden nimmer fertig auf der Welt!
Ist's Dir so recht? Du lächelst still Dein „Ja".
Mir auch! — Und nun ... leb wohl, carissima!

Ein Hausgeist

*Entstanden anläßlich des Umzuges der
Familie Kaulbach im Vorfrühling 1884*

's ist wunderlich, ich bin doch selbst nicht alt,
Lieb noch der Jugend fröhliches Getriebe,
Das nur die Stunde kennt und keinen Halt.
Und daß ich doch so ganz am Alten hänge,
Sind's alte Wege oder alte Klänge —
Ich spür es heut, wo ich zum letzten Mal
Bei Euch geweilt in diesen alten Räumen,
Wieviel von traurigen und schönen Träumen
Verträumt ich hier in Stunden ohne Zahl.
Seit wir uns kennen, sind wir Nachbarskinder;
Wir zankten uns und liebten uns nicht minder,
Und schloß der Frühling meine Fenster auf,
So flog mein erster Gruß zu Dir hinauf,
Und gingen wir im Winterschnee nach Haus
Des Abends spät, trat ich den Weg Dir aus,
's war ja derselbe Weg so viele Jahre.
Und nun mit einmal soll es anders werden?
Das ist das Los des Schönen auf der Erden.
Das arme Wort, es ist noch immer wahr.
So leb denn wohl! Noch einen Scheideblick.
Ich selber geh, doch bleibt mein Geist zurück,
Und wie ein scheuer Hausgeist geht er stumm
In Eurer Stube sachten Schrittes um
Und grüßt ein letztes Mal mit leisem Dank
Dein Heim, Dein Hausgerät auf Sims und Schrank.
Gar manches Stücklein find't er da und dort
Und trägt's in seliger Erinnrung fort,
Und birgt es tief im eignen Herzensschrein,
Er ist ein Dieb! — und sollt' er einer sein,

So sind ja das noch nicht die schlimmsten Diebe,
Drum geh mit ihm gelinde ins Gericht!
Es läßt der Mensch von alten Fehlern nicht,
Von alter Heimat und von alter Liebe!

Am Ofen

Den grünen Ofen mag ich gar so gern
Mit seinen schweren, tiefgewölbten Platten;
Wenn wir uns manchmal müd' geplaudert hatten
Von all dem Tand auf diesem Erdenstern,
Dann lehnten wir uns gern an seinen Rand.
Auf Deinen Fingern ruhte meine Hand,
Und über uns lag jenes schöne Schweigen,
Die Sprache derer, denen viel zu eigen.
Vor unsern Fenstern schneit' es dicht und weiß,
Und drunten knisterten die Funken leis.
„Soll ich nicht Holz noch in die Flamme legen?"
Sprachst Du halblaut, und ich: „Nicht meinetwegen."
Dann legst Du still den Arm in meinen Arm
Und lächelst leise: „Nein, auch mir ist warm."

Der Mischkrug

Da steht ja auch der alte grüne Krug,
Den ich Dir einst demütig übersandte,
Als ich den ältern Bruder ihm erschlug
Bei einer Mahlzeit, wo der Kopf mir brannte.
Den andern auch — das geht nun einmal so,
Wenn heiß der Wein ist und die Rede froh,
Wenn uns zu Häupten strahlt der Lichterglanz,
Wenn uns zu Händen blüht ein Blumenkranz.
Als ich ihn brachte, in Erledigung
(Den Krug) der schuldigen Entschädigung,

Da meint' ich wohl: „Wir müssen immer trinken
Wie damals, hell, daß uns die Augen blinken."
Da wußt' ich nicht, wieviel verwelkt, verlischt,
Und welchen Becher oft das Leben mischt.

Der Aschenbecher

„Gib mir den Aschenbecher!" — (Gott, wie oft
Sagt ich's zu Dir), „sonst fällt noch unverhofft
Die ganze Glut auf Deinen Teppich nieder."
Du gabst ihn mir. Dann setzten wir uns wieder,
Und plaudernd streift ich mit geübter Hand
Der blanken Schale schönen Messingrand.
Zwei Löwenköpfe sind als Henkel dran,
Und aus dem Grund schaut uns Minerva an,
Die kluge Göttin, die Ulyss beschützt —
Oh Gott, wie wenig hat sie mir genützt.

Orbi et Urbi

Und dort ist der Globus! — Leichter Staub
                              liegt darauf,
Die gnäd'ge Frau hält sich, so will mir scheinen,
Nicht sehr bei geograph'schen Studien auf.
Und hat man doch die ganze Welt in einem
Hier so bequem. Da sind die Ozeane,
Dort der Äquator und die Meridiane.
Mit einem einz'gen Blicke reist man da
Von Helgoland bis nach Amerika.
Es wär wohl schön in diesen Landen allen,
Und doch, die Kugel kann mir nicht gefallen.
Ich such umsonst darauf dies Fleckchen Erde,
Wo ich einst froh war — und es nimmer werde.

Tischlein — deck dich

Und erst dies Tischlein! — Was liegt da herum!
Das ist das reinste Sammelsurium
Von lauter Zeug, das Dir einst heilig war,
Mir scheint, ein kleiner weltlicher Altar.
Da steht ein Bild mit Versen noch zumal.
Das Original ist wohl ein — Original?
Wie kann man solchem Unhold Einlaß geben?
Doch um so schöner ist dies Glas daneben
Mit frischen Blumen. Und ein Vögelein,
Wär's nicht gegossen, könnt's lebendig sein.
Die ganze Menagerie ist da:
Messing-Eidechse, -Adler, -Schneck' etc.
Was Du je liebtest, wenn es neu und frisch,
Ward abgelagert hier auf diesem Tisch.
Und schau — ich selbst hab' manches hingelegt,
Wenn ich hier weilte, schweigend und bewegt,
Im Sonnenschimmer und im Dämmerlicht.
Vieltausend Grüße! — Doch, die sieht man nicht.

Ein Standbild

Dort auf dem Sims steht noch ein altes Bild,
Trägt keinen Namen und es trägt kein Schild.
Das Bild ist schlecht — so scheint's; der Mann ist gut;
Denn auf der erzgewölbten Stirne ruht
Der ew'gen Götter jugendheller Strahl,
Der Menschheit Wonne und der Menschheit Qual.
Shakespeare — du bist es! Aller Geister größter!
Du hoher Richter und du tiefer Tröster!
Dich fürcht' ich nicht in diesen stillen Räumen,
Du kennst das Herz mit seinen armen Träumen;

Du stiegst hernieder in des Elends Pferche
Und trugst vom Elend uns zum Himmel fort;
Um deine Lippen spielt dies Zauberwort:
„Es ist die Nachtigall und nicht die Lerche."

Ein Stundenschlag

Nun schlägt die Standuhr! — Silbermatt
Glänzt das Gehäuse und das Zifferblatt.
Wo bist du her, du alte Uhr?
Doch schweigend nickt der Pendel nur.
Du sahst auf manchen Kuß herab,
Den junger Mund vor alters gab,
Da noch des Vaters Vater tief
Als Kindlein in der Wiege schlief!
Du sahst auch manchen stillen Mann,
Der nachts in seiner Kammer sann,
Wie er sein Heil und seine Wunden
Dahintrug durch die langen Stunden.
Du gingst durch Krieg und Hungersnot,
Du brauchst nicht Schlaf, du brauchst nicht Brot;
Der Pendel schwingt, — du teilst die Zeit,
Ob Glück sie ausfüllt oder Leid.
Du sahst auch mich ... Mit jähem Schritt
Stürmt' ich herein, und was ich litt,
Hast du begleitet Wort um Wort,
Und riefst herunter: „Jetzt geh fort!"
Du sahst dies Aug' im feuchten Schimmer,
Und wenn wir alle nimmer gehn
Und schlafen längst — gehst du noch immer
Und sagst es nie, was du gesehn.

Lebwohl

Doch auch ein Hausgeist ist zuletzt bescheiden
Und sucht den Heimweg. Und den tret ich an.
Es geht das Leben seine bunte Bahn;
Den einen freut's, der andre muß es leiden.
Lebwohl! Und grüß mir noch die alten Dinge,
Der alten Freundschaft stumme Jahresringe.
Wie es Dir selbst um's Herz ist, weiß ich gut.
In letzter Stunde regt sich doch das Blut:
Du sprichst so fröhlich schon vom neuen Hause
Und weinst doch heimlich um die alte Klause.
Mir wird's noch schwerer: — Wenn die Schwalben
                              fliegen,
Wenn nun die Bäume neue Blätter kriegen,
Wenn alles auslugt in die blaue Höh' —
Daß ich Dich nimmer in der Sonne seh'!
Es war so schön, wie ich Dich nah gewußt,
Denn nahe Herzen brauchen nahe Hände;
Zum Weihnachtstag, wenn's war, zur Jahreswende,
Stets warst Du da. Oh, daß Du gehen mußt!
Und dennoch — was ist nah und was ist weit?
Die Treue schreitet über Ort und Zeit.
Lebwohl — lebwohl!!! Dir bleib ich treugesinnt.
Zum letzten Mal grüßt Dich Dein Nachbarskind.

Ein Winteridyll
(1884/1885)

U. A. w. g.

„Ich bin untröstlich, gnäd'ge Frau! Soeben
Kommt Ihr Billett für Sonntag zur Soiree;
Wie schrecklich, daß ich mich gezwungen seh',
So schönen Händen einen Korb zu geben!
Doch leider muß ich morgen schon verreisen —
Notwend'ge Pflichten ... und die Not bricht Eisen.

‚Ein kleiner Kreis nur', wie Sie freundlich schrieben,
‚Von lauter Menschen, die sich wirklich lieben,
Wird sich versammeln.' — Daß ich fehlen muß!
Denn kleine Kreise sind mein Hochgenuß.
Ich kann mir's denken, wie Ihr blauer Saal
Sich reizend macht im sanften Kerzenstrahl,
Und mit den Damen all, den schönen jungen —
Und neue Lieder werden auch gesungen!
Und beinah' glaub' ich — Ihr Pariser Kleid
Mit schwarzem Schmelz wird auch dort eingeweiht.
Ach, wie entzückend muß es Ihnen stehen
Mit roten Nelken — und ich soll's nicht sehen!
Ich merk' es wohl: ich bin ein Unglückskind,
Wie es nun einmal die Poeten sind.
Wo andern Freude winkt, winkt ihnen Qual.

Empfehlen Sie mich Ihrem Herrn Gemahl
Und glauben Sie, ich weiß, was ich verliere!
Doch kann's nicht sein! Mit tausend Dank
       Der Ihre."

Nächtliche Fahrt

Sein könnt es wohl! Mich aber kränkt die Fülle
Der bunten Welt mit ihrem Lärm und Wahn;
Da wandelt's manchmal mich verlockend an,
Daß ich mich spät noch in den Mantel hülle
Und einsam flüchte in mein bergig Land. —
Das schläft so tief in seinem Schneegewand;
Eis liegt im Walde, Friede auf den Hütten.
Und übers Feld hin fliegt mein offner Schlitten.
Der Rapp' greift aus, 's ist um die Weihnachtszeit,
Der Himmel funkelt hochgewölbt und weit;
Kristallner Frost blitzt durch das Waldgeheg,
Die scheue Wildspur kreuzt den stummen Weg,
Scharf streift der Nachtwind mir ums Angesicht.
So geht's dahin — nur ab und zu ein Licht,
Wo noch ein Mägdlein auf den Liebsten harrt
Und auf das Glück, das ihr verheißen ward.
Dann kommt das Dorf, die braune Häuserreih' —
Sie schlafen alle, und ich flieg' vorbei,
Bis wiederum der freie Pfad sich weitet:
Hoch ragt ein Lindenbaum, und leise gleitet
Durch sein Gezweig der stumme Mondenschein.
Der Rappe hält und knirscht in seine Zügel —
Da steht ein Haus dicht unterm Waldeshügel,
Still und verschlafen — und dies Haus ist mein.

Im Hausflur

„O Gott, so spät noch!" rief entsetzt die Alte,
Als sie die Finger um die Klinke krallte.
„Seid Ihr denn nicht erstarrt am Weg hierher?
Erwartet hätt' ich Euch heut nimmermehr,
Zu solcher Stund', in solchem Schnee rundum —
Da gehen all die bösen Geister um."

Ich aber sprach: „Noch ist es ganz geheuer.
Jetzt geh hinauf und mach ein gutes Feuer!"
Die Alte ging; ich sah mich schweigend um,
Es war so winterselig hier und stumm:
Eisblumen deckten Schloß und Riegel ganz
Und woben glitzernd mir den Willkommkranz;
Tief in dem Hausflur stand die grüne Bank,
Darauf die Nelken, die einst rot und schlank
Im Sommerduft vor meinem Fenster hingen.
Ich hör' den Brunnen seine Weise singen,
Am Hirschgeweih hängt noch der Hut verwahrt
Mit welken Blumen von der letzten Fahrt.
So spür' ich rings die holden Lebenszeichen,
Doch alles schläft den tiefen Schlaf, den weichen,
Und auch die eigne Seele wird mir weich.
Die Treppen steig' ich leis empor beim Schimmer
Des kleinen Lichts . . . in meine alten Zimmer —
Mir ist's als stieg' ich in ein Himmelreich!

Erinnerungen

Und ist's nicht eins, wo sich das Herz umklungen
Von allem Tiefsten fühlt, was es erlebt,
Wo es im Hochgefühl des Daseins bebt
Und leiser atmet in Erinnerungen?
Das ist die Stätte, wo ich einst als Kind
Die Träume träumte, die die schönsten sind,
Wo ich als Knabe stürmte oder sann
Und stilles Waldgrün heimlich liebgewann,
Wo ich gekämpft in mancher heißen Nacht
Den Herzenskampf, der uns zum Manne macht!
Hier stählt' ich wandernd meine jungen Glieder,
Hier sah die Liebe mir ins Herz hernieder;
Hier bot die Muse mir den ersten Kuß,
Daß ich mein Lebtag nun ihr dienen muß.
Was ich genoß, geduldet und errungen,
Es ist zutiefst in dieses Heim verschlungen,
Und nun im Sternglanz dieser Winternacht,
In dieser Waldruh' hat es doppelt Macht:
Daß alte Bilder aus der Tiefe steigen
Und mich umdrängen, wie ein Liederreigen.

Wie viel, was selig schien, war doch vergebens!
Nur eines gibt es, das bleibt ewig jung,
Und keiner nimmt's — du bist's Erinnerung!
Du bist die Patina am Erz des Lebens.

Gutes Quartier

Dieweilen so an stillem Feuer sich
Mein Herz erwärmte, lodert mächtiglich
Das laute Feuer schon im dicken Ofen,
Und eifrig schürt's die emsigste der Zofen.

Sie zählt umsonst zum schöneren Geschlecht,
Doch rückt sie sorgsam Tisch und Stuhl zurecht,
Und daß ich bliebe nicht so ganz allein,
Stellt sie vor mich den goldnen Funkelwein,
Den Vater Rhein mir einstmals übersandt
Für ein Gedicht — durch eines Gönners Hand.
Bald fliegen blaue Wölklein durch die Luft —
Das ist der wonnige Havannaduft,
Den mir Freund Krösus stets verehrt aus Bremen;
Der läßt sich die Beräucherung nicht nehmen.
Und aufgeschlagen noch vom letztenmal
Liegt dort das Buch — Gedanken scharf wie Stahl
In goldnem Griff; es schrieb's der große Weise
Im Herzensreich: „Novellen von Paul Heyse."

So mein' ich fast, mir ging's nicht allzu schlecht,
Und daß ich abgesagt, war dennoch recht.
Man hat nicht viel von einem, der nur schweigt, —
Nur eine Nummer mehr, die sich verneigt.
Viel besser sitz' ich hier zurückgelehnt
Und lausch' dem Zauber, der das Herz mir dehnt.

Ob ich nichts brauche, fragt die Alte jetzt;
Ich hör' es nicht; sie sieht mich an, entsetzt.
Wann sie mich wecken soll — um welche Zeit
Für morgen? — „Gar nicht", lautet der Bescheid.
Was ich noch wünsche? ... Daß sie sich empfehle!
Da trollt sie fort, die gute, treue Seele,
Die ich heut nacht um ihren Schlaf betrog.
Es hallt ihr Schlappschuh und ihr Monolog
Noch auf der Treppe nach gewohnter Weise ...
„Ein sonderbarer Herr" ... verklingt es leise.

Kinderzeiten

Ach, sie hat recht — ja, ich bin sonderbar
Und war es schon, eh' ich ein Herr noch war.
Schon in der Jugend frohem Lichtrevier
Sucht' ich so gern die eignen Wege mir,
Wo ich im stillen ohne Führerhand
Die Menschen fliehend erst die Menschen fand.
Und ob ich auch darob zu tadeln bin:
Im Eigensinn liegt doch der eigne Sinn.
Und der kam leider schon mit mir zur Welt.
Oft hat die Mutter mir davon erzählt:
Wie ich versucht auf jenen Wiesen dort
Die ersten Schritte und das erste Wort,
Und wie sie abends mich ans Fenster trug,
Daß ich hinaufsah nach der Raben Flug.

Und einmal wieder schien die Sonne warm,
Ich saß im Gärtlein auf der Mutter Arm
Und sah ins Blau und sah hinab zur Erden,
Da frug sie lachend: „Sag, was magst du werden?"
Ein erstes Kind, das man so kindisch liebt,
Man fragt's ja gern schon, eh's noch Antwort gibt.
„Was magst du werden, du mein kleiner Fant?
Gewiß ein Maler oder Musikant?"
Da rollt die Post vorbei mit hellem Ton.
„Am Ende gar ein kleiner Postillon?"
Doch trotzig schüttelt' ich das winz'ge Haupt,
Das kaum der erste blonde Flaum umlaubt.
„Ja, was denn sonst?" scherzt mir die Mutter vor
Und hebt im Spiel die schlanke Hand empor.
„Zuletzt ein Dichter? — Wart, du arges Blut!"
Da nickt das Köpflein fest und resolut.

Sie aber lacht: — „Schaut nur den Unband an,
Der dichten will und — noch nicht sprechen kann!"

's ist lange her, von dazumal bis heute;
Nun bin ich einer — wenigstens die Leute,
Die sagen es. Doch wenn ich einer bin,
O Gott, wie büßt ich diesen — Eigensinn!

Im Dialekt

Es ist um Sonnwendzeit; auf allen Wiesen
Steht noch der erste hohe Blumenflor;
Die Glocken lugen aus dem Gras hervor,
Die Heckenrosen überm Wege sprießen,
Und fröhlich zieht die Herde mit Geläut
Zur Alm in blaue stumme Einsamkeit.
Das ist die Wanderzeit in Bergeshöh',
Und tagelang zog ich dahin im Walde
Durchs Felsgestein und durch die duft'ge Halde
Und lagerte am klaren Alpensee.
Am Berghang aber, unterm Felsenkar,
Da lagen traut die braunen kleinen Hütten,
Und wenn ich abends müd' vom Wandern war,
Bin ich so gern durch ihre Tür geschritten.
Es saß am Herd die blonde Sennerin;
Ich aber setzte mich daneben hin,
Auf ihre Wangen fiel der Feuerschein,
Das knisterte so leis; hell klang darein
Ihr Silberlachen, wenn ich dann sie neckte
Und Almenrosen ihr ans Mieder steckte.
Bald schien von allen Bergen in der Rund'
Mir der der schönste, wo ihr Hüttlein stund.
So schien zur Forschung keiner sich zu eignen:
Ich maß den Weg und prüfte das Gestein,

Und schließlich trat ich in die Hütte ein ...
Ich war verliebt — das war nicht mehr zu leugnen.

Und was Poeten, die verliebt sind, tun,
Das weiß man. Ach, es ließ mich nimmer ruhn!
Fast jeden Tag bracht' ich ihr ein Gedicht
Und las es vor, voll Pathos das Gesicht,
Wo ich „Elisabeth" mein Lisei nannte
Und Tropen brauchte, die sie nie erkannte.
Im Anfang saß sie ganz verdutzt zur Stelle,
Dann warf sie ihren Goldzopf ins Genick
Und lachte schallend — niemals klang Kritik
So überzeugend mir und silberhelle!

Stumm ging ich weg — dann kam's mir wie ein Licht —
(Man sagt ja, daß die Liebe findig macht)
Drum dacht' ich: Fort mit dieser Tropenpracht!
Sprich doch zu ihr so, wie sie selber spricht!
Da stellt' ich in den Stall den Pegasus,
Noch angeschirrt à la Virgilius,
Und fing mir flugs in meinem Herzeleide
Ein schmuckes Bauernrößlein von der Weide.
Mit einem Juhschrei hab' ichs angetrieben
Und 's erste Lied — im Dialekt geschrieben. —
Als ich zur Alm kam und vom steilen Grat
Ins Felskar stieg, den alten kühnen Pfad,
Da stand die Sennerin im Wiesengrunde
Und jauchzt' empor, die Hand am roten Munde.
Und wieder trat ich in die Hütte ein;
Mir war zu Sinn, als wär' sie doppelt mein:
Dies ruß'ge Dach und dies Gerät, das blanke,
Dazu das Mägdlein, das gelockte, schlanke,
Der Hausaltar mit den gewohnten Zweigen ...
Als wär' dies Leben nun erst ganz mein eigen.

Durch das Gebälk flog feines Sonnenlicht,
Am Herde lehnend horcht' auf mein Gedicht
Die blonde Sennin — mir erschien es schlecht,
Sie aber jauchzte: „Jetzt, ja jetzt ist's recht!"
Das war die Mundart, die ihr Herz gewohnt,
Und in der Mundart ward ich auch belohnt.
Um meine Schulter schlang sie ihren Arm —
Das war ein Kuß, so herzig und so warm,
Wie Walderdbeeren hat der Kuß geschmeckt;
Ich spür' ihn noch. — So lernt man Dialekt.

An meinen Vater

Wie still es ist! — Und durch dies stille Zimmer
Strömt nur die Wärme und der Lampenschimmer;
Da ruhen meine Blicke auf den Wänden:
Hier hängt ein Bild aus römischen Geländen
Und dort noch eins; es hängt im matten Licht —
Wie fein das Haar ist und das Angesicht!
Das Kinn ruht leise in der schmalen Hand,
Indes das Aug' ein schaffend Sinnen kündet —
Du bist's, mein Vater, der dies Haus gegründet,
Den ich verlor, noch eh' mein Geist Dich fand!
Und meine stummen Träumerein versenken
Sich in Dein Bild und in Dein Angedenken.

Als Kind nur kannt' ich Dich — und das ist lang!
Da weiß ich Dich, vor Deinen Bildern stehend,
Die Menschen immer mit der Seele sehend,
Dieweil ich selbst noch durch die Wiesen sprang.
Wie war's auch Dir so wohl auf dieser Flur,
Hier, wo die Bergluft Dir die Farben mischte,
Wo Deine Kunst sich an dem Born erfrischte,
Der alle Kunst umschließt, an der Natur.

Und jeden Morgen, eh' Dein Werk begann,
Gingst Du ein Stündlein noch durch Feld und Tann,
Und mit Dir trat die Mutter aus dem Tor,
Ein Buch im Arm, und las am Weg Dir vor;
Am Ahornbaume ließet ihr euch nieder,
Den Du gepflanzt, an Deinem Lieblingssitz.
Bald waren's Heines oder Uhlands Lieder,
Bald Voltaires Briefe an den alten Fritz.
Dann ward geplaudert noch im Sommermorgen
Von Haus und Kindern und von Glück und Sorgen.

Du hast wohl viel von großer Welt gesehn,
Gewalt'ge Männer und der Schönheit Feen,
Und nachgebildet ihre Prachtgestalten.
Dem großen Goethe trat Dein Schaffen nah;
Der Löwenkopf, der die Eroica
In sich trug, hatte vor Dir stillgehalten;
Es haben Zar und Kaiser Dich gerufen,
Du sahst so manchen Thron mit goldnen Stufen —
Doch Deine Sehnsucht blieb das stille Grün.
Da konnte sich Dein Wesen ganz ergeben
Der schönen Schlichtheit und mit freud'gem Beben
Sahst Du Dein Feld und Deine Kinder blühn.
Und wenn auch müd manchmal der Geist Dir war
Von all dem Fleiß und dem ergrauten Haar,
Für Deine Kinder warst Du stets bereit.
Wie scherztest Du mit uns, den muntren Knaben,
Ob's uns auch schmeckt, was wir zu lernen haben,
Und was wir denken all die lange Zeit?
Du hattest in Dein Leben aufgenommen
Das schöne Mahnwort: „Laßt die Kleinen kommen."
Und manchmal nur sprachst Du halblaut, gerührt:
„Ob ich's erleb', wohin ihr Weg sie führt?"

O Vater, Vater! Warum bist Du fort,
Eh' Du's erlebt? Wie hätt' mein feurig Wort
Von Mann zu Mann Dich noch gegrüßt so gerne!
Nun grüß' ich Dich durch grenzenlose Ferne
Aus jenem Heim in stiller Winternacht,
Das Deine Liebe mir so lieb gemacht.
Herangewachsen ist Dein jung Geschlecht;
O dürft' ich einmal nur noch Zwiesprach' pflegen
Mit Dir, ein Buch in Deine Hände legen
Und leise fragen: Vater, ist Dir's recht? — —
Was dank' ich Dir! — Das kommt erst spät zu Tage,
Doch dünkt mich Undank jedes Wort der Klage.
Hast Du genug nicht mir von Dir gelassen?
Dies warme Herz, dies lauschende Erfassen —
Dein Erbe ist's, Du nahmst mit Dir hinüber
Nur Deiner Augen, nicht der Seele Blick.
So ging ein Keim von tausendfachem Glück
Aus Deinem Herbst in meinen Frühling über.
Was dank' ich Dir! Du hast zum geist'gen Schaffen
An mich vererbt den Willen und die Waffen,
Und was an Kampf das Leben auch beschere,
Ich will sie führen — Vater, Dir zur Ehre!

An meine Mutter

Der Mühen größres Teil blieb freilich Dein
Vorerst, mein treues, tapfres Mütterlein!
Denn das will Arbeit, bis drei wilde Knaben
Die rechte Zucht bei rechtem Frohmut haben,
Und bis heranwächst unter Frauenhand
Ein richt'ger Mann für Haus und Vaterland.
Du hast's vollbracht! Mit Deinem klaren Blick
Hast Du uns fest durch allen Sturm geleitet;

Was immer kam — Dein Arm war ausgebreitet,
Dein Herz erlebte unser Leid und Glück.
Das spürten wir schon in den frühen Jahren,
Wo sich die griechische Grammatik schwer
Auf junge Seelen legt nebst einem Heer
Von sonst'gen Kümmernissen und Gefahren!
„Nur frischen Mut! Es muß der Mensch sich plagen",
So hörten wir Dich oft mit Lächeln sagen,
Und früh beim Lichte standest Du schon auf
In Winterszeit, damit des Lernens Bürde
Dem ems'gen Schüler hold erleichtert würde,
Und führtest abends selber uns hinauf.
Und schloß der letzte dann die Mappe zu
Mit müden Augen — dann erst schliefst auch Du.
Du warst so zart; wir haben's oft gemerkt,
Wenn Du tief atmetest beim Abendkuß;
Doch hat die Seele Dir den Leib gestärkt,
Denn man kann leben, wenn man leben muß!
Und über allem Schaffen, Sorgen, Schauen
Lag leuchtend warm Dein endlos Gottvertrauen.

Und doch war das noch eine leichtre Zeit;
Denn andres Lernen hält uns noch bereit
Des Lebens Drang, des Herzens Sturmgewalt,
Wo jede Lehre sich mit Herzblut zahlt.
Wie warst Du da so fest und gut und klar,
Du wußtest alles, was mit jedem war,
Und hast mit jedem seine stille Not
Durchkämpft — den Zweifel, der dem Schaffen droht,
Den Kummer, der ein junges Herz bedrängt,
Wenn es zuerst an jungem Herzen hängt,
Wem wär's erspart, dies alles zu erleben!
Doch so es teilen — wem ist das gegeben?

Und als wir endlich unsre Wege fanden,
Beruf und Ziel — wie hast Du uns verstanden,
Wie lebte sich Dein Sinn, der feine, schöne,
Hinein ins Tun und Denken Deiner Söhne;
Wir haben alles mit Dir durchgesprochen,
Die frohen Feste und die sauren Wochen,
Und manches Wort war ein lebend'ger Keim.
Du hast uns nie beengt daheim gehalten,
Denn Männer müssen in der Fremde schalten.
Doch unser Herz blieb überall daheim.
Gern kam ein jeder von der Wanderfahrt
Und baute sich sein Haus nach eigner Art,
Besorgt, für Weib und Kind sich einzurichten.
Da sahst Du freundlich auch dies Neue an
Und sprachest still: Mein Tagwerk ist getan,
Und Mutterliebe kennt ja das Verzichten.
So folgt Dein Auge unsern Lebenswegen,
Und Deine Nähe ist ihr Schutz und Segen.
Nun bist Du bei uns in dem kleinen Haus
Allsommerlich — und ruhst vom Leben aus
Im Lehnstuhl, droben in dem blauen Zimmer,
Die milden Züge so gedankenklar,
Das Herz so warm, wenn Dir das dunkle Haar
Die Sonne streift mit ihrem Abendschimmer,
Und auf dem Schemel Dir zu Füßen ruhen
Die Enkelkinder neben Deiner Rast
Und strecken sich in ihren kleinen Schuhen:
Ob Du nicht noch ein schönes Märchen hast?
Sie haben Dich wie eigne Kinder lieb;
Du aber streichelst sie und träumst daneben
(Wie es einst Andersen ins Buch Dir schrieb):
„Das schönste Märchen ist das Leben."
Das Leben, ach! — O Mutter, bleib am Leben!
Spinn noch dies schöne alte Märchen fort

Und teil mit uns, was Du uns ja gegeben.
Es ist so traut im alten Lehnstuhl dort,
Wenn ich die Hände leg' in Deine Hände,
Wenn sich Dein Herz auf alte Zeit besinnt;
O sag: Noch ist das Märchen nicht zu Ende —
Und ich will lauschen — wie ein selig Kind.

Meinem Weibe

Mein holdes Weib, mit Deinen sonn'gen Augen
Und Deiner klaren, warmen Herzensruh —
Viel mag zu flücht'gem Glück dem Manne taugen,
Wer aber taugt zu ew'gem Glück, wie Du?
Du, der die Güte von der Stirne leuchtet,
Du, der das Mitleid still die Blicke feuchtet!
Weltfroh und doch der Weltlust ganz entrückt,
Die nur ein Glück kennt — daß sie mich beglückt.

Auch Dich, mein Liebling, hab' ich hier gefunden,
Dein schönes Antlitz und Dein weich Gemüt,
Hier, wo mir alles Gute je erblüht.
Gedenkst Du noch der hellen Maienstunden?
Ihr war't die ersten frühen Sommergäste,
Du und die Deinen, in dem holden Neste;
Im Herrenstüblein saßen wir beim Wirt
Allabendlich, zu zehnt, zu sechst, zu viert,
Der zeitunglesend, jener schlummertrunken,
Du mit der Arbeit — und ich selbst versunken
In Deinen Anblick, während tief und still
Die Wanduhr tickt — das echte Landidyll.
Und unser Schifflein — denkst Du denn auch dies? —,
Das weiße Schifflein, wie's vom Ufer stieß?
Ach, jeden Morgen, wenn die Berge glänzten,
Fuhr ich hinaus mit meiner kleinen Fee;

Die Wasserlilien spiegelten im See,
Und an dem Ufer, an dem baumumkränzten,
Zog unser Kahn. — Wie war dies Blau so klar,
Wie leuchtete Dein blondes offnes Haar,
Wenn Du vom Steuer Dich herniederbogest
Und Schilf und Rosen aus der Tiefe zogest,
Und wenn sich stumm die dunkelgrünen, langen
Seeblumen über Deine Hände schlangen;
Dein Arm, Dein Schoß war ganz damit bedeckt,
Die Wasserrose in das Haar gesteckt.
Und leise singend saßest Du an Bord,
Ich sah das Schilf im Morgenwind sich wiegen,
Es rauscht der Kiel, das Schifflein gleitet fort —
Ist eine Nixe mir ins Boot gestiegen??

So war Dein Bild; ich bebte stumm und sann —
Ein lachend Kind und ein verträumter Mann.
Und einmal wieder fuhren wir hinaus;
Der Tag war hell; doch Du sahst ernster aus
Als sonst; im Wasser spielt der Sonnenschein —
Da brach die Kraft. Wir waren so allein,
Da fing ich an, von süßem Leid zu sagen,
Von bangen Nächten und von sel'gen Tagen,
Und wie's mich ruhlos durch die Welt hin triebe,
Und von dem Schönsten auf der Welt — der Liebe.

Doch immer bleicher ward Dein Angesicht,
Und gleich der Seeflut regtest Du Dich nicht,
Und leise Tränen perlten Dir herab.
Wir blickten stumm ins feuchte Grün hinab.
„Auch Du bist elend — Du, mein Sonnenkind",
Sprach ich halblaut, „wie wir es alle sind?
Schweig nur, ich weiß es, Deine Ruh' ist Trug,
Dein Herz schlägt nimmer, wie es ehmals schlug,
Sturm ist darinnen, ob der Tag auch blaut.

Dich hab' ich lieb, o Gott, o Gott, mir graut,
Lieb, wie kein Menschenherz Dich lieben kann,
Und wen hast Du lieb? — Der glücksel'ge Mann!"
Da fuhr das Schifflein auf den grünen Strand,
Auf meinem Hals lag eine weiße Hand,
Und meine Lippen schloß ein sel'ger Kuß.
„So laß mich sagen, was ich sagen muß",
Sprachst Du ganz leis — „nun bin ich ewig Dein!
Was fragst Du noch? — Kann's denn ein andrer sein?"
Fern wie ein Traum liegt jener Sommermorgen,
Und längst geworden sind wir Weib und Mann
Und teilen Lebensglück und Lebenssorgen;
Hier aber war's, wo unser Glück begann. —

Und überall regt sich Dein liebes Walten;
Selbst auf dem Tisch da, auf dem blanken, alten,
Vor dem ich sitze, spür' ich Deine Hände.
Wie sorgtest Du, eh' Du gegangen bist,
Daß ich in allem, was jetzt um mich ist,
Im Winter selbst den Liebesfrühling fände!
Noch ist der Tisch mit einem Strauß geschmückt
Von grünem Feldklee, den Du selbst gepflückt,
Dabei die Schale, um mir aufzuwarten
Mit goldnen Äpfeln aus dem eignen Garten,
Und selbst an meinen Schlaf hast Du gedacht,
Denn vor dem Leuchter liegt ein Blatt: „Gut Nacht!"
Wie dank' ich Dir das Gute, das ich habe:
Daß so der Liebe ganzes Frohgefühl
Mir jeden Tag klärt, wär' er noch so schwül!
Das ist der Frauen schönste Gottesgabe,
Daß sie das Kleinste selber uns vergolden
Mit einem Lichtstrahl, einem herzensholden.

So sitz' ich selig denn am alten Tische,
Der welke Strauß ist mehr als jeder frische,

Und stille sag' ich mir's im Herzen zu:
Mein guter Stern, mein ganzer Trost bist Du!
Es fällt die Fahrt auf blauer Flut mir ein,
Und leise klingt's: „Kann's denn ein andrer sein?"

An meine Kinder

Es spielen meine Hände mit dem Klee ...
Wenn alle Blumen längst zur Ruh' gegangen,
Steht er mit seinen honigweichen, langen
Feldblüten auf den Wiesen noch am See,
Daß selbst dem Herbst sein stiller Schmuck nicht fehle.
Da fällt mir, ach — mein eignes Kleeblatt ein,
Drei goldgelockte frohe Kinderlein,
Und wie ein Frühling zieht's durch meine Seele.
Was trägt ein Mensch an Wonne durch die Welt,
Wenn solche Augen in die seinen blicken,
Wenn solche Köpflein ihm entgegennicken
Lichtfroh, wie Blumen auf dem grünen Feld.

Wohl bin ich oft durch diese Tür gegangen
Mit Stolz und Demut und in Glück und Bangen,
Doch einer Stunde denk' ich nie genug:
Als ich einst wiederkam an diese Pforte
Und als ich selbst mit leisem Segensworte
Mein erstes Kind vor diese Schwelle trug.
Gewitter war; dann ward es wieder licht,
Und von den Zweigen träufelte der Regen
Ihm in das kleine schlafende Gesicht —
Vom Weihbrunn der Natur empfing's den Segen,
Mein Aug' erglänzte, und mein Herze schlug,
Wie ich's durch die bekränzte Türe trug:
So ziehen hier nun schon die Enkel ein.
O Heimat, Heimat, all ihr Herz sei dein!

Mein kleines Elslein aber blieb im Schlaf,
Und seine junge Mutter sprach: „Wie brav,
Wie lieb sie ist, wie ihre Grüblein lachen!"
Du schlummernd Herz, wie wirst Du einst erwachen?
Wir hatten muntre Arbeit mit der Kleinen
Und sahen still die Menschenknospe blühn.
Oft stand die Wiege ganz im Lindengrün —
Ihr aber wollt' es fast zu einsam scheinen.
Denn übers Jahr, da zog ich wieder ein
Und trug durchs Tor ein blondes Schwesterlein.

So mehrt sich die lebend'ge kleine Habe,
Wir nannten's Dorothea — 's klingt so weich —
Der Name schon heißt eine „Gottesgabe",
Und Haus und Herd ward daran froh und reich.
Das darf ich Dir, mein kleiner Schatz, nicht sagen,
Ich muß es schweigend in der Seele tragen,
Doch hier in winterstiller Einsamkeit,
Regt aller Zauber sich von Glück und Leid,
Da spür' ich's erst, was in Dir lebt und sinnt;
Du bist mein Ebenbild, nicht nur mein Kind.

So gingen Jahre hin — ein stiller Kranz,
Und über ihnen lag der Jugendglanz,
Womit die Kinder Haus und Zeit uns füllen.
Wir sahn die Knospen leise sich enthüllen,
Bis ich erfuhr, wie wahr das Sprichwort sei:
Der guten Dinge wären allzeit drei.
Ich schrieb ein Liederbuch — aus Bergesland —
Um jene Zeit, vom alten Eliland,
Und träumt' so lange von Frau Irmingard,
Bis aus dem Traum auf einmal Wahrheit ward.
Denn wie die Lieder stattlich vor mir liegen,
Lag auch ein Töchterlein in unsrer Wiegen,

Das offne Buch legt' ich mit leiser Hand
Hinein und hab' sie Irmingard genannt.
Sie hat wohl wenig von der holden Nonne
Auf Frauenwörth — das sind wohl tausend Jahre —,
Nichts als die Schönheit und die goldnen Haare
Und — (fürcht' ich fast) die Sehnsucht nach der Sonne.
Wenn sie manchmal auf meinen Knien sitzt
Und mit den Augen mir entgegenblitzt,
Die man mit keiner Farbe nennen kann,
Wenn sie die Schwesterlein so trutzig meistert
Und aufflammt zornig oder hell begeistert:
Da ist mir's oft, als stünd' auch sie im Bann
Der Leidenschaft, die mich emporgehoben
Zum freien Flug — als wär' in ihr Geschick
Von meinen Träumen was hineingewoben,
Als trotzte dieses Lächeln mit dem Glück,
Als würd' auch ihr noch manche Stunde hart,
Bis aus klein Irmlein wird Frau Irmingard.

Mein goldnes Kleeblatt, euer Glück im Leben,
Wie oft bedenk' ich's! Könnt ich es euch geben
Aus jenem Strom, der heute wogt da drinnen.
Doch das muß jeder erst sich selbst gewinnen!
Noch habt ihr's ja — o sonnt euch in dem Licht
Der Jugendzeit, die alles noch verspricht!
Noch habt ihr's ja, wenn ihr im Wiesengrün
Hier spielt und springt, wenn alle Blumen blühn
Für euch allein, und wenn dies kleine Haus
Von eurem Wort schallt, eurem Ein und Aus.
Da sah ich manchmal euch in Schwermut zu,
Doch alle Sorgen legten sich in Ruh';
Denn ach, mir ward, wenn ich euch so gesehen,
Ihr müßtet hell durchs ganze Leben gehen,
Als breitete dies Heim, das euch beschieden,

Das eure Eltern so voll Glückes sah,
Auch um euch selber ew'gen Schutz und Frieden.

Was träumt' ich denn am alten Tische da?
Was doch nicht alles aus dem Schnee erwacht!
Mein goldnes Kleeblatt — gute, gute Nacht!

Epilog

Mich dünkt es, Mitternacht ist längst vorbei;
Wie zittert es durch diese Luft voll Schweigen,
Als ob Musik darin gefangen sei,
Von fern begleitend meine Bilderreigen.
Ich aber streiche von der Stirn die Haare.
In einer Stunde — das Geschick der Jahre,
In einem Winkel — allen Traum der Welt,
Und mit der Brust, die sich ins Weite sehnt,
Hab' ich mich schweigend an die Tür gelehnt
Und öffne jetzt die Flügel alle zweie
Und tret' hinaus auf den Balkon, ins Freie.

Was hat das eigne Herz mir hier erzählt?
Da liegt die große stumme Sternennacht,
Und schweigend seh' ich in die Himmelspracht
Die Lichtmilliarden, die kein Wissen zählt,
Ins ew'ge Weltall und den Geist der Welt.
O wie das zuckt und funkelt riesenweit
Wie Licht gewordnes wildes Glück und Leid,
Als blitzten die Gedanken der Millionen,
Die in die Sterne schauten seit Äonen,
Sehnsüchtig fort durch diese Ewigkeit.

Da drüben aber liegt im tiefen Schnee
Das kleine Dorf; ans Ufer rauscht der See,
Wie er Jahrtausende umrauscht die Au.
Die Menschen alle ruhn in tiefen Träumen,
Kristallner Reif liegt auf den kahlen Bäumen,
Und nur der Kirchturm ragt ins nächt'ge Blau.
Da schlägt es dröhnend auf dem Kirchturm zwei,
Doch niemand hört's, ich steh' allein dabei.
Und wieder greif' ich nach der Stirn, der heißen —
Jetzt fahren sie wohl heim aus der Soiree
Im schlanken Seidenkleid, im creme-weißen,
Und spüren nichts von Sternen und von Schnee.
Dann aber löst die gnäd'ge Frau ihr Haar
Und denkt: „Wie reizend es heut abend war!"

Wer hat das beßre Teil davongetragen?
Ich wüßt' es wohl, doch darf ich es nicht sagen.
Stumm war mein Zimmer und mein Weg verschneit,
Doch einsam nicht war meine Einsamkeit,
Da ich mein Herz belauscht als stiller Späher
Und eingefügt in den Zusammenhang
Uralten Lebens diesen Lebensgang,
So schlicht er ist. — Wer stand den Menschen näher?
Wer hat das beßre Teil davongetragen?

Wenn ich daheim bin, werden sie wohl fragen,
Was ich erlebte. — Doch dann schweig' ich still.
Was ich erlebte? ... Nichts. — Nur ein Idyll.

WERKE VON KARL STIELER
Erstausgaben

Erscheinungsdaten

(Werke, bei denen der Verlag nicht ausdrücklich genannt ist, sind im Verlag von Adolf Bonz & Comp., Stuttgart, erschienen):

Bergbleamln. Gedichte in oberbayerischer Mundart. München 1865, Braun & Schneider (143 S.)

Posthornklänge (für das chromatische Horn) gesammelt (Mit Reisebildern von Karl Stieler), München 1869, Braun & Schneider (53 S.). Neuausgabe unter dem Titel: „Reisebilder aus vergangener Zeit von Karl Stieler". 1890 (48 S.)

Aus deutschen Bergen. Ein Gedenkbuch vom bayerischen Gebirge und Salzkammergut. Geschrieben von Hermann Schmid und Karl Stieler. Stuttgart 1873, A. Kröner (220 S.). Die 2. Auflage erschien (o. J. etwa 1880) im gleichen Verlag unter dem Titel: Wanderungen im Bayerischen Gebirge und Salzkammergut.

Waidmanns-Erinnerungen. Jagdgeschichten von Karl Stieler mit Bildern von Franz Pausinger und Text-Illustrationen deutscher Künstler, München 1874, F. Bruckmann (74 S.). Neuausgabe im gleichen Verlag unter dem Titel „Auf der Birsch". 1895

Rheinfahrt von den Quellen des Rheins bis zum Meere. Schilderungen von Karl Stieler, Hans Wachenhusen und F. W. Hackländer. Stuttgart 1875—76, A. Kröner (360 S.)

Bilder aus Elsaß-Lothringen. Schilderungen von Karl Stieler. Stuttgart 1876, Paul Neff (274 S.)

Italien. Eine Wanderung von den Alpen bis zum Äthna. In Schilderungen von Karl Stieler, Eduard Paulus und Woldemar Kaden. Von Stieler ist der erste Hauptabschnitt des Buches „Die großen Wege nach Italien". Stuttgart 1876, J. Engelhorn (430 S.)

Weils mi freut! Neue Gedichte in oberbayerischer Mundart. Stuttgart 1876, Meyer & Zeller's Verlag (Friedr. Vogel) (132 S.)

Habts a Schneid!? Neue Gedichte in oberbayerischer Mundart. 1877 (128 S.)

Um Sunnawend. Neue Gedichte in oberbayerischer Mundart. 1878 (148 S.)

Drei Buschen (enthält: „Weils mi freut!", „Habts a Schneid!?" und „Um Sunnawend") 1878 (386 S.) Illustrationen von Hugo Engl

Hochzeit im Gebirg. Gedichte in oberbayerischer Mundart zu Hugo Kauffmanns Zeichnungen. München 1880, Adolf Ackermann. Enthält 25 Gedichte Stielers zur gleichen Anzahl von Zeichnungen. Neuausgabe unter dem Titel „A Hochzeit in die Berg". 1882

Neue Hochlands-Lieder. 1881 (176 S.)

Die Piloty-Schule. Mit Text von Dr. Karl Stieler. Berlin 1881, Photographische Gesellschaft (56 S.)

Von Dahoam. In Bildern von Franz Defregger. Dichtungen von Karl Stieler. München 1882, Franz Hanfstängl (25 Photos mit 28 Bl. Text)

Wanderzeit. Ein Liederbuch von Karl Stieler. 1882 (94 S.)

In der Sommerfrisch. Federzeichnungen von Hugo Kauffmann. Gedichte in oberbayerischer Mundart von Karl Stieler. 1883 (44 S. mit 20 Lichtdrucktafeln)

Aus der Hütten. In Bildern von Franz Defregger. Dichtungen von Karl Stieler. München 1884, Franz Hanfstängl (25 Photos mit 28 Bl. Text)

Kulturbilder aus Bayern von Karl Stieler. Mit einem Vorwort von Professor Karl Theodor Heigel. 1885 (272 S.)

Ein Winteridyll. Der Herausgeber, Paul Heyse, bleibt ungenannt. 1885 (47 S.)

Aus Fremde und Heimat. Vermischte Aufsätze von Karl Stieler. 1886 (420 S.)

Durch Krieg zum Frieden. Stimmungsbilder aus den Jahren 1870—71 von Karl Stieler. Mit einem Vorwort von Professor Dr. Friedrich Ratzel. 1886 (270 S.)

Natur- und Lebensbilder aus den Alpen von Karl Stieler. Mit einem Vorwort von Max Haushofer. 1886 (397 S.)

LITERATUR UND QUELLEN

Bayerische Staatsbibliothek, München, Stieleriana (Handschriften)

Wolfgang Johannes Bekh, Maler in München. München 1964, Süddeutscher Verlag

Anna Lore Bühler, Josephine Stieler. München 1967, Oberbayerisches Archiv, 87. Band, S. 121—138

Max Dingler, Die Oberbayerische Mundartdichtung. Günzburg 1953, Donau-Verlag

Aloys Dreyer, Karl Stieler der bayerische Hochlanddichter. Stuttgart 1905, Bonz & Comp.

Josefa Dürck-Kaulbach, Erinnerungen an Wilhelm von Kaulbach und sein Haus. München 1918, Delphin Verlag

Karl von Heigel, Karl Stieler. Ein Beitrag zu seiner Lebensgeschichte. Bamberg 1890, Buchnersche Verlagsbuchhandlung

Paul Heyse, Am Grabe Karl Stielers. Gedenk-Blätter gesammelt bei seinem tiefbeklagten allzufrühen Tode. Als Manuskript gedruckt

Josef Nadler, Literaturgeschichte des deutschen Volkes. Berlin 1938, Propyläen-Verlag

Rudolf Pikola, Karl Stieler. Seine Zeit, seine Familie, sein Werk. Hausham/Obb. 1957, Haushamer Werkdruck Martin Glasl

Werner Richter, Ludwig II. München 1950, Verlag F. Bruckmann

Ludwig Schrott, Biedermeier in München. München 1965, Süddeutscher Verlag

— Die Herrscher Bayerns. München 1966, Süddeutscher Verlag

— Zeitgemäße Betrachtungen über bayerische Dialektdichtung. Unser Bayern, Jahrgang 1965, Nr. 2—6 und 8

Staatsarchiv München, Karl Stieler Personalbogen

Stadtarchiv München, Familienbogen von Hermann Kaulbach und Karl Stieler

Eduard Stemplingers Immerwährender Bayerischer Kalender, Rosenheim 1973, Rosenheimer Verlagshaus

Karl Stieler, Werke. Siehe Werke von Karl Stieler auf den Seiten 364 und 365.

BILDER- UND HANDSCHRIFTENNACHWEIS

Hugo Engl
    S. 115, 118, 122, 133, 135, 143, 147, 151, 294. Aus: Karl Stieler, „Drei Buschen", Stuttgart 1886

Ernst Fröhlich (geb. um 1810)
    S. 234, 274. Miesbacher Trachten. Zitiert nach „Oberbayerisches Archiv", 99. Band

Karl Haider (1846—1912)
    S. 209. Gebirgssee. Zitiert nach W. J. Bekh, Maler in München, München 1964

Max Haider (1807—1873)
    S. 321. Moosjagd. Aus: Fliegende Blätter 1859

Wilhelm von Kaulbach (1805—1878)
  S. 105. Franz von Kobell. Aus: Josefa Dürck-Kaulbach, Erinnerungen an Wilhelm von Kaulbach und sein Haus, München 1918
Arthur von Ramberg (1819—1875)
  S. 100. Aus: Karl Stieler, „Bergbleamln", München um 1865
  S. 283. Aus: Franz von Kobell, „Oberbayerische Lieder, München 1860
J. G. Steffan
  S. 185. Steinalm auf der Kampenwand. Zitiert nach „Bayerland", Juli 1971
Josef Stieler (1781—1858)
  S. 33. Selbstbildnis und Porträt seiner Frau Josefine, geborene von Miller, beide Stielerhaus, Tegernsee
Karl Stieler (1842—1885)
  S. 21, 71, 305. Aus seinen Skizzenbüchern 1860 bzw. 1862. Mit freundlicher Genehmigung von Frau Helga Schmid, Augsburg, und Herrn Bruno Paul, Goslar
  S. 34. Stieler als Leutnant, 1866; S. 35. Karl Stieler und seine Braut Mary Bischof; beide Fotos Stielerhaus, Tegernsee
  S. 92. Faksimile „Überlebend". Stielerhaus, Tegernsee
Unbekannte Künstler
  S. 36. Stielerhaus in Tegernsee mit Mary Stieler und ihren Töchtern Elsa und Dora. Nach einem dort befindlichen, mit R. St. 1878 signierten Bild.
  S. 109, 121, 127. Aus: Karl Stieler, Bergbleameln", München um 1865
  S. 288. Fingerhackeln. Zitiert nach Bayerland, Juli 1972
  S. 302. Bayerischer Stellwagen. Zitiert nach Bayerland, Mai 1971

DANKSAGUNGEN

Verlag und Herausgeber danken dem Nachlaßverwalter, Herrn Dr. Bernhard Schmid und dessen Gattin, Frau Helga Schmid, der Enkelin Karl Stielers, für die freundlich erteilten Informationen sowie die Aushändigung von bisher unveröffentlichten Briefen, Gedichten und Dokumenten des Dichters. Dank auch den Mitarbeitern der genannten Bibliotheken und Archive sowie ferner der Monacensia-Sammlung der Münchner Stadtbücherei für ihre freundliche Unterstützung.